韩非子刑名思想研究

崔磊 著

天津社会科学院出版社

图书在版编目（ＣＩＰ）数据

韩非子刑名思想研究 / 崔磊著. -- 天津 ： 天津社
会科学院出版社，2023.8
ISBN 978-7-5563-0908-5

Ⅰ．①韩… Ⅱ．①崔… Ⅲ．①韩非（前 280-前 233）
—刑名—思想评论 Ⅳ．①B226.55

中国国家版本馆 CIP 数据核字(2023)第 160443 号

韩非子刑名思想研究
HANFEIZI XINGMING SIXIANG YANJIU
责任编辑：杜敬红
责任校对：王　丽
装帧设计：高馨月
出版发行：天津社会科学院出版社
地　　址：天津市南开区迎水道 7 号
邮　　编：300191
电　　话：（022）23360165
印　　刷：高教社（天津）印务有限公司
开　　本：787×1092　　1/16
印　　张：24.5
字　　数：255 千字
版　　次：2023 年 8 月第 1 版　　2023 年 8 月第 1 次印刷
定　　价：78.00 元

目 录

前 言

作为法家的殿军人物——韩非,其思想是一个包罗万象、体大思精的学说体系,涉及哲学、逻辑、名学、政治、法律、经济、军事、管理、教育、史学、文学艺术等诸多领域。从时间来看,关于韩非子思想的研究最早可以追溯到秦朝。据《史记·李期列传》记载,秦二世和李斯都曾引用《韩非子》中的观点来阐述自己的主张,其对韩非思想的研究程度可见一斑。自两汉以降,迄于当今,几乎历代都有文人学者或多或少以或散论或专论的形式对韩非思想有过研究和评论,时间之长,规模之大,内容涉及韩非个人方面(人格、身世、思想)、《韩非子》方面(版本、点校、注释、考证等),已然形成一门"韩非学"。

清末民初,西学东渐,民主法治思潮伴随西学涌入,韩非研究一度呈现繁荣的局面,梁启超、严复、章太炎、沈家本等著名学者均在这方面有过深入的探讨和分析。其后,吴虞、刘师培、尹桐阳、胡适、陈千钧、陈启天、郭登嵥、熊十力、王世馆、冯友兰、萧公权、嵇文甫、范文澜、侯外庐、郭沫若、高彦等学者又从不同的侧面对韩非进行了研究,成果颇丰,为韩非思想的研究奠定了基础。

新中国成立后,学者们大多采用唯物史观的研究方法,对韩非的阶级性、思想根基以及韩非思想与先秦诸子思想的关联等问题展开研讨。例如,梁启雄的《韩子浅解》、陈奇猷的《韩非子集释》等,对深化韩非的相关研究做出重大贡献。"文革"期间受时代的局限,韩非研究呈现畸形状态。中共十一届三中全会后,迎来了研究韩非的春天。例如,周勋初的《〈韩非子〉札记》,《韩非子》校注组的《韩非子校注》,周钟灵等主编的《韩非子索引》,陈其猷、张觉的《韩非子导读》,谷方的《韩非与中国文化》,蒋重跃的《韩非政治思想研究》,张纯、王晓波的《韩非思想的历史研究》,施觉怀的《韩非评传》,韩东育的《日本近世新法家研究》,童书业的《先秦七子研究》,李泽厚的《中国古代思想史论》,刘泽华的《中国古代政治思想史》,崔清田的《名学与辩学》,翟锦程的《先秦名学研究》,周钟灵的《韩非子的逻辑》,胡适的《先秦名学史》等著作都不同程度地对韩非思想做了阐述。

中国台湾学者在研究韩非方面成果也较多,例如,林伟毅的《法儒兼容:韩非子的历史考察》,黄公伟的《法家哲学体系指归》,王邦雄的《韩非子哲学》,姚蒸民的《法学哲学》,卢瑞钟的《韩非子政治思想新探》。在此须指出,中国台湾学者主要从政治哲学、法律层面解读韩非。这些研究成果推动着韩非思想研究的发展。

国外学者的研究成果颇丰,如美国学者高道蕴(Karen Turner)在《中国早期的法治思想》中对韩非思想作了专门的研析,指出法治的一个主要要件是,"法律在范围和适用上被认为是普遍的"①,这一要件至少在韩非子时代曾经存在。在韩非子的著作中,法具有广泛的含义,它区别于"律""命"和"刑":法者,宪令著于官府,刑罚必于民心。"赏存乎慎法,而法加乎奸令者也。"②在韩非子的设想中,法律是公开的、成文的和普遍的,并且是据以赏罚的规矩。提倡法律的明确性也是韩非思想的一方面,"韩非子认为明确、公开的法律对于秩序来说是如此至关重要,致他警告君主说,忽视明确的法律会严重削弱君主地位。他把法律比作一面镜子——只有它明确才能正确反映现实。如果像忠实的镜子反映事物——使法律保持明确,人民就能够看到自己如何服从法律。如果法律混乱、矛盾,就会丧失指导功能"③。还有日本学者,如近藤康信的《韩非子的语言——唯物的法治主义国家论》,绪形畅夫的《通过商鞅、韩非的社会观看法家的两大主流》,等等。这些国外学者都从不同侧面对韩非子刑名思想进行了有益探索,对传播中国传统法思想具有重大意义。

———————

① 高道蕴:《中国早期的法治思想》,见高道蕴等编《美国学者论中国法律传统》,中国政法大学出版社,1994 年版,第 4 – 5 页。
② 《韩非子·定法》。本书所用韩非论著及未标明详细出版信息的文献均来自《四库全书》电子版,后文不再一一出注。
③ 高道蕴等编:《美国学者论中国法律传统》,中国政法大学出版社,1994 年版,第 198 页。

韩非思想内容渊博,关于韩非学术思想的研究,学界惯常的思维定式是把《韩非子》作为一个凝固的、定型的文本,横向研究韩非学术思想的各个侧面。譬如,研究韩非的法治思想、术治思想、势治思想,研究他的人性论、历史观、政治观,或者研究他的某一篇具体的作品,如《五蠹》《初见秦》等。在这种常见的思维定式或研究范式之外,本书试图把韩非学术思想中的名学思想与法思想结合起来研究。本书仅就韩非名学思想与法思想即刑名思想研究做如下综述。

一、名学思想的聚焦

随着西学东渐,西方逻辑在我国传播并逐渐受到重视,大多学者用西方逻辑解读先秦诸子名学。例如,严复认为:"言名学者深浅精粗虽殊,要皆以正名为始。"① 梁启超主张:"《墨经》最重要之部分,自然是名学(指 Logic——本书作者注)。"梁启超明确主张"墨子所谓名,即论理学所谓'名词 term'",从而将先秦逻辑研究中的"名"定位于西方逻辑中的"概念"或"名词"。② 胡适在《先秦名学史》中完全用西方哲学和逻辑学的观点和方法,将先秦逻辑直接比作西方逻辑。正是这些奠基者开启了研究韩非名学思想的序幕。

温公颐、崔清田认为,韩非的名学思想为"刑名"逻辑

---

① 严复:《穆勒名学》,商务印书馆,1981 年版,第 1247 页。
② 梁启超:《墨经校释》,中华书局,1941 年版,第 7 页。

思想,"他继承荀子的正名逻辑思想,把它应用于法治实践,并作为论证刑名法术理论的工具。因此,韩非逻辑思想的主要特点可以概括为刑名逻辑"①。温、崔二位先生将韩非的名学思想和法思想结合起来,使刑名逻辑成为推动法治的工具,表明先秦名学具有逻辑工具性的某些特征。

周钟灵则系统研究了韩非的逻辑,即对韩非所具体运用的思维规律和思维形式作了探讨,有一定的深度。正如他在《韩非子的逻辑》序言中所言:"逻辑也有两种含义:一指客观存在的思维规律和思维形式;一指以客观存在的思维规律和思维形式为研究对象的逻辑学。这样,《韩非子的逻辑》就可以有四种含义:(1)韩非子这个人的思维规律和思维形式;(2)《韩非子》这部书所表现的思维规律和思维形式;(3)韩非子这个人的逻辑学;(4)《韩非子》这部书中所表现的逻辑学。"②在这里尤要说明的是,周钟灵先生在书中第三章里专门研讨了韩非的"形名"与"审名"的名学思想。他认为:"韩非子书中关于'形'和'名'的范围是有着不同程度的差异的。有时宽些,有时狭些。狭义的'形'和'名'等于'事'和'言'这是主要的一面","广义的'形'和'名'等于'物'和'名',这是次要的一面。狭义的'形'和'名'只限于人事政治的范围,也就是限于法术的范围。广义的'形'和'名'不但包括了社会现象的领

① 温公颐、崔清田:《中国逻辑史教程(修订)》,南开大学出版社,2001年版,第62页。
② 周钟灵:《韩非子的逻辑》,人民出版社,1958年版,第1页。

域,而是包括了自然现象的领域。"①周钟灵系统研究了韩非的逻辑,并对韩非的名学思想进行了诠释。

翟锦程是系统研究先秦名学的学者。他在《先秦名学研究》中专章阐述了韩非"综核名实",他认为:"在先秦名学的思想演变过程中,韩非一方面总结法家的思想精华,一方面继承荀子的学说主张,并接受道家的主要观点,将之应用到法治实践中,形成了一套较为完整的刑名法术理论。"②他将中国逻辑思想植根于中国文化背景下来探讨,在阐述韩非名学思想时,始终没有离开韩非的法律文化观念,将韩非名学同韩非法学结合起来。

冯友兰曾讲:"所谓名家,就其社会根源来说,是春秋战国时期各国公布法令所引起的一个后果。"③这说明法在发展过程中同名学思想有着必然的联系。当然也不乏有学人研究法治逻辑把法与名结合起来,胡适就是其中的代表。胡适在《先秦名学史》中说:"我们已经看到,'法'就是已知的、已阐明的、若干结论必然由之产生的故。在别墨的归纳法与演绎法理论里,归纳的概括须借它们是否适于成为演绎法的前提或'故'来检验。它是与法家代表的著名公式'循名责实'的逻辑相同的。名和其他普遍概念之所以有用,仅仅因为它们是制约种种特殊事项的工具。"④从胡适先生这段阐述足可看出,他把名与法(这里

①　周钟灵:《韩非子的逻辑》,人民出版社,1958年版,第31–32页。
②　翟锦程:《先秦名学研究》,天津古籍出版社,2004年版,第80页。
③　冯友兰:《中国哲学史新编》,人民出版社,1984年版,第204页。
④　胡适:《先秦名学史》,《胡适文集》(6),人民出版社,1998年版,第145页。

主要指法家思想,尤其韩非的法思想)结合起来讨论逻辑,从而形成法治逻辑。

周云之阐述了中国古代名学的核心内容,他认为,中国古代的正名理论应包括正名哲学、正名原则和制止乱名三个基本内容。正名哲学包括:正名的目的、意义和作用;正名的认识论基础和是非标准;关于名、辞、说、辩的逻辑关系及正名在整个思维发展过程中的地位和作用等。正名原则包括哲学的正名原则、逻辑的正名原则和语词正名原则。所谓哲学的正名原则,即要求名与实的一致。所谓逻辑的正名原则,就是要求概念之名必须具有自身的确定性,强调一个名(概念)必须限于指一个(类)实,不能互相混淆。所谓语词正名原则,主要就是荀子《正名》篇中所揭示的"约定俗成"和"经易不拂"的原则。制止乱名这部分内容包括:违反正名原则的种种乱名之谬误;制止、纠正各种谬误之办法。① 他在此书中也较为完整地论述了韩非的名学思想。

杨芾荪在《中国逻辑思想史教程》中称韩非的名学思想为"法术形名观",其内容是:"形名定义、形名参同、审名与明分、参伍之验和形名观的渊源。"②基本论述了韩非名学思想的核心部分。

许抗生在《先秦名家研究》中探讨了韩非的名学思想,他说:"总的来说,法家韩非对名家的批评,与其老师

---

① 周云之:《名辩学论》,辽宁教育出版社,1996 年版,第 130 - 131 页。
② 杨芾荪主编:《中国逻辑思想史教程》,甘肃人民出版社,1988 年版,第 158 - 163 页。

儒家大师荀况一样,基本上是正确的,是从唯物主义立场出发的。但是他们也与后期墨家相似,并没有真正全面地认识名家,对名家学说中一些合理的辩证法思想没有引起应有的重视,而把它与名家中诡辩思想一起抛弃了。因此,韩非、荀况等人对名家的批评是不全面的。"①在此,他研究了韩非对名家批评的一面,也涉及一些韩非名学思想。

刘培育在《韩非的形名逻辑思想》中就韩非的"形""名"的含义,"形名参同","审名"与"明分","参伍之验","形名"与"法术"及形名之说的思想来源②进行了分析,勾画出韩非名学思想的大致脉络,使我们看出韩非刑名思想的主要框架。

张茂泽在《先秦"名"学派别及发展阶段》中把韩非视为先秦名学第三阶段的代表。他认为韩非将纯粹的同现实世界无关,甚至对立的"名",拉回现实世界,具体化为与现实世界关系密切的"名",落实为政治统治秩序的"名"。③ 张茂泽能从先秦名的发展阶段将韩非的名同法相结合,较其他学者更前进了一步。

曹峰主张,在法家名思想这条线索上,应主要探讨《韩非子》关于"名"的学说,着重讨论"名"是如何成为专

① 许抗生、王守常:《先秦名家研究》,湖南人民出版社,1986 年版,第 86 页。
② 刘培育:《韩非的形名逻辑思想》,《宁夏大学学报(社会科学版)》1984年第 1 期。
③ 张茂泽:《先秦"名"学派别及发展阶段》,《人文杂志》2006 年第 4 期。

制政治之实用工具的。[1] 他认为,韩非实属法名学派,因此其名学与法思想应当结合紧密。

杜辛可在《韩非逻辑思想初探》中认为,法是统治阶级意志的体现,法律概念、法律规定就是名和言。因为韩非既反对儒墨"愚诬之学",又反对名家"坚白无厚之辞",在上层建筑中只承认法的名、言存在,名即是法,名只能因法而生。[2] 他在此主要探讨韩非名与法的关系,让法在其逻辑思想中的地位得以凸显。

综上所述,以上学者在研究韩非刑名思想时都从不同的侧面诠释了韩非名学思想,或多或少涉及韩非名与法思想的关系,这为我们全面认识韩非刑名思想提供了宝贵的资料和重要的借鉴。但受多方面因素的影响,能够系统而全面地诠释韩非名与法思想之间关系的著述尚属罕见。

二、法思想的聚焦

韩非是法家的代表人物,韩非的法思想历来是学者研究的重要方面,也是分歧较大的地方。大致可以从以下几个方面来综述。

(一)作为其法思想基础——人性论的聚焦

众所周知,荀子首先在中国思想史上明确提出了"性恶论"。由于韩非与荀子之间存在师承关系,同时也因为

① 曹峰:《回到思想史:先秦名学研究的新路向》,《山东大学学报(哲社版)》2007 年第 2 期。
② 杜辛可:《韩非逻辑思想初探》,《西北政法学院学报》1984 年第 2 期。

韩非认为趋利避害、好利恶害乃人之实情①,所以有些学者据此认为韩非也如其师荀子一样主张"性恶论",持此观点者如魏晋时期仲长敖,他在所作的《核性赋》中就以"裸虫三百,人最为恶"的表述将荀子、韩非、李斯讽刺为"纳众恶,拒群善"。② 再如,现代学者郭沫若认为:"荀子提倡性恶,他的结论是强调教育与学习,目的是使人由恶变善。韩子不是这样,他承认人性恶,好,就让他恶到底,只是防备着这恶不要害到自己,而充分地害人。"③冯友兰说:"'人情者有好恶,故赏罚可用。'盖人之性惟知趋利避害,故惟利害可用驱使之。法学家多以为人之性恶。韩非为荀子弟子,对于此点,尤有明显之主张。"④持反对观点者认为,荀子性恶论虽然影响了韩非对人性的看法,然而荀子和韩非之间仍然存在区别:"荀子主张忍性情、慎积习,最后说到人们要规之以礼义的王制;韩非在性恶论的出发点虽然继承了荀子,而在其主张上则重性情之'自为',最后范之以当世的法度。"⑤韩非主张人的行为具有"好利弊害""趋利避害"的倾向,并不能作为具有先天色彩和固定成分的"性善""性恶"的依据,所以与其说韩非主张性恶论,不如说韩非是在清晰洞察荀子性恶论的逻辑

① 《韩非子·难二》:"好利恶害,夫人之所有也。"《八经》:"人情者,有好恶,故赏罚可用。"
② 转引自马积高《荀学源流》,上海古籍出版社,2000年版,第223 – 224页。
③ 郭沫若:《韩非子的批判》,《十批判书》,东方出版社,1996年版,第395页。
④ 冯友兰:《中国哲学史》(上),华东师范大学出版社,2000年版,第243 – 244页。
⑤ 侯外庐等:《中国思想通史》(第一卷),人民出版社,1957年版,第618页。

不足之后进行了理论纠偏,从而主张韩非"人学"思想是
"人性自然论""自然人性论""人情论"。①

（二）作为其变法思想依据——历史观的聚焦

韩非对人类社会演变历史的精辟阐述,在接受"进化
史观"的近现代学界受到广泛关注和探讨。一般认为,韩
非在《五蠹》篇提出的"上古竞于道德,中世逐于智谋,当
今争于气力","世异则事异""事异则备变"以及"不务循
古,不法常可,论世之事,因为之备"等观点既为其变法主
张提供了理论依据,也体现了一种历史由低级向高级不断
发展进化的"进化史观"。② 但也有学者就此提出了相反
的意见,质疑通常所谓"进化史观",认为韩非的历史观隐
含着历史演变完全由外在环境和物质条件决定的观点,而
一个社会的"进化",除了物质条件的发展和改善,还应该
包含道德素质和内在价值的提升。显然,韩非的历史观没
有全面阐述这一见解,所以不能说韩非的历史观是"进化
史观",只体现了一种无所谓"进化""退化"的"变古"史
观、"变化"史观、"演化"史观。③

（三）韩非法思想与道德观关系的聚焦

韩非"不务德而务法"④"言先王之仁义,无益于治"

---

① 张纯、王晓波:《韩非思想的历史研究》,中华书局,1986 年版,第 76 页。
② 侯外庐等:《中国思想通史》（第一卷）,人民出版社,1957 年版,第 621
页;童书业:《先秦七子思想研究》,齐鲁书社,1982 年版,第 217 页;刘泽华主编:
《中国古代政治思想史》,南开大学出版社,1992 年版,第 137 页;姚蒸民:《韩非
子通论》,台北三民书局,第 100 页。
③ 王邦雄:《韩非子的哲学》,台北东大图书公司,1983 年版,第 141 页;张
纯、王晓波:《韩非思想的历史研究》,中华书局,1986 年版,第 59 页。
④ 《显学》。

"上法不上贤"①以及"君通于不仁,臣通于不忠"②的主张,招致广泛的批判和指责,始终是古今学者探讨的一个焦点问题。如《淮南子·泰族训》对韩非"不道德仁义"、专任法治的思想提出批评:"仁义者,治之本也。今不知事修其本,而务治其末,是释其根而灌其枝也。且法之生也,以辅仁义。今重法而弃义,是贵其冠履而忘其头足也。"王充在《论衡·非韩篇》则第一次明确提出了对韩非"非道德主义"的批评。他说:"治国之道,所养有二:一曰养德,二曰养力。……夫德不可独任以治国,力不可直任以御敌也。韩子之术不养德,偃王之操不任力,二者偏驳,各有不足。"及至近现代,章炳麟虽对韩非的"法治"思想极为赞赏,但对其反对"仁义之道"的主张进行了批判:"今无慈惠廉爱,则民为虎狼也。"③郭沫若也认为韩非"没有什么仁义道德可讲"④。萧公权主张,韩非思想划道德于政治之外而具有现代意味的纯政治的政治哲学,具有近代西方思想家马基雅维利(Machiavelli,1469—1527)所提倡的政教分离的特征,认为"韩非认私人道德与政治需要根本不相容,而加以攻击"⑤,还有学者认为:"韩非的'法治'学说只认法,不要德,在极端夸大法(暴力)的地位作

———————————

① 《忠孝》。
② 《外储说右下》。
③ 章太炎:《国故论衡·原道下》,《中国现代学术经典·章太炎卷》,河北教育出版社,1996年版,第109页。
④ 郭沫若:《韩非子的批判》,《十批判书》,东方出版社,1996年版,第389页。
⑤ 萧公权:《中国政治思想史》(一),辽宁教育出版社,1998年版,第216页。

用的同时,否定道德的功能和作用,从而否定了道德本身。"①还有一部分学者对韩非"非道德主义"的批评,促使另一部分学者对此问题进行了研究和反思,进而提出了相反观点。如朱伯崑认为:"韩非抨击了孔孟的道德说教,不赞成以德教治国,并非废弃伦理规范,要人们不忠不孝,不仁不义,如同禽兽一样,过着毫无道德观念的放荡生活或者如道家所提倡的过着离群索居的隐士生活。在道德问题上,他同儒家争论的焦点,不是要不要道德,而是如何理解人类的道德生活,怎样确立和实行封建制所需要的理论规范。"②张申则认为,韩非"法治"的思想并未否定道德本身,因为韩非充分肯定了道德(君德、臣德)的社会功能与作用,认为道德养成与政治强制之间并不存在根本冲突和矛盾,主张韩非的思想特征在于重法轻德、以德辅法。③陈少峰也认为:"韩非亦并非不重道德","在韩非的君主论中,既塑造了专制君主的形象,同时也表达了理想王人格的理论,透露着追求公平的道德色彩。"④

(四)"法""术""势"关系的聚焦

"法""术""势"是韩非思想内涵的一个重要概念。他主张法术并用:"君无术则弊于上,臣无法则乱于下,此不

---

① 朱贻庭、赵修义:《评韩非的非道德主义思想》,《中国社会科学》1984年第4期。

② 朱伯崑:《先秦伦理学概论》,北京大学出版社,1984年版,第271页。

③ 张申:《再论韩非的伦理思想不是非道德主义》,《中国哲学史》1989年第2期。

④ 陈少峰:《中国伦理学史》(上),北京大学出版社,1996年版,第114、119页。

可一无,皆帝王之具也。"①他还说:"人主之大物,非法则术。"②他强调"法""势"结合的重要性:"抱法处势则治,背法去势则乱。"③他将"势""术"对举:"故国者,君之车也,势者,君之马也,无术以御之,身虽劳,犹不免乱。有术以御之,身处佚乐之地,又致帝王之功也。"④显然,法、术、势三者在韩非思想中均占有重要地位,嵇文甫将三者之间的关系表述为"大概韩非之说,'法''术''势'三者并重。没有'势'则无以行其'法''术',没有'术'则无以行其'法'而得其'势',没有'法'则'势'与'术'徒足以资人作恶而乱天下。"⑤冯友兰则以"韩非式"的句式精练地概括为:"韩非以为法术势三者,皆'帝王之具',不可偏废。"⑥梁启超将韩非思想定性为"法治主义",并且认定韩非的"法治主义"与"术治主义""势治主义"根本相反的观点或许成为现代学者长时间争论韩非思想在法、术、势三者之间到底何者为中心的一个学术根源。概括有以下几种代表性观点。

第一种观点主张"法治中心主义"。如近人杨幼炯认为韩非思想"盖集儒道法三家之学说,而以法治主义为中坚"⑦。当代学者王邦雄也持这种观点:"韩非子政治哲学

① 《定法》。
② 《难三》。
③ 《难势》。
④ 《外储说右下》。
⑤ 嵇文甫:《先秦诸子政治思想述要》,《嵇文甫文集》(上),河南人民出版社,1985 年版,第 203 页。
⑥ 冯友兰:《中国哲学史》(上),北京大学出版社,1984 年版,第 239 页。
⑦ 杨幼炯:《中国政治思想史》,商务印书馆,1998 年影印版,第 155 页。

之整体架构,虽由法、势、术等三种基料结合搭建而成,然其根本精神,实以法为其中心。"①

第二种观点主张"术治中心主义"。熊十力认为:"韩非之书,千言万语,一归于任术而严法。虽法术兼持,而究以术为先。"②很多学者赞同这一观点,如王元化认为:"在韩非学说中,法、术、势这三个方面,术是居于中心地位。一部《韩非子》主要谈的是术而不是法。"③

第三种观点主张"势治中心主义"。如谷方认为:"韩非思想的核心既不是'法'也不是'术'而是'势'。'势'即权势,主要是指君主的统治权力。"④高柏园则针对王邦雄的"法治中心主义"观点提出不同意见,认为"法、术、势三者之间并非一平列的关系,而是一优先性关系,此中乃是以势为优先,而法与术皆只是助成君势之充分伸张之方法与条件而已"⑤。

第四种观点则试图超越在法、术、势三者之间决定何者为中心的思路,重新回到嵇文甫、冯友兰对《韩非子》的解读,强调在韩非思想中法、术、势都处于循环互补的工具状态,三者之间无法找到一个中心,三者的根本目的在于强化王权,⑥在于建立起由君主直接操控的一元化社会控

① 王邦雄:《韩非子的哲学》,台北东大图书出版社,第235页,1983年版。
② 熊十力:《韩非子评论》,台北学生书局,1995年版,第22页。
③ 王元化:《韩非论稿》,《中华文史论坛》1980年第4辑。
④ 谷方:《韩非与中国文化》,贵州人民出版社,1996年版,第170页。
⑤ 高柏园:《韩非哲学研究》,台北文津出版社,1994年版,第97页。
⑥ 蒋重跃:《韩非子的政治思想》,北京师范大学出版社,2000年版,第86页。

制体系。①

综上所述,我们可以看出历代学人对韩非名学与法思想的研究取得了很大的成绩,但也存在一定的不足,具体表现在以下几点:

(1)要么只研究韩非的名学思想,要么只研究其法思想,将二者人为地割裂开来,有顾此失彼之嫌。

(2)就韩非名学思想研究来看,在研究内容上,多数研究者未对韩非的名学思想进行系统的梳理;在研究视角上,多数学者套用西方传统的逻辑框架来研究韩非的名学思想,其结果必然导致对韩非名学思想的本土文化特色认识不够。

(3)就韩非法思想研究来看,多数学者对韩非名学思想与其法文化之间的关系缺乏足够的重视,单纯地为研究法思想而研究法思想,忽略了韩非名学思想在其法文化中的地位,难以凸显韩非法思想的文化价值。

总之,只有从名学与法思想相结合的角度来研究《韩非子》,才能对韩非的思想有全面的认识。

---

① 杨阳:《非道德主义与一元化社会控制体制的抟铸》,《中西政治文化比较论丛》第3辑,天津人民出版社,2004年版。

第一章　韩非刑名思想的背景、渊源及基础

第一节　韩非其人及其书

一、韩非其人

韩非,约生于公元前 280 年,卒于公元前 233 年,战国末期韩国人。韩非出生于没落的贵族家庭,与李斯同为荀子的学生,是先秦法家的集大成者。韩非喜刑名法术之学,他在总结法家变法的历史经验教训的基础上,写了《孤愤》《五蠹》《内外储》《说林》《说难》《问辩》等篇,撰述十万余言。现存《韩非子》一书,计五十五篇。

二、韩非其书

关于《韩非子》的作者及篇章真伪的争论,是研究韩

非的根本前提,因为史料是否准确直接关涉研究结论是否恰当。正如郑良树所言:"除非我们知道《韩非子》书中的篇章含有真伪的问题,否则在研究或探讨韩非的刑名思想之前,势必对这些篇章有所鉴定;情形就如研究历史必须鉴别史料的真伪、考察古代社会必须研究出土文物的年代一样,才能够得出一些比较客观的结论。"①毋庸置疑,研究韩非首先必须考察《韩非子》的真伪。然而问题是在缺乏足够铁证的前提下(诸如古本《韩非子》的出土),学者们仅凭借某些假定和推断来考证《韩非子》的真伪,很难真正得出令人信服的结论,从历代韩非研究中可以看出,学界在《韩非子》作者及篇章真伪方面存在重大分歧,说明当前要在《韩非子》的史料考证方面取得突破性进展实属不易。对于辨伪这样的学术论争,笔者认为,近人傅斯年的态度非常可取,他认为战国时期"著作者"观念不明了,战国书除《吕览》外,几乎全部是汉朝人集合成书的,多不是著者自写而是后人托于前人思想而编撰成册。②因此,有关《韩非子》篇章真伪的考据之争,并不代表哪一种观点更真实。

中国古典的真伪,是治韩非的刑名思想研究必须正视的问题。然而对此,理解却有不同。所谓真实性(authenticity)是说某作品确为史籍记载的某人所作,③但完全证

① 郑良树:《韩非之著述与思想》,台北学生书局,1993 年版,绪论第 6 - 7 页。
② 傅斯年:《战国文籍中之篇式书体》,载刘梦溪编《中国现代学术经典·傅斯年卷》,河北教育出版社,1996 年版,第 336 页。
③ *Longman Dictionary of English language and Culture*, Longman House, 1992, Essex, p. 66.

明(prove)这一点是极为困难的,在条件不充分的情况下,几乎是不可能的。这就涉及如何看待古籍真实与否的相对性和绝对性的关系问题。到目前为止,能够完全无误地证实(verify)或证伪(falsify)文献关于某书作者和成书时间的记载,这种情况在先秦古籍中几乎不存在。人们只能通过较晚一些时候的其他材料大致推测原书的作者和面貌,这种证明是相对的。不过,这种相对性的材料中含着绝对真实的因素,绝对真实也只能通过相对的材料来体现,两者本是同一个东西,但有的却各居一头。对待它们,既不能混淆,也不能割裂。混淆了,就可能把相对真实的材料绝对化;割裂了,就可能用某些所谓"绝对真实"的东西贬低另一些同样包含绝对真实的相对材料。无论是混淆还是割裂,都会走到固守绝对真实或绝对不真实的死胡同里去。

一般来说,某书真实性的大小,往往取决于实证材料在时间上与所谓的成书时间的远近,时间越靠前的,可靠性就越多一些。随着研究的进步,客观材料的时间越提前,相对成分中包含的绝对因素也就越多。比如,《老子》这部书,由于有了马王堆3号汉墓出土的帛书《老子》甲、乙本和郭店楚墓出土的竹简《老子》,有关它的成本时间的实证性材料就比《史记》提前了若干年,这就使《史记》关于它的成书时间的记载多了一份真实性,但距彻底解决问题尚有一段路程。我们不能因为所据材料不足以完全证实或证伪某部古籍就放弃这些材料,或否认这些材料的真实性,更不能把一部分相对真实的材料当作绝对真理,否认其他可能真实的材料。

《韩非子》一书的真伪问题,其实就隐藏着相对和绝对真实的辩证关系,它绝对真实的意义在于,今本《韩非子》是否为韩非所作,而相对真实的意义则在于,今本是否来自司马迁所见到的本子。必须明确,我们不能脱离《史记》来谈《韩非子》的真实性问题,正如我们不能脱离相对性来谈论绝对性一样。我们所据的客观材料,最权威的只有《史记》,不能站在孤立的、片面的立场上把它当作绝对的真理,也不应站在同样孤立的、片面的立场上贬低它的权威性。只能持辩证的态度,展开全面的考察,谨慎使用《韩非子》。

瑞典学者龙德先生(Bertil Lundahl)把真实性区分为狭义的真实性和广义的真实性两种。所谓狭义的真实性,是经过几千年,今本与作者写作时完全一样。在这种意义上,没有任何典故是真实的了,因为先秦古籍在后来的流传中往往经过由简帛到纸卷再到印本的发展过程,这期间又经过无数学者的传抄、注释、校勘等整理工作,有的还屡遭天灾、战乱等厄运而有得失、分合、错简、残篇、文舛、字误等情况。广义的真实性,是指把许多可能性的因素考虑进去。例如,学生所作,记下了老师的行事和教导,有些思想可能就是老师本人的,因而应该算作真实的,特别是要以记载某书作者的材料为实证标准,而这种材料只能在某种程度上说明问题。对《韩非子》而言,确证某一篇为韩非所作,这是不可能的,人们所能做的,只是看在何种程度上可能做到这一点,所谓真实性其实就是这种可能性。①

有关《韩非子》真实性的问题,由于涉及面太广,一方面非个人治学能力之所及,另一方面亦非个人研究志趣之所在,故不在此讨论其真伪问题。本论著集中在韩非名学与法思想的解析和构建上,而非落于文字脱误与篇章真伪的考据上。正是基于此考虑,本论著对韩非思想内涵和逻辑脉络的梳理和研究,以《韩非子》的整体文本为准,不拟对《初见秦》《有度》《亡征》《解老》《喻老》《功名》《大体》《心度》《制分》等一些学者所界定为非韩非所做的篇章进行区别对待。当然,从绝对真实的意义而言,这样处理或许有一定的冒险性,然而诚如史华兹所认为的那样:思想史是始终无法避免的冒险事业。②在所有有关《韩非子》篇章辨伪的观点未得到充分证实前,以《韩非子》的整体文章来研究韩非,虽然有一定的冒险性,但是相对于证据并不坚实的真伪考证,也不失为一种谨慎理性的研究态度。因此,除个别公认的不为韩非亲手所写的篇章外(如《存韩》篇李斯上秦王、韩王书),在传世本《韩非子》尚未得到考古发掘的韩非手稿出土从而"证伪"的情况下,为避免渗入研究者主观因素而出现任意宰制材料的情况,本论著无力也无意重复一种前人观点或在一些假设和推断的前提下而对《韩非

---

① Bertil Lundahl,HAN FE Ⅱ,*The Man and the Work*,stockholm East Asian *Monographs No. 4. Institute of Oriental languages.* Stockholm University,Stockholm,1992,p. 107.

② [美]本杰明·史华兹:《古代中国的思想世界》,程钢译,江苏人民出版社,2004 年版,第 14 页。

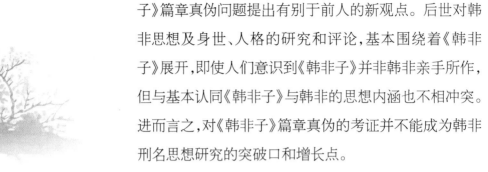

子》篇章真伪问题提出有别于前人的新观点。后世对韩非思想及身世、人格的研究和评论，基本围绕着《韩非子》展开，即使人们意识到《韩非子》并非韩非亲手所作，但与基本认同《韩非子》与韩非的思想内涵也不相冲突。进而言之，对《韩非子》篇章真伪的考证并不能成为韩非刑名思想研究的突破口和增长点。

事实上，春秋早期诸子并无著书的习惯和风气，孔子"述而不作"，墨子的言论也是其弟子辑纂而成的。在中国文化洋洋洒洒两千年的发展过程中，假托先秦诸子之名著书立说的现象时有发生，而且后人的批注可能杂糅其间，伪书的问题也确实存在。如果一味地为拟古而拟古，那么先秦名学的可靠资料就少得非常可怜了，以这样贫乏的内容又怎么能够和光辉灿烂的先秦文化与先秦名学的客观存在和发展相匹配呢？① 我们采取的方法，是把所谓伪书的内容与先秦时期思想发展状况和水平相对照，与诸子们的相互批评和记述相参验，如果确实反映了当时的社会实况，在整个先秦思想文化发展链条中有所表现，且与诸子的记述相呼应，那么我们就应该确定他的思想价值，作为研究韩非刑名思想的史料。

---

① 温公颐：《先秦逻辑史》，上海人民出版社，1983 年版，前言第 2 页。

◆第二节　韩非刑名思想的背景

韩非名学与法思想即刑名思想与其所处的时代是密不可分的。吕思勉先生说："不明先秦时代政治及社会之情形,亦断不能明先秦诸子之学也。"[1]因此,韩非名学与法治思想并不是凭空产生和建立起来的一种纯思辨或抽象的理论学说,而是有着极其深厚的社会政治、经济生活和学术思想根源。与此同时,韩非名学与法治思想的出现,也有着直接的社会功用和现实意义。在内容上,韩非的名学与法思想同春秋战国时期社会意识形态领域内的焦点问题息息相关;在发展上,受到当时社会条件和思想文化的直接影响和制约;在演变上,与其他诸子思想、各学派的变化紧密结合在一起。公元前722年,周平王迁都洛邑,揭开了春秋战国的序幕。春秋战国时期形势的特征可以用"动"和"变"二字来概括。王夫之在《读通鉴论·叙论四》中称,春秋战国之交为"古今一大变革之会"。诸国为求谋富强,变法革新,征战四起。可谓呈现出"经济上的变世,政治上的诸侯异政,文化上的盛世"。这些因素是韩非名学与法治思想形成的直接原因。

一、经济上的变世——商业的发展

春秋战国时期,经济发生了重大变化,首先是生产技

---

① 吕思勉:《先秦学术概论》,东方出版中心,1985年版,第11页。

术上发生了巨大变革,随着冶炼技术的进步,铁器被大量制造和使用。广泛运用铁器,成为春秋战国时期生产力水平提高的标志。春秋时期,铁器已开始在生产领域使用。战国中后期,铁器作为生产工具更为普遍。迄今为止,已发现上千件先秦铁器,而且品种多样,有斧、锛、凿、刀、削、犁、镢、锸、耙、锄、镰等,①这表明铁器在农业生产领域已经广泛使用了。春秋晚期牛耕开始出现,《国语·晋语九》就记载着"夫范、中行氏不恤庶难,欲擅晋国,今其子孙将耕于齐,宗庙之牺为畎亩之勤"。广泛使用铁器和普遍推广牛耕,使农业生产力水平大大提高。而这也是生产技术发展的重要标志。这一时期水利技术高度发达,如西门豹引漳水治邺工程,李冰父子兴修岷江水利工程,郑国兴修的郑国渠,尤其是岷江水利工程,堪称世界水利史上的杰作。

　　生产力的提高和生产技术的发展,引起生产方式的重大变革。春秋战国的历史,从其本质上考察,可以说就是庄园制经济过渡到佃耕经济的历史,同时,也是独立手工业者和商人,从庄园制经济中发生乃至成长的历史。② 这说明春秋战国时期经济形态发生了很大变化。从庄园制经济到佃耕制经济的过渡,表明农民对土地所有者人身依附关系的减弱,在某程度上提高了农民的生产积极性。从土地制度来看,由于井田制的逐步瓦解,土地私有化的推

---

①　李玉洁:《先秦史稿》,新华出版社,2002年版,第382页。
②　翦伯赞:《先秦史》,北京大学出版社,1988年版,第304页。

行,出现了大量的自耕农,小农经济成为当时各国的经济基础。为了鼓励经济发展,各国都推行了一些改革政策。其中,比较典型的是魏文侯对经济的改革,他任用李悝,采取了一系列的经济改革措施。例如,实行什一税;改革土地制度,允许私人占有土地;制定平抑粮价的"平粜法",避免粮食价格波动过大;加强生产指导和管理,提高单位面积产量;大力兴修水利等。通过经济改革,魏国的经济日盛,国势日强。在秦国,商鞅推行了强有力的改革措施,把土地分配给农民,允许自由买卖,重农抑商,鼓励耕战,采取了强硬的措施调动农民耕种的积极性,以法律的形式加强了对农业生产和自然资源的管理,使秦国的经济呈现鼎盛。此外,管仲在齐国、吴起在楚国也都推行了经济改革,对促进经济发展发挥了重要作用。

随着经济改革和生产力水平的提高,从农业中解放出来的大量农村劳动力开始从事其他行业,因此手工业、商业得到了很大的发展,出现了陶朱公富甲天下的局面,连孔子的学生子贡都投身商贾,在燕鲁之间从事贸易,以致"家累千金"[1],"结驷连骑,束帛之币以聘享诸侯,所至国君无不分庭之与之抗礼"[2]。还有秦相吕不韦,起先从事商业活动,后来才转而投身政治。

商人对利益的贪婪犹如洪水猛兽,冲破了传统道德、仁义的堤坝,洗刷着整个社会,激荡着人们的心灵。对此

---

[1] 《史记·仲尼弟子列传》。
[2] 《史记·食货列传》。

诸子们有深刻的认识和体会,他们从社会现实中总结出仁义和富贵是对立的,要想富贵就得放弃仁义廉耻。坚持仁义廉耻,就不可能富贵。孟子说:"为富不仁矣,为仁不富。"①因此,"周礼"遭到破坏,为了恢复"周礼",孔子提出"正名",主张用名来规范社会秩序。在诸子中有人认为,人性之好利恶害。例如,韩非说:"千金之家,其子不仁,人之急利甚也。"②韩非对人性好利恶害的阐述尽管略显偏激,但并非空穴来风,在一定程度上可以说是现实的写照。对人性的失望和不信任使一些先秦诸子不再相信礼乐教化,他们转而寻求新的治国途径。而现实方面,暴力横行,犯罪频繁,礼已不能保证社会的有序和规范,以名和法来规范社会秩序成为时代的呼唤,韩非的名学与法思想就是在这种召唤中孕育而生。

二、政治上的乱世——诸侯异政

韩非生活在战国末期,这个时期封建制度在各个诸侯国得到了充分的发展,天下一统的态势已日趋明朗化。为了巩固新兴地主阶级已取得的政权,以成就统一天下的霸业,各诸侯国积极推行变法,扩充实力,加快封建化进程。韩非认为,"国无常强,无常弱,奉法者强则国强,奉法者弱则国弱",力举推行变法图强。他目睹自己的国家变法不彻底的事实,他说:"韩者,晋之别国也。晋之故法未

---

① (汉)赵岐注,(宋)孙疏:《孟子注疏》,中华书局,1980 年影印《十三经注疏》本,第 2702 页。

② 《难四》,见陈奇猷:《韩非新校注》,上海古籍出版社,2000 年版,第 928 页。

息,而韩之新法又生;先君之令未收,而后君之令又下。"①韩国终因法的新旧相嬗而不能成就霸业,"故任万乘之劲韩,七十年而不至于霸王后者,虽用术于上,法不勤饰于官之患也"②。秦孝公在位时,任用商鞅变法,使国家从弱到强,"今秦地折长补短,方数千里,名师数十百万。秦国之号令赏罚,地形利害,天下莫如也。以此与天下,可兼而有之"③。

地主阶级在政治上虽然已处于相对稳定的地位,但阶级内部争权夺势的斗争日趋凸显,官吏的地位和权力日益壮大,即所谓"战胜则大臣尊,益地则私封立"④,直接影响和威胁着君主的统治,不利于其建立统一的中央集权国家。所以,如何建立和完善君主封建专制政治,便成为当时迫在眉睫的重要话题。韩非的"观往者得失之变"⑤,一方面综述了法家的主要法治思想,另一方面秉承其师荀卿为封建地主阶级服务的思想传统。他提出"法""术""势"相结合的主张,系统阐述了服务于中央集权和君主专制为核心的法治思想。

宗法政治实质上以血缘关系为基础,新兴地主阶级封建政治是一种新型的政治体制。它的出现和发展,必然与以血缘关系为基础的宗法政治相碰撞。韩非主张,作为封建中央集权的专制统治者,只能是君王一人。其余的人,

---

① 《定法》。
② 《定法》。
③ 《初见秦》。
④ 《定法》。
⑤ 《史记·老庄申韩列传》。

无论是官吏还是平民百姓都不过是君王的统治对象，"事在四方，要在中央。圣人执要，四方来效"①。君王如果没有一套完整的法术势作为统治手段，不仅统治难以维护，其所掌握的政权也随时有被颠覆的危险。因此，我们可以这样认为，韩非思想与君主政体思想一脉相承，甚至有过而无不及。为了建立君主集权政治体制，保证君主专制统治的顺利进行和正常运作，韩非吸收了道家老庄的有关思想，从对"道"与"万物"关系的认识和理解出发，说明了君臣的地位关系。

韩非讲：

道者，万物之始，是非之纪也。是以明君守始以之万物之源，治纪以知善败之端。故虚静以待令，令名自命也，令事自定也。虚则知实之情，静则知动者正。有言者自为名，有事者自为形；形名参同，君乃无事焉，归之其情。故曰：君无见其所欲，君见其所欲，臣自将雕琢；君无见其意，君见其意，臣将自表异。故曰：去好去恶，臣乃见素；去旧去智，臣乃自备。故有智而不以虑，使万物知其处；有行而不以贤，观臣下之所因；有勇而不以怒，使群臣尽其武。是故去智而有明，去贤而有功，去勇而有强。君臣守职，百官有常；因能而使之，是谓习常。故曰：寂乎其无位而处，漻乎莫得其所；明君无为于上，君臣竦惧乎下。明君之道，使智者尽其虑，而君因以断事，故君不穷于智；贤者敕其材，君因而任之，故君不穷于能；有功则君有其贤，有过则臣任

──────────

① 《扬权》。

其罪,故君不穷于名。是故不贤而为贤者师,不智而为智者正。臣有其劳,君有其成功,此之谓贤主之经也。①

又言:

　　夫道者,弘大而无形;德者,核理而普至。至于群生,斟酌用之,万物皆盛,而不与其宁。道者,下周于事,因稽而命,与时生死。参名异事,通一同情。故曰:道不同于万物,德不同于阴阳,衡不同于轻重,绳不同于出入,和不同于燥湿,君不同于群臣——凡此六者,道之出也。道无双,故曰一。是故明君贵独到之容。君臣不同道,下以名祷;君操其名,臣效其形,形名参同,上下和调也。②

　　道是万物之始,是区分是非的准则,明君则是守始、治纪之人,同样,道不同于万物,君也不同于群臣,这是因为道是独一无二的。韩非提出了君主至上的理论根据。他认为,君主体现道,具有绝对权威,是权力的极顶,而群臣与万物一样,是道的派生物,是君的下属。据此,他认为君臣之间无等级差别的危害:

　　万物莫如身之至贵也,位之至尊也,主威之重,主势之隆也。此四美者,不求诸外,不请于人,议之而得之矣。故曰:人主不能用其富则终于外也。此君人者之所识也。③

　　爱臣太亲,必危其身;人臣太贵,必易主位;主妾无等,必危嫡子;兄弟不服,必危社稷。臣闻千乘之君无备,必有百乘之臣在其侧,以徙其民而倾其国;万乘之君无备,必有千乘之家在其侧，以徒其威而倾其国。是以奸臣蕃息，主道衰亡。是故诸侯之博大，天子之害也；群臣之太富，君主之败也。将相之管主而隆国家，此君人者所外也。①

同时，他还认为，"父兄大臣禄秩过功，章服侵等，宫室供养太侈，而人主弗禁，则臣心无穷；臣心无穷者，可亡也"②。等级混乱，"臣心无穷"是亡国的征兆。所以，韩非大力提倡"臣事君，子事父，妻事夫"，并提出"三者顺则天下治，三者逆则天下乱，此天下之常道也"③。中国传统道德观念因韩非思想而受到了很大的影响。

封建君主专制体制中的臣子已经改变了奴隶主贵族宗法体制中与君的宗族关系，是封建君主的雇佣与官僚，封建的君臣关系实质上是一种买卖交易关系。韩非引用田鲔的话说："主卖官爵，臣卖智力。"他又说："臣尽死力以与君市，君重爵禄以与臣市。君臣之际，非父子之亲也，计数之所出也。"④封建的君臣关系已经不再是奴隶主宗法制中的亲缘父子关系，而是建立在买卖交易基础上的利害矛盾关系。韩非认为，君主只有认清君臣关系的这种实质，才能更好地御用臣下，实施封建专制统治。

韩非提出君主御用臣下的工具是"法""术""势"相结合的统治术。法是君主制定、公布强制实施的行为规范；术是君王御用群臣的方法；势是君主统治天下的政治权

---

① 《爱臣》。
② 《亡征》。
③ 《忠孝》。
④ 《难一》。

威。在韩非看来，以前的"申不害言术，而公孙鞅（即商鞅）为法"，慎到重势。他们的这些主张只重其一，有所偏废，所以"皆未尽善"。如申不害"不擅其法，不一其宪令，则奸多"，是为术而不为法；商鞅虽为法，使国富兵强，但使主"无术以知奸"，而大臣得利。韩非认为这三者"无一不可，皆帝王之具"①，都是君主实施政治统治的重要工具。韩非认为，执法、用术，必须以"处势"为本，同时法、术又是"处势"的重要手段，用术又是执法的手段。而在这三者之中，"法"又是根本。他讲："先王以道为常，以法为本。"②而且"法者，王之本也"③。把"法"视为君王统治和执掌政权的根本。"术"在这三者之中是君主任用臣下的重要手段，"术者，因任而授官，循名而责实，操杀生之炳，课群臣之能者也，此人主之所执也"④。

韩非继承了荀子"一天下""一制度"的思想，主张法治，反对对名的抽象讨论，他认为"坚白、无厚道之词章，而宪令之法息"⑤。法既是立国之本，也是一切思想言行的最高准则，而抽象地讨论诸如"坚白"之类的问题，会使人们无端地对法产生怀疑，从而动摇封建专制的政治统治，"故言行而不轨于法令者，必禁"⑥。韩非以法治为根本，围绕着君术这一核心，最后的落脚基点是在他的"综

---

① 以上均引自《定法》。
② 《饰邪》。
③ 《心度》。
④ 《定法》。
⑤ 《问辩》。
⑥ 《问辩》。

核名实"的名学思想。以上表明,韩非名学的产生和发展既受那个时代社会意识的主观影响,也受当时社会存在的客观制约。

这些矛盾的显现,激发了诸子对社会的关注热情,他们立足于不同阶级立场,从不同的角度争辩政治、法律、文化等问题,这就为韩非名学与法思想的形成和发展创造了政治条件。

三、文化上的盛世——学在四夷

人们的文化创造力因变革的时代被激发出来,文化盛世在春秋战国开始形成,最突出的特征就是思想上的高度活跃。一大批思想家在积极投身社会政治活动的同时,也进行着思想文化上的创造。他们从代表不同利益阶层的立场出发,从多个维度去思考宇宙、人生、自然、社会等问题,企图寻求改造社会的药方,因而形成了多元化的社会思潮。汉代班固对先秦诸子源流进行考证,认为:儒家出于司徒之官,道家出于史官,阴阳家出于羲和之官,法家出于理官,名家出于礼官,墨家出于清庙之守,纵横家出于行人之官,杂家出于议官,农家出于农稷之官,小说家出于稗官。[①] 他把诸子之学与王官一一对应。然而,现代学者胡适反对这一观点。他说:"吾意以为诸子自老聃、孔丘至于韩非,皆忧世之乱而思有以拯济之,故其学皆应时而生,

---

① 《艺文志》,见班固《汉书》,中华书局,1962 年版,第 1728－1745 页。

与王官无涉。"①他认为诸子之学是时代的产物。战祸连年、阶级消灭、贫富不均、政治黑暗的社会现象是诸子之学产生的"因"，诸子之学是这四种现象的"果"。但是冯友兰反驳胡适说："此种形势在中国史中几于无代无之，对于古代哲学之发生，虽不必无关系，要不能引以说明古代哲学之特殊情形。"②的确，春秋战国的时代特征固然是诸子之学产生不可或缺的条件，却不是唯一条件，更非充分说明必要条件。蒋伯潜把诸子之学的产生条件分为"因"和"缘"。他说："譬如种植，种子是因，土壤、阳光、水分是缘；就所谓'缘'分别，则土壤是种子所据以发生的凭藉，而阳光、水分则是促进种子发生的力量，连年的战争、黑暗的政治，是促进诸子之学的背景，是土壤之类，这些都只能认为诸子之学所以发生于此时期的'缘'。而其'因'，其种子都是上古以来至周时代始发达到相当程度的文化——学术思想。"③吕思勉说："凡事必合因缘二者而成。因如种子，缘如雨露。无种子，因无嘉谷，无雨露，虽有种子，嘉谷亦不能生也。先秦诸子之学，当以前此之宗教及哲学思想为其因，东周以后之社会情势为其缘。"④也就是说，诸子之学是时代因素与学术发展共同的结果。这无疑是更客观、全面、符合历史事实的一种见解。但无论"上古以来至周代始发达到相当程度的文化"，还是"前此之

---

① 胡适：《诸子不出王官论》，载《胡适全集》（卷一），安徽教育出版社，2003年版，第250页。

② 冯友兰：《中国哲学》，中华书局，1961年版，第30页。

③ 蒋伯潜、蒋祖怡：《诸子与理学》，上海书店，1967年版，第7页。

④ 吕思勉：《先秦学术概论》，中国大百科全书出版社，1996年版，第5页。

宗教及哲学思想"，其主体都是原来藏之官府、由贵族独占的知识。所以钱穆虽然反对诸子之学与王官一一对应之说，但依然认为王官之学的衰与诸子之学的兴有内在联系。[1] 张汝伦则讲：

> 如果古代的确有执掌文教之官（这一点胡适恐无法否认）是古代思想文化的主要生产者和传播者，那么诸子不可能与王官之学毫无联系。由于古代除王官之学外再无别的思想文化资源，它必然构成诸子之学的主要来源。其次，哲学思想的产生需要闲暇。就像在古希腊只有奴隶主才可能从事哲学活动一样，在中国古代要从事学术活动也需要行有余力，并需要有机会接触流传下来的传统文化。先秦诸子若要有所发现，必须以王官之学作为他们学术思想的起点。而在春秋之际，官学变为私学，为更好的平民百姓提供接触官学的机会，这也是先秦学术发达的一个外在原因。[2]

显然他也主张王官之学对诸子之学存在着重要影响，是诸子之学发生、发展必不可少的因素。王官之学成为诸子之学必不可缺少的因素，必须建立在由"学在官府"转变为"学在四夷"这一前提之下，当王官之学秘藏官府时，无论如何都不可能孕育出诸子之学。

春秋之前学在官府，官师一体，贵族不仅掌握国家政权，也垄断受教育的权利，平民百姓没有机会接触知识。

---

① 钱穆：《国学概论》，商务印书馆，1997 年版，第 34 页。
② 张汝伦：《实践哲学：中国古代哲学的基本特质》，《新华文摘》2004 年第 21 期。

而春秋中叶以后"大批贵族的没落,把贵族手上所保持的知识,解放向社会,所以孔子便能以原在贵族手上的诗书、礼乐作为他教育学生的教材"①。原本秘藏于官府,只有文化官执掌的典籍得以在社会上流传,才有许多平民百姓可以接触到的文化,"这一时代变化,是官府的典籍文化变成了整个社会的公众文化"②。以某种专长占据相应的职位,官吏们流落民间,为了生存,不得不以私人的身份向大众传播所掌握的知识技能,学在官府、官师一体的格局被打破,这正是孔子所讲的"天子失官,学在四夷"③。由于"学在王官"变为"学在四夷",对贵族来讲自然是显得落魄,但对中国古代的学术思想而言是一件幸事。这使教育官僚化变为教育平民化,普通老百姓获得了受教育的机会,从而为学术思想的形成和发展创造了良好环境。诸子们广收门徒,传播思想,例如,在鲁国孔子聚徒传授六艺,在郑国邓析聚徒讲习法律,在宋国组织严密的墨家学派召集门徒宣传墨子思想,墨家学派才得以兴起。诸子之学由此产生,从而形成了"九流"(儒、墨、道、名、法、阴阳、农、纵横、杂家)十家("九流"加上小说家)各家各派都有自己的代表人物,他们著书立说、聚徒讲学,传授自己的思想,培养了大批的杰出人才。各家为了推广自己的思想,弄清一些问题,总要激扬己见,辩驳对方,于是出现了百家争鸣

---

① 徐复观:《两汉思想史》(卷一),华东师范大学出版社,2001年,第53页。
② 黄开国、唐赤蓉:《春秋时代思想文化的转型》,《哲学研究》2004年第5期。
③ 杜预注,孔颖达正义:《春秋左传正义》,影印《十三经注疏》本,中华书局,1980年版,第2084页。

的局面，正如，《墨辩·小取》中诸子在辩所言："夫辨者，将以明是非之名，审治乱之纪，明同异之处，察名实之理，处利害、决嫌疑。"名实之辩中来阐发自己的治国的法思想，这就是韩非名学与法思想形成的文化条件。

第三节　韩非刑名思想的渊源

关于韩非刑名思想的渊源，陈千钧先生早在 20 世纪 30 年代就进行了深入的思虑，为后来的研究提供了方便。他认为韩非刑名思想的渊源分为两个方面：第一，名派之关系。认为韩非对百家之学，"正者顺其说，反者因其说而反之也"。比如，他非仁爱、非教育、非孝悌，"其说皆儒家之反面"。对于老子，韩非一边继承了他的仁义、慧智、孝慈、忠臣，一边又主张法治；对于墨家，韩非一边接受其尚利、尚同，一边又反对其兼爱非攻；对于法学家，韩非则全面予以继承，如尚实派李悝、尚法派商鞅、尚术派申不害、尚势派慎到，他们的思想都可以在《韩非子》中找到痕迹，因此，陈千钧先生称："韩非为法家的巨擘，集法家之大成。"第二，认为韩非刑名思想直接渊源于老、商、荀三家，"大抵韩非之思想以老子为根据，而参之以荀，用之以商，故其渊于三家者为多"。所谓以老子为根据，也就是司马迁所谓的"原于道德之意"，陈氏以为，韩非《解老》"尽纳于法术赏罚之中"。源于荀子者，除了性恶等之外，非俭思想实受荀子《富国》篇之影响,说难本于《荀子·非相》,君术源于《荀子·君道》,赏罚来自《荀子·王制》,参验则受《荀子·大略》的启发。所谓用之以商,可知韩非《五蠹》的进化论本于《商君书·更法》,其非《诗》《书》尚农战,源于《商君书·农战》篇;弱民思想则来自《商君书·弱民》篇。[①]

而郭登皞先生认为,《韩非子》不但集法家之大成,而且集先秦诸子之大成,它的思想渊源包括法家的法治、术治、耕战、疑古性恶论,道家的自然无为、愚民说,儒家的正名、性恶,墨家的唯实、尚同等。[②]

然而,陈启天把韩非政治学的渊源分为两个层次,一为"主要渊源",即法家,共有八派:管仲(?—前465年)、子产(?—前522年)、李悝、吴起、商鞅、申不害、慎到、其他;二为"次要渊源",共有四家:道、名、儒、墨。[③]

关于韩非思想的渊源观点很多,仁者见仁,智者见智。但这些观点有两个共同点:其一,韩非思想的渊源必须在《韩非子》中觅得直接证据;其二,韩非思想的渊源是多元的,而非一元的。

事实上,先秦每位显学大师的思想,在中国文化的大染缸里,是由许多流派的思想汇集而成的。同样的,韩非思想渊源是多元的,任何一元的观点都容易犯一偏之见的

① 陈千均:《韩非的时代背景及其学说渊源》,《学术世界》(第一卷)第4期,1935年9月,第60-67页。

② 郭登皞:《韩非政治思想研究》,《民族杂志》第5卷第3期,1937年,第568页。

③ 陈启天:《韩非参考书辑要》,上海中华书局,1945年版,第48-57页。

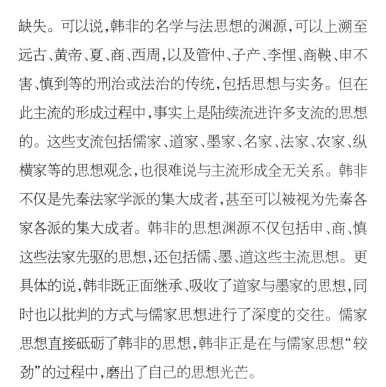

缺失。可以说,韩非的名学与法思想的渊源,可以上溯至远古、黄帝、夏、商、西周,以及管仲、子产、李悝、商鞅、申不害、慎到等的刑治或法治的传统,包括思想与实务。但在此主流的形成过程中,事实上是陆续流进许多支流的思想的。这些支流包括儒家、道家、墨家、名家、法家、农家、纵横家等的思想观念,也很难说与主流形成全无关系。韩非不仅是先秦法家学派的集大成者,甚至可以被视为先秦各家各派的集大成者。韩非的思想渊源不仅包括申、商、慎这些法家先驱的思想,还包括儒、墨、道这些主流思想。更具体的说,韩非既正面继承、吸收了道家与墨家的思想,同时也以批判的方式与儒家思想进行了深度的交往。儒家思想直接砥砺了韩非的思想,韩非正是在与儒家思想"较劲"的过程中,磨出了自己的思想光芒。

司马迁在《史记·老庄申韩列传》中说:"韩非者韩之诸公子也。喜刑名法术之学,而其归本于黄老。非为人口吃,不能道说而善者著书,与李斯俱事荀卿。"由这段文字可看出,韩非受荀子和老子思想影响甚深。在此仅就韩非与荀子、老子的思想渊源进行阐述。

一、韩非与荀子的思想

韩非思想与儒家思想存在着很大的冲突。儒家的尚贤、隆礼、重德与韩非的尚势、任法、重术无不背道而驰。所以韩非为贯彻其主张,非破儒不可。其《显学》与《五蠹》两篇是同儒家战斗的檄文,他说:"儒以文乱法,侠以武犯禁。"①他还说："明据先王，必定尧舜者，非愚则诬也。"②尽管韩非批判儒学，然而，我们从历史的角度，尤其是自己所提出的历史变化论加以探讨，会发现韩非的反儒其实是以他所说的"争于力"的历史阶段为前提的，是有局限性的。这个历史阶段必须实行法治，任何不利于、违反或妨碍法治的推行的学派，无论是属于显学的儒、墨，还是坚白、无厚、纵横之说等，都在韩非的反之列。

事实上，儒家并不是绝对排斥法思想的。从另一方面说，法刑之用，自古即有，儒家也能接受。《尚书·吕刑》有"折民惟刑"③，《尚书·大禹谟》讲："刑期于无刑，民协于中，时乃功，懋哉。"孔传说："虽或行刑，以杀止杀，终无犯者，刑期于无所刑，民皆合于大中之道，勉之。"④《左传·昭公六年》讲："夏有乱政，而作禹刑；商有乱政，而作汤刑；周有乱政，而作九刑。"⑤孔子也肯定了法律的重要性，但他认为刑罚应当以礼乐为指导原则，《论语·子路》说："礼乐不兴则刑罚不中，刑罚不中则民无所措手足。"⑥《为政》讲："道之以政，齐之以刑，民免而无耻；道之以德，

---

① 《五蠹》。
② 《显学》。
③ 旧题孔安国传、孔颖达疏《尚书注疏》（台北商务印书馆《景印文渊阁四库全书》，经部书类，第 54 本），第 54－422 页。
④ 旧题孔安国传、孔颖达疏《尚书注疏》（台北商务印书馆《景印文渊阁四库全书》，经部书类，第 54 本），第 54－82、83 页。
⑤ 左丘明传、杜预注、孔颖达疏《春秋左传》（台北商务印书馆《景印文渊阁四库全书》，经部春秋类，第 144 本），第 144－309 页。
⑥ 朱熹：《四书章句集注》，见台北商务印书馆《景印文渊阁四库全书》，经部四书类，第 197 本。

齐之以礼,有耻且格。"①所以,儒者原本就并非绝对地排斥法律的作用,只是儒者不主张以法治取代德治。

历史是变化的,中国政治社会经历了战国的巨大变化,法与儒的距离已经缩短。法治思想在战国时期的剧变中取得显著的政治实效,更是有目共睹的事实,大儒荀子入秦目睹秦行法治的成效,也只能以无儒为憾。然而,由于儒思想有悠久的历史、深厚的社会基础,在韩非所处的那个历史阶段儒还是显学。他的老师也是一位大儒,这些都是客观的事实,不容韩非否定。从历史的变化而言,儒的思想随着政治社会的变迁而转变,为法、儒兼容提供了背景,也缩短了法、儒之间的距离。荀子思想更可以成为韩非的法儒兼容的一个媒介,唯在荀子仍是"主儒容法"。

我们对《韩非子》书中所涉及的"容儒"内容加以考察,不能是从历史的发展或是韩非思想本身看,韩非思想是法、儒兼容的,只不过这种兼容是属于"主法容儒"的格局罢了。②他不远千里留学齐国,师从大儒荀子于稷下,耳濡目染,岂有不受其影响之理。韩非思想受荀子影响可以概括如下几个方面。

第一,辩名实而定是非。韩非"综核名实"的观点,可能受到孔子先贤思想的影响。正如章学诚说:"申、韩刑名,旨归赏罚,春秋教也。"③孔子修订《春秋》求的就是名

---

①　朱熹:《四书章句集注》,见台北商务印书馆《景印文渊阁四库全书》,经部四书类,第197本。

②　林纬毅:《法借兼容:韩非子的历史考察》,台北文津出版社,2004年版,第11页。

③　章学诚:《文史通义校注》,叶瑛校注,中华书局,1985年版,第60页。

实相当。孔子说:"约其文辞而指博。故吴楚之君自称王,而《春秋》贬之曰'子';践士之会实召周天子,而《春秋》讳之曰'天王狩于河阳';推此类以绳当世。贬损之义,后有王者举而开之。《春秋》之义行,则天下乱臣贼子惧焉。"①他还说:"名不正,则言不顺。言不顺,则事不成,事不成,则礼乐不兴。礼乐不兴,则刑罚不中。刑罚不中,则民无所错手足。故君子名之必可言也,言之必不可行也。"②因此要正名,与韩非以刑名相合为准绳决定赏罚有相通之处。但韩非受到直接影响乃是其师的主张,"故王者之制名,名定而实辩,道行而志通,则慎率至而一焉。故析辞擅作名,以乱正名。使民疑惑,人多辩讼,则谓之大奸,其罪犹为符节度量之罪也"。对王者制名的重视以及"制名以实指,上以明贵贱,下以辨异同,贵贱明,同异别,如是,则志无不喻之患,而无困废之祸"③。将名实之辨也作为褒贬之标准。我们相信这对于韩非重视刑名参同,并作为赏罚之标准的思想,应该有所启发。韩非说的"循名实而定是非,因参验而审言辞"④"循名而责实"⑤"名实当则径之"⑥"名实相持而成"⑦等,大概是对荀子辨名实思想的继承与发扬。

第一章 韩非刑名思想的背景、渊源及基础

---

① (汉)司马迁:《史记》,中华书局,1959 年版,第 1943 页。
② (魏)何晏等注,(宋)邢昺疏:《论语注疏》,影印《十三经疏》本,中华书局,1980 年版,第 2506 页。
③ 《荀子·正名》。
④ 《奸劫弑臣》。
⑤ 《定法》。
⑥ 《八经》。
⑦ 《功名》。

第二,自利的人性论的发挥。自孟子以来,儒家关于人性论,既有孟子的性善说,也有告子的"人性无分于恶与不恶也,犹水之无分东西也"①。孟子是儒家中的理想主义者,在其相关学说中充满了对人性的美好期待,并且反映到社会治理的态度上,使刑罚成为人性回归的道德指南。荀子则不然,作为儒家中的现实主义者,他认为人生来就是恶的,善的表现是人不断努力的结果,所谓"无性则伪之无所加,无伪则性不能自美"②。既然人性本恶,那么就必须制定相应的规矩进行约束,以保证社会秩序不被破坏,刑罚的适用即是出于这种社会控制的结果。可以说,在荀子人性本恶的思想主张中,道德的成就全赖于社会规制下的个人努力。但是,荀子所谓的社会控制并非强力,而是依循人性特点所做的适当约束。易言之,即是通过教育,告知世人哪些事情是对的,并敦促共同遵守。③因此荀子有了"人之性恶,其善者伪也"④等不同的人性论。由此可见,荀子人性本恶主张下的刑罚观具有两面性,在强调刑罚所具有的社会控制意义的同时,又指出其实施必须顺应人性的特点。为了使人性和社会性在刑罚适用的问题上统一起来,荀子特别解释了教育的作用,认为对于本性即恶的人而言,只有使他们不断接受外在观念的影响,才能够保证其内心的欲望不肆意泛滥,达到"济

---

① 《孟子·告子上》。
② 《荀子·礼论》。
③ 崔磊:《儒家性本思想注释下的刑罚价值解读》,《南开大学学报(哲学社会科学版)》2017 年第 3 期。
④ 《性恶》。

而才尽,长迁而不反其初,则化矣"①的目的。相应的,对于已经犯罪的人,刑罚的适用也只是为了使其认识到自己行为的恶性为社会所不容忍,故而需要加以约束。只要刑罚的教育作用能够实现,犯罪人就一定能够对自己以后的行为做出利害权衡,避免再次遭受社会的谴责,同时也使其他未犯罪的人明白不当行为的代价,避免类似行为的实施。②

但是韩非秉承其师荀卿的性恶论,荀子认为:"夫好利而欲得者,此人之性情也。""今人之性,生而好利焉。"③且多次批驳孟子说:"孟子曰:'人之性善',曰:'是不然。'"在韩非思想中绝无性"恶",只是不断举例证实"人性好利"。人性好利思想,是韩非基于对现实社会中人的行为的观察,得出经验性判断,而不是出于一种对人性的抽象价值判断。他很明确地讲:

> 人为婴儿也,父母养之简,子长而怨。子盛壮成人,其供养薄,父母怒而诮之。子、父,至亲也,而或谯或怨者,皆挟相为而不周于为己也。夫卖庸而播耕者,主人费家而美食,调布而求易钱者,非爱庸客也,曰:如是,耕者且深,耨者熟耘也。庸客致力而疾耘耕者,尽巧而正畦陌畦畤者,非爱主人也,曰:如是,羹且美,钱布且易云也。此其养功力有父子之泽矣,而心调于用者,皆挟自为心也。故人行

---

① 《荀子·不苟》。
② 崔磊:《儒家性本思想注释下的刑罚价值解读》,《南开大学学报(哲学社会科学版)》2017 年第 3 期。
③ 《性恶》。

事施予,以利之为心,则越人易和;以害之为心,则父子离且怨。①

医善吮人之伤,含人之血,非骨肉之亲也,利所加也。故舆人成舆则欲人之富贵,匠人成棺则欲人之夭死,非舆人仁而匠人贼也,人不贵则舆不售,人不死则棺不买——情非憎人也,利在人之死也。故后妃夫人、太子之党成,而欲君之死也,君不死则势不重——情非憎君也,利在君之死也。故人主不可以不加心于利己死者。故日月晕围于外,其贼在内;备其所憎,祸在所爱。是故明王不举不参之事,不食非常之食,远听而近视,以审内外之失。②

韩非的人性好利思想与其说是一种性恶论,毋宁说是对人的外在行为特征的经验性的事实判断,他从经验中推出无论君臣之间、父子之间,还是夫妻之间无不追求自己的利益。韩非接受荀子的性恶说,并从“人性利己”中发现它的积极意义。由于人有自利的心,故而赏罚可用,恰恰是法治得以实施的人性根据。正如黑格尔说:“有人以为,当他说人本性是善的这句话时,是说出了一种很伟大的思想,但是他忘记了,当人们说人本性是恶的这句话时,是说出了一种更伟大的多的思想。”③因这一人性根据,法治也是走上国治的唯一必由之路。法治作为必然的治国之道,既是为民所求利的民众所设,也是为中君庸主们所设,这恐怕是韩非的真正目的所在。

---

① 《外储说左上》。
② 《备内》。
③ 《马克思恩格斯选集》(第四卷),人民出版社,1972 年版,第 85 页。

第三,法后王不法先王。法后王不法先王最早由荀卿提出,他主张"百王之道,后王是也"①;"欲观圣王之际,则于其粲然有异,后王是也。继后王者,天下之君也。舍后王而道上古,譬之是犹舍己之君事人之君也"②。韩非亦主张先王不足取法,他说:"夫称上古之传颂,辩而不悫,道先王仁义而不能正国者,此亦可以戏而不可以为治也。"③并对人臣"舍法律而言先王"④的行为进行了批判。有了先王不足法之观点,再结合商鞅的"圣人苟可以强国,不法其故"⑤和"治世不一道,使国不法古,故汤武不循古而王,夏殷不易礼而亡,反古者不可非,而循礼者不足多"⑥的变法观,就形成了韩非的不法古主张。"圣人不期循古,不法常可;论世之事,因为之备;古者文王处丰、镐之间,地方百里,行仁义而怀西戎,遂王天下。徐偃王处汉东,地方五百里,行仁义,割地而朝者三十有六国。荆文王恐其害己也,举兵伐徐,遂灭之。故文王行仁义而王天下,偃王行仁义而丧其国,是仁义用于古不用于今也。故曰:世异则事异。当舜之时,有苗不服,禹将伐之。舜曰:'不可。上德不厚而行武,非道也。'乃修教三年,执干戚舞,有苗乃服。共工之战,铁铦短者及乎敌,铠甲不坚者伤乎体,是干戚用于古不用于今也。故曰:事异则备变。"⑦"治

---

① 《不苟》。
② 《非相》。
③ 《外储说左上》。
④ 《饰邪》。
⑤ 《史记·商君列传》。
⑥ 《史记·商君列传》。
⑦ 《五蠹》。

民无常,唯法为治,法与时转则治,治与世宜则有功。"①

第四,尊君态度。孔子主张君臣有别,臣应"事君以忠",《礼记·坊记》亦载:"子云:天无二日,士无二王,家无二主,尊无二上,示民有君臣之别也",亦仅示君位至尊,与君权绝对,并不相等。孟子则持"民为贵,社稷次之,君为轻"②的民贵君轻之论。等到荀子则大力主张尊君的思想,其认为儒者为臣之道是"谨乎臣子而致贵其上"③。他还说:"君为国……隆也……隆一而治,二而乱。"④"天子者势位至尊,无敌于天下……南面而听天下,生民之属莫不振动而服从,以化顺之。"⑤此种思想"实以暗示法家重国轻人之旨"⑥。韩非亦主张尊君,赞美忠臣,对于奸臣则百般斥责。唯荀卿尊君不轻民,他认为"天之生民,非为君也;天之生君,以为民也"⑦,并主张"桀纣无天下,而汤武不弑君"⑧。这与韩非尊君轻民有所不同。儒家是类似君王工具说,法家则近似于人民工具说,把人民作为国家富强的工具,欲民"尽死力以从其上"⑨。

第五,尚功用、斥浮说。功利主义为墨子哲学的根本,⑩墨子此种主张对于韩非是否有所影响,从韩非思想

①《心度》。
②《孟子·尽心下》。
③《儒效》。
④《致士》。
⑤《正论》。
⑥ 萧公权:《中国政治思想史》,辽宁出版社,1998 年版,第 109 页。
⑦《大略》。
⑧《正论》。
⑨《五蠹》。
⑩ 冯友兰:《中国哲学史》,北京大学出版社,1986 年版,第 310 页。

中并未明显见到,倒是韩非的老师荀子的"尚功用""斥浮"思想影响韩非的可能性较大。荀子说:"凡事行,有益于理者,立之;无益与理者,废之……若充虚之相施易也,坚白同异之分隔也……不知无害为君子,知之无损为小人。"①他还说:"若夫非分是非,非论曲直,非辨治乱,非治人道,谁能也,无益于人,不能,无损于人。案直将治怪说奇辞以相挠滑也……此乱世奸人说也。"②韩非说:"儿说,宋人,善辩者也。'持白马非马也'服齐稷下之辩者,乘白马过关,则顾白马之赋,故籍之虚辞则能胜一国,考实按形不能谩一人。"③他说:"范且、虞庆之言,皆文辩辞胜而仵事之情,人主说而不禁,此所以败也。夫不谋治强之功,而艳乎辩说文丽之声,是却有术之士而任'坏屋''折弓'也。故人主之于国事也,皆不达乎工匠之构屋张弓也。然而士穷乎范且、虞庆者为虚辞,其无用而胜,实事,其无易而穷也。人主多无用之辩,而少无易之言,此所以乱也。"④他也说:"语曲辩知,诈伪之民也,而世尊之曰:'辩智之士'。"⑤

第六,杀诗书。荀子主张"法后王,一制度,隆礼义而杀诗书……是雅儒者也"⑥。此种思想,想必开启了韩非、

---

① 《儒效》。
② 《解蔽》。
③ 《外储说左上》。
④ 《外储说左上》。
⑤ 《六反篇》。
⑥ 《儒效》。

李斯①焚诗书之酷的根源。韩非主张："明主之国无书简之文,以法为教;无先王之语,以吏为师。"②"王寿负书而行,见徐冯于周涂。冯曰:'事者,为也,为生于时,知者无常事;书者,言也,言生于知,知者不藏书。今子何独负之而行?'于是王寿因焚其书而儛之。故知者不以言谈教,而慧者不以藏书箧。"③这不正是荀子的"杀诗书"思想,结合老子"学不学复归众人之所过也"④与商君的"燔诗书"⑤的产物吗?

第七,反迷信。韩非认为,卜筮、星象学具有欺骗性,言明"龟筮鬼神,不足举胜;左右背响,不足以专战,然而恃之,愚莫大焉"⑥。他还说:"用对日,事鬼神,信卜筮而好祭祀者,可亡也。"⑦这种反迷信的精神,有很大的可能性是受到荀卿的启发,荀子说:"星际木鸣,国人皆恐,曰:'是何也',曰:'无何也,是天地之变,阴阳之化;天旱而雩卜筮然后决大事,非以为得求也,以文之也。故君子以为文,而百姓以为神;以为文则吉,以为神则凶'。"⑧这种反迷信的精神是孔、墨所缺乏的,来自荀卿则是极为自然的

---

① 李斯上奏秦始皇曰:"臣请吏官非秦记皆烧之。非博士官所职,天下敢有藏诗书百家语者,悉诣守、尉杂烧之。有感偶语诗书者弃市,以古非今者族。吏见知不举者与同罪。令下三十日不烧,黥为城旦。所不去者,医药卜筮种树之书。若欲有学法令,以吏为师。"见《史记·秦始皇本纪》始皇三十三年。
② 《五蠹》。
③ 《喻老》。
④ 《喻老》。
⑤ 《和氏》。
⑥ 《饰邪》。
⑦ 《亡征》。
⑧ 《天论》。

韩非子刑名思想研究

事情。

当然,和对待其他先秦诸子一样,韩非对自己的老师荀子并非一味地继承、发展,也有批判。荀子重仁义,《议兵》载:"李斯问孙卿子曰:'秦四世有胜,兵强海内,威行诸侯,非以仁义为之也,以便从事而已。'孙卿子曰:'非女所知也。女所谓便者,不便之便也;吾所谓仁义者,大便之便也,彼仁义者,所以修政者也,政休则民亲其上,乐其君,而轻为死。'"[1]韩非却说:"见大利而不趋,闻祸端不备,浅薄于争守之事,而务以仁义自饰者,可亡也。"[2]荀子主张为君之道,以光明正大为要。他说:"主道利明不利幽,利宣不利周。故主道明则下安,主道幽则下危。故下安则贵上,下危则贱上。"[3]韩非则相反,他强调术的隐蔽性,就是为了"幽而周"。荀子说:"故主道莫恶乎难知,莫危乎使下畏已。"韩非却希望臣子摸不透君主的心思,如此则对君主产生畏惧之情,因而俯首听命于君主。韩非与儒家在政治、法思想方面差别见表1-1。

表1-1　儒法二家在政治、法律思想中主要观点差异对照表

儒家	法家韩非
王政	霸权
德治	法治、术治和势治
民本	君本

---

①　《正论》,载(清)王先谦:《荀子集解》,中华书局,1988年版,第28页。
②　《亡征》,陈奇猷:《韩非新校注》,上海古籍出版社,2000年版,第302页。
③　(清)王先谦:《荀子集解》,中华书局,1988年版,第322页。

儒家	法家韩非
君臣同利	君臣异利
君臣相待以礼	君以术制臣尊君卑臣
暴君放伐	反诛暴君
顺人心	反顺人心
主厚德	主威势
主仁慈惠爱、仁政	绝爱道
封建	反封建因功受爵
任贤	任势
尊礼	尚刑
不嗜杀人	重战
重文、重士	尚武、重兵、重农
轻刑	重刑
保守法先王	改革、不法古
政法伦理合一	政法伦理分开
宽缓之政	猛急之政
法而议	法而不议
贤才不次拔擢	宰相必起于州郡

总之,韩非是荀子的学生,与飞黄腾达于秦的李斯是同学。笔者以前非常疑惑,何以"大醇而小疵"(扬雄评荀子语)的儒学大师荀况的两个得意弟子都背儒而尚法。而这"法家",据司马迁编的谱系,又源于"道德家"老子,故而韩非传不附于荀子后而纂入老子后了。不知这种情况是荀况教育生涯的失败还是成功。后来读苏轼之作,又知道其干脆据此指控荀况应为秦的暴政负责。这种指控

是很有"连坐"味道的。不过,荀子思想中有很多地方确实是韩非法家思想的逻辑起点。也就是说,荀子的一些重要见解,只要稍稍再前行一步,就会很合乎逻辑地导出韩非的观点。比如他倡导的"人性恶",便是法家思想尤其是韩非思想的基石。为了防止人性的堕落,遏制恶的人性,他要"隆礼",也就是说,要用他改造了的、全新意义上的"礼"来对社会进行整合。从逻辑上说,到了礼,荀子式的"礼",离"法"也就只一步之遥了。因为假如仅从社会整合角度言,"法"显然比"礼"更有效益。所以,这小小的一步迟早是要跨出去的。实际上,完成这个跨越的还不是荀子的学生韩非,而是荀子自己。到了晚年,荀子已是越来越重视"法","法"在他晚年的文章中出现的频率越来越高。再如荀子的"法后王"思想,必然会导致韩非式的极端"尊君"思想:这个"君"不但不受传统约束、不受大臣约束甚至不受天命鬼神约束,因为荀子同时还是反天命反鬼神观念的"唯物主义者"。一般来说,专制暴君往往是无神论者。①

二、韩非与老子的思想

史学家司马迁将韩非"归本于黄老",这说明韩非受道家影响很深。由于《道德经》的抄本在韩非时代已不难取得,②故韩非书中引用老子原文之处极多,就韩非的《解

---

① 鲍鹏山:《风流去》,中国青年出版社,2017年版,第178页。
② 张心澂:《伪书通考》,台北宏业书局,1975年版,第686、688页。

老》《喻老》二篇，分别引用《道德经》八十章和二十一章，且无一章全引，均断章引用。且所引九十三处之中，全句中每字相同者仅三十一处，正好三分之一。其余均有若干字有所不同。老子思想或原文，除了在《解老》《喻老》两篇中有多处引用，还遍及《存韩》《主道》《扬权》《饰邪》《说林上》《观行》《安危》《用人》《功名》《大体》《内储说下》《外储说左上》《外储说左下》《外储说右下》《难三》《六反》《八说》，共计十七篇之多，几乎占三分之一①。总体而言，老子思想影响韩非最深之处有以下几个方面。

第一，无为。“道”和“无为”是原始道家的两个重要概念，被韩非借鉴后，成为韩非思想中不可或缺的元素。老子认为宇宙原本有其固定的法则——道，人需要做的就是不要妄为，让宇宙按照自己的法则运行，这就是“无为”。不妄为就遵循了自然之道，最后的结果就是“无不为”。韩非由此引申出法、术即治国之道，君主依此道“无为”。不用感情，不用智慧，是是非非皆由法去评判，合法则赏，逆法则罚，即可“无不为”。这便遵循了一个恒常的规则，避免了人的主观行为，从而由“无为”而“无不为”，这是老子与韩非共同的宗旨。在这里说明一点，二者的契合仅是目的的契合，实现这一目的的手段刚好相反。胡适讲：“韩非中扬权与主道诸篇，便是受老子、孔子两家之无为主义的影响。”②诚然君主无为而治的理想也是孔子的

① 封思毅：《韩非思想散论》，台北商务印书馆，1980 年版，第 20 页。
② 胡适：《中国古代哲学史》，安徽教育出版社，2003 年版，第 88 页。

思想,他说:"其身正,不令而行,其身不正,虽令不行。"①
荀子在《君道篇》中亦有相关表述,但以《道德经》中出现
次数最多、主张最彻底。至于"虚静"则大概属于道家的
特色。韩非书中论及"无为""虚静""虚""静""虚无"之
处甚多。应当是韩非从老子书中获得的启发才指出君主
任法无为的主张。例如,"圣人不亲细民,民主不躬小
事"②,"圣人执要,四方来效;虚以待之,彼自以为之"③,
"人主道静退以为宝。不自操事而知拙与巧,不自计虑而
知福与咎"④,"君无见其所欲,君见其所欲,臣自将雕琢;
君无见其意,君见其意,臣将自表异。故曰:去好去恶,臣
乃见素;去旧去智,臣乃自备……道在不可见,用在不可
知。虚静无事,以暗见疵:见而不见,闻而不闻,知而不知。
知其言以往,勿变勿更,以参合阅焉。官有一人,勿令通
言,则万物皆尽。函掩其迹,匿其端,下不能原"⑤等见解,
均可看出老子思想发展为一种君主"无为术"的痕迹。韩
非"从室视庭"⑥"以暗见疵"⑦"观人,不使人观己"⑧之
术,就是这种无为法术的具体体现。

第二,歙张取予之术。古今学者的看法多是"庄子"
的思想才是承袭"老子"思想的精髓,韩非则常"与老子道

---

① 《论语·子路》。
② 《外储说右下》。
③ 《扬权》。
④ 《主道》。
⑤ 《主道》。
⑥ 《扬权》。
⑦ 《主道》。
⑧ 《观行》。

德之旨大相反……往往得其反面,故不觉始合而终分"①。韩非对于《道德经》第三十六章"将欲翕之,必固张之,将欲弱之,必固强之;将欲取之,必固与之"②,亦是"得其反面"。领悟为一种权谋之术,取其欲取先予之义,作为计数理论的基础。已将君臣、父子等关系视为一种有取、有予的交换关系。正如他所说:"臣尽死力以与君市,君垂爵禄以与臣市。君臣之际,非父子之亲也,计数之所出也。"③

第三,国之利器不可以示人。《道德经》第三十六章说:"鱼不可脱于渊,国之利器不可以示人。"此语在韩非的《喻老》篇中也有记载。韩非更是结合慎到的势治说将其发展成为君主专制的势治理论。韩非强调势的重要,并主张"权势不可借人,上失其一,下以为白"④。"夫以王良、造父之巧,共辔而御不能使马,人主安能与其臣共权以为治? 以田连、成窍之巧,共琴而不能成曲,人主又安能与其臣共势以成功乎?"⑤"人主失力而能有国者,千无一人。"⑥《二柄》篇列举了宋君将戮刑赏之权分予子罕,终于为子罕所杀。

第四,不慕仁义。《道德经》第五章说:"天地不仁,以万物为刍狗。圣人不仁,以百姓为刍狗。"《道德经》第三

---

① 王协:《老学八篇》,台北鸣宇出版社,1980 年版,第 78 页。
② 《喻老篇》。
③ 《难一》。
④ 《外储说右下》。
⑤ 《外储说右下》。
⑥ 《人主》。

十八章说："上德不德,是以有德;下德不失德,是以无德。上德无为,而无以为。上仁为之,而无以为。上义为之,而有以为。"这是老子的特殊见解。其本意在万物自然,"天地本无恩无为于其间,此所谓天地不仁也……此明圣人为政,亦当如天地之无思无功也。"①韩非却领悟之为宇宙间无绝对性的道德,而"不顾及道德的原则",②从而发展出"君通于不仁,臣通于不忠,则可以王矣"③,主张不慕仁义,"绝爱道"④、"偃王仁义而徐亡"⑤、"言先王之仁义,无益于治;明吾法度、必吾赏罚者,亦国之脂泽粉黛也。故明主急其助而缓其颂,故不道仁义"⑥,并反对施行仁政或慈惠之政,"太仁"或"慈惠"均会亡国。反对"施与贫困"⑦,反对"发困仓而赐贫穷者"⑧,反对发粮救饥⑨。此种"君通于不仁"思想,与儒墨的言仁政背道而驰,经通于老子的"上德不德,是以有德"⑩和"圣人不仁"观念,而得其负面之意义,大约从这里可以看出。

第五,将"法"提高到"道"的地位。老子"无为"重在去除人为,遵循自然之道,按人之为人的本性生活。是自然放任主义,韩非"无为"却以"有为"为前提,是强烈的干

---

① 王协:《老学八篇》,台北鸣宇出版社,1980 年版,第 45 页。
② 王邦雄:《韩非的哲学》,台北东大图书公司,1983 年版,第 39 页。
③ 《外储说右下》。
④ 《外储说右下》。
⑤ 《五蠹》。
⑥ 《显学》。
⑦ 《奸劫弑臣》。
⑧ 《难三》。
⑨ 《外储说右下》。
⑩ 《解老》。

涉主义。"要无为而治"首先必须"有为",那就是制定法律命令,规范民众行为,把民众的言行乃至思想都归纳为一个既定的模型,整齐划一,这样统治者就可以高枕无忧,法立而不用,刑设而不行。这就是韩非的"无为而治"。因而韩非思想并未体现道家的"上德无为而无以为"真谛,而他竟有意错"无为而无以为"为"无为而无不为"①,一字之差,谬以千里。其全部思想也违反了老子"清静无为"的基本要求,然对于老子所形容无所不在,为万物之本的"道",则心向往焉,如彭蒙、田骈、慎到的"闻其风而悦之"②一般,并进而欲将"法"提到同样崇高的地位,为天下之表,欲万民都遵守它。一个学说,如欲其可大可久,往往需有形上哲学作理论基础。韩非讲求的是形而下的治国术。对宇宙的道理未能另有体悟,遂有意将道家的形上理论移花接木,此种作法对于法家的思想,正有抬高身价或合理化的作用。此期间顺着老子的形上之道,而转为法家的过渡人物,就是慎到。③ 我们从《四库全书》中了解到:"今考其书,大者欲因物理之当然,各定一法而守之。不求于法之外,亦不宽于法之中,则上下相安可以清静而治。然法所不行,执心以刑齐之。道德之为刑名,此其转关,所以申韩多称之也。"④大概指出思想传承与演化的轨迹。

---

① 《解老》。
② 《庄子·天下篇》。
③ 王邦雄:《韩非的哲学》,台北东大图书公司,1983 年版,第 42 页。
④ 《四库全书提要·慎子》,《新编诸子集成》(第 5 册),台北世界书局,1972 年版,第 1 页。

因为老子的宗旨是自由放任主义,而法家韩非是强烈的干涉主义,从而决定了韩非对道家老子的继承,同时必然有批判。他说:

老聃有言曰:"知足不辱,知止不殆"。夫以殆辱之故而不求于足之外者老聃也。今以为足民而可以治,足以民为皆如老聃也。故桀贵在天子而不足于尊,富有四海之内而不足于宅,君人者虽足民,不能足使为君,天子而桀未必为天子为足也,则虽足民,何可以为治也?故明主之治国也,适其时事以致财物,论其税赋以均贫富,厚其爵禄以尽贤能,重其刑罚以禁奸邪;使民以力得富,以事致贵,以过受罪,以功致赏,而不念慈惠之赐。此帝王之政也。①

这是对老子知足可以治民说的反驳。韩非认为,人的欲望没有止境,因此以为知足即可治民根本就是一种不切实际的妄想。他还主张法必须清晰、准确,以便于民众理解、把握,而老子的微妙、恍惚之言恰好与此相对,所以针对老子的"古之善为道者,微妙玄通,深不可识"②,他反驳说:"微妙之言,上智之所难也。今为众人法,而以上智之所难知,则民无从识之矣。"③韩非希望人们有强烈的好利恶害之心,这是刑赏发挥效用的前提,因而极端反对道家欣赏的恬淡人生。面对恬淡之人,刑赏将无计可施。不"刑"不"赏",法家将无以安身立命。

韩非将老子的道发展为自己的道思想,并且将道与自

---

① 《六反》。
② 陈鼓应:《老子注译及评介》,中华书局,1984 年版,第 117 页。
③ 《五蠹》,陈奇猷:《韩非新校注》,上海古籍出版社,2000 年版,第 1109 页。

己的法思想密切关联起来。正如曹谦认为："道家以'道'为至上,用作治事的标准;法家以'法'为至上,用作治事的标准。所谓'道'即是'自然法'。道家认'自然法'是客观的、公平的,亦是至善的。……法家本之,以'法'代'道''法'是客观的、公平的,亦是至善的。……此道法两家学说相互贯通之处。"①曹谦还意识到韩非子的道、理、法之间的关系:"法家都将法的本原,归之于'道'或 归之于'理'。……理出于道,法出于理。"②黄公伟亦认为:"韩非主由'道'而'法'先提出的理证,即'解老篇'。他纳申慎尹三家'形上学派'主旨入于其学说中,但不与三家类同。他以'解老'为其法学理论全部总纲,透过'有为'以实现'无为'的目的。"③高柏园则提出:"道与法之间最为重要的意义关连,应该是韩非乃试图将法的地位提高至道的地位,做为一切存在的基础。一如道为万物之根据乃是普遍而必然地及于万物,而韩非也正希望法也能如道一般地普遍而必然地贯彻到其所管理的对象上,由是而能充分伸张君势以富国强兵。"④谷方则指出:"韩非是从政治学的角度来讲道术的,他讲'道'是为法治提供哲学上的依据,'道'是推行法治的手段,这叫做'因道全法'。'因道全法'这句话,表明韩非把'道'彻底政治化、实用化了。这是道论发展上的一个重大转变。"⑤毋庸置疑,韩非

① 曹谦:《韩非法治论》,中华书局 1948 年版,第 8 页。
② 曹谦:《韩非法治论》,中华书局 1948 年版,第 62－64 页。
③ 黄公伟:《法家哲学体系指归》,台北商务印书馆,1983 年版,第 351 页。
④ 高柏园:《韩非子哲学研究》,台北文津出版社,1994 年版,第 27 页。
⑤ 谷方:《韩非与中国文化》,贵州人民出版社,1996 年版,第 196 页。

子确实具有道法同构的形上之思,他"解老"的理论动机也确实要将道作为法的终极依据,赋予法以道的品格,从而确立法的绝对权威性。

韩非论道思想,意在凸显道的绝对权威性,由此方能为其法治构想奠定基础。道的绝对权威性,主要体现为宇宙生成、万物本原以及主导万物运行的基本法则三个方面。道不仅是宇宙万物存在状态的根本依据,也为人类社会的各种制度创设与生活规则提供哲学基础。"'道',既是世界万物的本原,又是世界万物运动变化的总规律。"①

首先,韩非子认为道的权威性突出表现为道生万物,是"万物之始"。《韩非子·主道》说:"道者,天地之始,是非之纪也。"旧注曰:"物从道生,故曰始。"陈奇猷则谓:"《老子》二十五章:'有物混成,先天地生,寂兮廖兮,独立不改,周行而不殆,可以为天下母,吾不知其名,强字之曰道'。十四章:'能知古始,是谓道纪。'即韩子此文所本。盖韩非亦承认道为先天地生,可以为天下母,故曰万物之始。"②如此便知,韩非子在宇宙生成论层面继承了老子道生万物的思想。

其次,道的权威性还体现道无所不能,具有非凡的把控能力。无论是天地万物还是人间的生死、祸福、成败,均离不开道的规定与制约。《韩非子·解老》说:"道者,万物之所然也,万理之所稽也。理者,成物之文也;道,万

---

① 谷方:《韩非与中国文化》,贵州人民出版社,1996年版,第195页。
② 陈奇猷:《韩非子新校注》,上海古籍出版社,2000年版,第67页。

物之所以成也。故曰:道,理之者也。物有理,而不可以相薄;物有理不可以相薄,故理为物之制。万物各异理,而道尽稽万物之理,故不得不化;不得不化,故无常操。无常操,是以死生气禀焉,万智斟酌焉,万事废兴焉。……凡道之情,不制不形,柔弱随时,与理相应。万物得之以死,得之以生;万物得之以败,得之以成。"韩非子认为,道为万物的总根据,万物的存在、变化均离不开道的影响。道只有一个,万物却千差万别,故道必须通过理来实现对万物的规定与把握。理则是个别事物的本质特征,是个别事物特征的内在规定性,故万物各异理。理受个别事物的限制,具有固定的特性,所以"理为物之制"。道欲把握万物之理,就必须灵活多变而不能受具体事物的限制,故"不得不化"。

最后,道的权威性还体现在人们必须向道看齐,像道一样生活与做事,法道、体道。这是韩非子道论向现实政治领域拓展的关键方法论。韩非子认为,道不仅为"万物之始",还为"是非之纪"。"是以明君守始以知万物之源,治纪以知善败之端。"①韩非子既已主张道为万物之源,且万物存在与演化均在道的把控之内,故道可以成为万物运动变化的基本法则。万物均有理,有理则有规矩,"万物莫不有规矩"②,人类社会的规矩就应为是非。故道为是非的根本标准。明君必须了解道的这种权威性,并由此将

①《韩非子·主道》。
②《韩非子·解老》。

道确立为人类社会是非的根本标准，"圣人尽随于万物之规矩"①。由此，韩非子主张"夫缘道理以从事者无不能成"，相反，"弃道理而忘（妄）举动者"必然有祸，"众人之轻弃道理而易忘（妄）举动者，不知其祸福之深大而道阔远若是也"②。道的广阔与深远，深刻影响并主宰着人间的祸福，非圣人莫能知之。③

三、韩非与商子的思想

商鞅，卫国诸庶孽公子，名鞅姓公孙氏，少好刑名之学，事魏相公孙痤为中庶子。公孙痤知其贤未及进，曾痤病，魏惠王往视疾，痤荐鞅于王，而不能用。后入秦，以强国之术说孝公，孝公用之实施变法令。后用为相，因功封于商，号为商君。凡相秦十年，秦以富强，但宗室贵戚多怨望者，孝公卒，公子虔之徒告商君欲反，终被车裂。

商鞅主持了两次变法。其主要内容有：（1）改"法"为"律"。将《法经》加以修改补充，增加"连坐法"，作为《秦律》公诸于世，垂法治国。（2）奖励耕战。从事耕织"致粟帛多者"予以奖励，从事"末利及怠而贫者"，罚为家奴，重农抑商；将爵位分为二十级，依军功授爵位，杀敌一人，赏爵一级，取消旧贵族"世卿世禄"的特权④。（3）废井田、开阡陌，确定封建土地私有制"改帝王之制，除井田，民得

---

① 《韩非子·解老》。
② 《韩非子·解老》。
③ 宋洪兵：《韩非子道论及其政治构想》，《政法论坛》2018 年第 3 期。
④ 《汉书·食货志》。

买卖"①。(4)取消分封,推行县制。全国设三十一县(一说四十一县或三十县),县设县令、县丞为长官,直接由国君任免,确立中央集权制度。(5)按户口征收军赋。"舍地而税人",按人头而不按土地征税,鼓励开荒,增强国力。这两次变法使秦国一跃而为"兵革大强,诸侯畏惧"的强国,为秦统一中国奠定了基础。

商鞅是先秦时期也是中国历史上最著名的改革家之一,同时也是刑名学思想体系的奠基者之一。他以重法著称,自成一派。商鞅提出了"不法古、不修(循)今"的变法口号,并以历史变化论、人性好利说、以力服人的霸道说为理论根据,认为人性随历史变化而变化,社会发展分为四个阶段:"上世"之人"爱私";"中世"之人"悦仁";"下世"之人"尊官";"今世"之人好利,争遂起,以力为雄,"多力则国强"②,"多力者王"③,"王天下者,服其力也"④。这种"力"也只有通过"变法"使国家富强起来才能获取。

商鞅进而认为,国家的实力只能来自农战,农战的实施得靠法律来保障,所以必须"以法相治"⑤,"垂法而治"⑥,"缘法而治"⑦。商鞅特别强调"法"的作用,因此被人称为"重法"派。他对"重法"的必要性、"垂法而治"的原则、行法的方法等方面做了详尽的论述,奠定了先秦法

① 《汉书·食货志》。
② 《商君书·农战》。
③ 《商君书·去强》。
④ 《商君书·算地》。
⑤ 《商君书·慎法》。
⑥ 《商君书·壹言》。
⑦ 《商君书·算地》。

家"重法"理论的基础。这一理论的要点概括如下。

其一,"重法"的必要性在于法是治理国家的客观标准。"法者,国之权衡",具体体现为:第一,明分止争。法可以确立等级名分,名分确立后,便可以止息争端。第二,公正无私。"故立法以明分,而不以私害法,则治。"①第三,控制臣民。"民众而奸邪生,故立法制,为度量以禁之。"②

其二,"壹赏""壹刑""壹教"是"垂法而治"需遵循的原则。"壹赏"指统一奖赏标准,只施予有功农战和告奸(揭发犯罪)的人。"壹刑"指统一刑罚标准,刑罚适用不分等级、不论功过,一律平等对待。"所谓壹刑者,刑无等级。自卿相将军以至大夫庶人,有不从王令、犯国禁、乱上制者,死不赦。有功于前,有败于后,不为损刑;有善于前,有过于后,不为亏法"③,这是关系到法令能否贯彻的关键。"壹教"指统一教育内容,统一思想认识,打击和取缔一切不符法令、不利农战的思想和言论,实际是在意识形态领域实行文化专制。

其三,行法的方法为法、信、权三要素。一要"任法"。也就是树立法令高于一切的权威性。二要"重信"。也就是在执法上要做到"信赏必罚",取信于民。三要"权势独制"。君主将权势集于一身,以保证法令顺利推行。实际上就是要建立君主个人集权专制政体,将强大的国家权力

① 《商君书·修权》。
② 《商君书·君臣》。
③ 《商君书·赏刑》。

作为推行法治的后盾。君主独裁专制政体是法家理论的基石。

其四,重刑论。从事刑名研究的法家诸派对刑罚原则的看法各异,慎到主张罚当其罪,《管子》言法诸篇中有的主张严刑,有的主张用刑和平,有的主张轻刑。唯有商鞅主张"禁奸止过,莫若重刑"。商鞅是第一个系统阐述重刑论的思想家。基于人性"好利恶害"的观点,商鞅认为,农耕辛劳,战争危险,"孝子""忠臣"都不愿干,"民之外事,莫难于战,故轻法不可以使之","民之内事,莫苦于农,故轻治不可以使之"。法令宽容,刑罚畸轻,老百姓就不愿去打仗和干农活,所以必须实行重刑。具体施行方法有:首先,"重刑轻赏"。赏与刑是法治的主要手段,在二者关系上应当以刑为主、以赏为辅,"先刑而后赏"①,"刑多而赏少","刑九而赏一"。其次,重刑轻罪。就是对轻微的犯罪行为施以重刑惩罚,"行刑,重其轻者,轻者不生,则重者无从至矣"②。商鞅的逻辑是,行刑重轻,轻罪都无人敢犯,重罪就更不会发生了。最后,刑于将过。也就是在犯罪征兆暴露时立即用刑,"刑用于将过,则大邪不生"③。

商鞅的"重法"理论顺应了社会历史的发展潮流,在实践中起到了促进生产力、推动社会进步的作用,其重刑论在当时曾起到打击政治反对派阻挠变法的积极作用。

---

① 《商君书·壹言》。
② 《商君书·说民》。
③ 《商君书·开塞》。

但他过于相信暴力的作用，片面夸大刑赏的功效，使其学说自始就潜藏着致命的缺陷，以致成为历代统治者镇压人民的工具，从而也必然激化矛盾，最终导致统治危机。

商鞅的以上法治思想是韩非思想法与术中"法"的主要来源，尽管管仲、李悝、吴起等可能是韩非以法治国思想的重要源头，但大多是隐而不见的，也就是说，在韩非书上未予明白指出的。唯独商鞅在秦国施行两次变法的事迹昭然存在，留下明显的痕迹。

韩非在《五蠹》篇中说，民众藏商管之法者不少。他在《内储》上引鞅语说："行刑重其轻者，轻者不至，重者不来。是谓以刑去刑。"今本商君书《说民》篇有"故行刑重其轻者，轻者不生，则重者无从至矣"之语；商鞅在《靳令》篇中则说："行罚重其轻者，轻者不至，重者不来，此谓以刑去刑"，与其有雷同之处。倘商君书为"战国末之法家掇拾商君余论以成书"①观点可信，则雷同而不全同，当系韩非引鞅语时作者未及翻查仅就个人记忆所及下笔或后代誊抄两书时有误差所致。

韩非称赞商君为"仁贤忠良有道术之士"②，与管仲一样是"有术者之为人臣"③者，行"霸王之术"使秦"地以广，兵以强"④。

归结韩非书中论及商鞅之思想事迹处而复与韩非主

————————
① 张心澂：《伪书通考》，台北宏业书局，1975年版，第769页。
② 《难言》。
③ 《奸劫弑臣》。
④ 《奸劫弑臣》。

张一致之处有十几处,其余师法商君思想或策略而未明示承袭痕迹之处也不少。例如,"无私剑之悍,以斩首为勇"①的思想,应是受到商君"有军功者受上爵;为私门者,各以轻重被刑"②的启示。商鞅在《开赛》篇中论述了人类进化的基本进程,他把人类社会分为"上世""中世""下世"三个阶段。"上世"之民"亲亲爱私",然而正因为"爱私",才产生重重矛盾,于是人们不得不依靠"贤者"化解,这样社会就进入"中世"。"中世"贤者,"立中正,设无私,而民说仁",他们自己却"以相出为道",争胜不止,社会再入混乱状态,于是不得不"设君立官",这样社会就进入"下世"。"下世"虽然"贵贵而尊官",但由于人们好胜争利之心一直不平息,社会纷争也一直停不下来。韩非基本继承了商鞅的进化学说,他把社会分为"上古""中古""近古"和"今世",韩非言:"古人竞于德,中世逐于智,当今争于力。"③又说:"力多则人朝,力寡则朝于人,故明君务力。"④

总之,商鞅所实行的各项政策,包括变法图强、励行耕战、严刑峻法、连坐告奸等都成为韩非法理论的蓝本。

韩非在吸收商鞅思想时,对商鞅之变法亦有批评和修正。其一,徒法无术不能止奸私。他在《定法》篇中说:"然而无术以知奸,则以其富强也资人臣而已矣。"他还

---

① 《五蠹》。
② 《史记·商君列传》。
③ 《八说》。
④ 《显学》。

说:"穰侯越韩魏而东攻齐,五年而秦不益一尺之地,乃成其陶邑之封,应侯攻韩八年,成其汝南之封。自是以来,诸用秦者,皆应、穰之类也。故战胜则大臣尊,益地则私封立。主无术以知奸也。商君虽十饰其法,人臣仅用其资,故乘强秦之资数十年而不至于帝王者,法不勤饰于官,王无术于上之患也。"其二,斩首者封官之失当。他在《定法》篇中评论商君之法中"斩一首者爵一级;欲为官者,为百石之官;官爵之迁与斩首之功相称"的办法,允许军人转任文官,违反了适才适所用的道理。他说:"今治官者,智能也;今斩首者,勇力之所加也。以勇力之所加而治智能之官,是以斩首之功为医匠也。故曰:'二子(并申不害)之于法术皆书善也。'"

四、韩非与尹文子的思想

尹文,战国时齐人,在班固《汉书·艺文志》中列为名家第二,"尤精于名的研究"①,生卒年说法不一,但大体与惠施、庄子同时代,略早于公孙龙,这一点是没有疑义的。

由于文义杂驳不一,对于《尹文子》一书学界争议颇多,大多数研究者认为是伪书。不过,也有研究者认为全书固然不实,但是其中有些内容还是保留了尹文的思想,"其中有不少可信的材料。总还是研究尹文及其思想的重要研究资料"②。书中所述内容与先秦典籍中关于尹文

① 林铭钧、曾祥云:《名辩学新探》,中山大学出版社,2000 年版,第 130 页。
② 徐忠良译注、黄俊郎校阅:《新译尹文子·导读》,台北三民书局印行,1996 年,第 17 页。

的记载基本上是吻合的,又可以从当时其他著作中找到旁证(下文在具体分析尹文思想时将提及),所以本书仍将以今本《尹文子》二卷(《大道上》《大道下》),作为研究尹文名学思想的主要原始素材。

《尹文子》并没有给"形"下过确切的定义,所谓"形者,应名者也"①,这是从形名关系上对形和名所做的一种区分,而不是对形的界定。但从《尹文子》的行文当中可以归纳出形的定义。他说:"大道不称,众有必名。生于不称,则群形自得其方圆。"②可见,形就是事物的外在表征或者说是物象,如方、圆、黑、白等,是看得见、摸得着的,是命名的对象。形与物是一体的,属于物的构成要素。

至于"名",尹文则直接下了定义。他认为,"大道无形,称器有名","名者,名形者也"。③"名"是用来"称器""名形",指称、标志事物的符号名称。所谓"名"可以"称器",既表明了"名"对器物的指称作用,也表明"名"是可以发声的"词语"。对于这一点,海德格尔更是一针见血,他说:"说到底我们每个人在文字和声音中看和听的都是词语嘛!"④"名形"之"名",则是根据事物的形状、外在形征摹拟而得来。可见,"形"是命名的依据。这里既揭示了"名"的指称功能,也揭示了作为汉语言文字的"名"依类象形的生成特点。"名"除了"称器""名形",指称事物

① 《尹文子·大道上》。
② 《尹文子·大道上》。
③ 《尹文子·大道上》。
④ [德]海德格尔:《在通向语言的途中》,商务印书馆,1999 年版,第 159 页。

韩非子刑名思想研究

的作用,还有标志同异的功能,如尹文所言"名称者,别彼此而检虚实者也"①。对于正形的作用,尹文则提出,"名也者,正形都也。形正由名,则名不可差"②。对于正政的作用,他说:"仁、义、礼、乐、名、法、刑、赏,凡此八者,五帝三王治世之术也。……名者,所以正尊卑。"③尹文是名家学派重要的代表人物,他的刑名思想大多被韩非子吸收,是韩非刑名思想中重要的组成部分。

名家是研究名学之学派。诸子百家各有为学之方,此即各家之名学。故老子欲无名,孔子言正名,墨子谓言有三表,荀子有正名篇,尹文子有刑名理论。学者们对韩非与儒、道两家的关系研究较多,对韩非与名家关系的研究则稍显薄弱。实际上名家的思想对韩非的影响不亚于道家和儒家。司马迁为法家韩非立传时,言其学术渊源,提及最多的是黄老和刑名,韩非"喜刑名法术之学"④。"刑名",即"形名",是名家思想的核心所在。《史记·太史公自序》中总结名家特点说:"专决于名而失人情……若夫控名责实,参伍不失,此不可不察也。"⑤"控名责实,参伍不失"与韩非的审核刑名相近,由此可见韩非与名家的关系。如《四库全书总目》评《尹文子》说:"其书本名家者流。大旨指陈治道,欲自处于虚静,而万事万物则一一综核其实,故其言出入于黄、老、申、韩之间。周氏《涉笔》谓

---

① 《尹文子·大道上》。
② 《尹文子·大道上》。
③ 《尹文子·大道上》。
④ (汉)司马迁:《史记·老子韩非列传》,中华书局,1959 年版,第 2146 页。
⑤ (汉)司马迁:《史记》,中华书局,1959 年版,第 3291 页。

其'自道以至名,自名以至法',盖得其真。"①名学的出现,不仅与春秋战国时期的名辩思潮有关,更与当时各国的变法革新密切相关。冯友兰说:"所谓名家,就其社会根源说,是春秋战国时期各国公布法令所引起的一个后果。"②名家先驱邓析即是鲜明的一例,他的名学思想就是在与旧的法律条文斗争中逐渐形成的。先秦名家代表有邓析、惠施、尹文。笔者在此就尹文子名学思想对韩非的影响进行阐述。

尹文子即是由墨、道两家而入法家的过渡人物。正如梁启超所言:"尹文子则墨法两家沟通之枢纽。"③庄子在《天下篇》将尹文子与宋钘并列,荀子在《非十二子篇》则将宋研与墨翟并列,足见尹文子思想实为墨家一派。《天下篇》讲:"宋钘尹文子见侮不辱,救民之逗,禁攻侵兵,救世之战术。"④其思想秉承墨家。而"不累于俗,不饰于物,不苟于人,不忮于众"⑤又具有道家的风格。其"情欲寡浅"⑥的意识,与"上说下教,虽天下不取,强聒而不舍"⑦的行为,亦是名家的本色。韩非《内储说上》记载了尹文

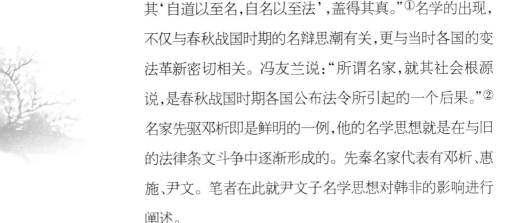

①　(清)纪昀等:《钦定四库全书总目》(整理本),四库全书研究所整理,中华书局,1997年版,第1565页。
②　冯友兰:《中国哲学史新编》(第1册),人民出版社,1984年版,第204页。
③　梁启超:《先秦政治思想史》,中华书局,1924年版,第132页。
④　陈寿昌:《南华真经正义》,《杂篇》,新天地书局,1977年版,第65-66页。
⑤　陈寿昌:《南华真经正义》,《庄子天下篇》,新天地书局,1977年版,第65页。
⑥　梁启雄:《荀子约注》,《荀子正名篇》,世界书局,1982年版,第251页。
⑦　陈寿昌:《南华真经正义》,《庄子天下篇》,新天地书局,1977年版,第66页。

子与齐宣王论治国当以赏罚为利器,①表明其倾向法家。总而言之,尹文子是墨、道两家的组合而导入名学法家的派别。

《汉书·艺文志》列尹文子于名家,事实上名与法是不可分离的。尹文子在论名与法关系上讲:"名者,名形者也;形者,应名者也。……今万物具存,不以名正之则乱,万名具列,不以形应之则乖,故形名者不可不正也。善名命善,恶名命恶、故善有善名,恶有恶名。……使善恶尽然有分,虽未能尽物之实,犹不患其差也,故曰名不可不辩也。名称者,则彼此而检虚实者也。自古及今,莫不用此而得,用彼而失。失者由名分混,得者有名分察。今亲贤而疏不肖,赏善而罚恶,贤不肖,善恶之名宜在彼,亲疏、赏罚之称宜属我。"②善恶贤不肖的名,是为客观的定位,是为"彼之名";赏罚亲疏之分,是主观的判断,是为"我之分,善者贤者,宜亲之,赏之,恶者不肖者,宜疏之,罚之,以求名分之相称"。这是治国得失的关键所在,已由名的善恶与法的赏罚嫁接在一起。由名形一致,名分相称,而成一客观标准,使人人各守其分。因此讲:"名定则物不竞,分明则私不行,物不竞,非无心,由名定,故无所措其心。私不行,非无欲,由分明,故无所措其欲。然则心欲人人有之,而得同于无心,无欲者,判之有道也。……彭蒙曰雉兔

---

① 陈启天:《增订韩非子校释》,商务印书馆,1982 年版,第 408 页。
② 《尹文子·大道上》,《新编诸子集成》(第 6 册),世界书局,1991 年版,第 2 页。

在野,众人逐之,分未定也,鸡豕满市,莫有志者,分定故也。"①名定分明,足以制民的心欲;而定名明分,莫若法。所以说:"人以度审长短,以量度多少,以衡平轻重,以律均清浊。以名稽虚实,依法定治乱,以简治烦惑,以易御险难,以万事皆归一,百度皆准于法。归一者简之至,准法者易之极。如此顽嚣聋瞽,可以察聪明同其治也。"②以名稽实,使万事皆归于一,依法定治乱,百度皆准于法,整齐之而归简易,则聋瞽可以与聪明察同治,③消解个体主观之见,而趋同客观之法,而名定分明正是其中的纽带。

事实上,关于名学的阐述,名家皆有所涉及,唯法家专讲刑名。孔子治国之首要在正名,以名不正,乃是礼乐不兴、刑罚不中的根本原因,此明示正名是礼治与法治的共同前提。只是伦理价值的意味居多而已。荀子之正名,讲"制名以指实,上以明贵贱,下以别同异"④。在名学上除了"同异",尚言"别贵贱"的价值衡量。荀子还讲:"王者之制名,名定而实辨,道行而志通,则慎率民而焉。"⑤由君王制名,统合一国之是非,令万民循行,已渐趋向刑名的法家。尹文子的名学专门就名与法的关系进行阐述,因此

① 《尹文子·大道上》,《新编诸子集成》(第6册),世界书局,1991年版,第4页。
② 《尹文子·大道上》,《新编诸子集成》(第6册),世界书局,1991年版,第3页。
③ 梁启超:《先秦政治思想史》,中华书局,1936年版,第136页。
④ 梁启雄:《荀子约注》,《荀子正名篇》,世界书局,1982年版,第312页。
⑤ 梁启雄:《荀子约注》,《荀子正名篇》,世界书局,1982年版,第310页。

"名有三种,法有四呈"①。到了韩非,由因实制名,定名明分,转为循各责实,依言责效之术,而以法定其职之名于责之分。

总之,我们由先秦诸子名学的流变可知,先秦诸子随着时势的转移与现实的需求,渐次地由理想主义迈向现实主义,不断抛弃对价值的追求,而寻求实效结果,修治国之方略;逐步由内在之仁与德的凸显,转向外在之礼与法的制约;逐步由天道的回归,转向物势的推移。人的主体性渐次削弱,法的强制力逐步增强。由内而向外推,由人而向物推。尹文子名家的渐变,是时势的碾压之下,逐渐修正自己的步伐,从而与法家一致,这可以说是先秦诸子思想激变的大势。因此,我们说韩非的名学思想是诸子名学思想合流孕育的产物,亦可谓时势造英雄。另外,韩非抓住当时的机遇,对诸子名学思想有所承、有所舍,亦有所改进,并同法思想相架构,形成独特的法家体系,亦可谓英雄造时势。

◆ 第四节　韩非刑名思想的基础

每一位大家的思想体系有其某些大前提的基本设定,再逐次推广出去,以建构自己的思想体系。也就是说,每一位大家的思想大厦,必由其理论基石建构而成。此是研

①《尹文子·大道上》,《新编诸子集成》(第 6 册),世界书局,1991 年版,第 1 页。

究任何一位大家思想的根本所在，一切的智慧与偏见均筑基于此，一切批判与论断也必就此而加以剖析，才有意义，也才能抓住问题的关键。盖吾人欲肯定或否定一个人的结论，必先检验或推翻他的大前提，才是有效的。也才能直透问题的核心。① 韩非的刑名思想体系就是建构在独特的理论根基之上，即人性论、价值观和历史观。

一、人性论

人性有广、狭两种含义，广义的人性指人的诸种属性，本书用其为人性内在构成；狭义的人性指人所独具的性质，本书用作人的本质。② 所谓人性论，是关于人性或人的本质学说(the study of human nature)。在西方，人性一般是指人的天生禀赋(innateness)或指非人为的东西(in-human behaviour)。③ 中国的哲人也早就说过："凡性者，天之就也。"④二者意思相同。本书也在这个意义上使用这个概念。

尽管韩非没有明确使用过"人性"这个概念，但在其思想中处处体现着人的本性，并将"人性"作为建构自己思想的理论基石。

人性"好利恶害"，这是荀况的观点，后为韩非所接

① 谢幼伟:《现代哲学名著述评》，新天地书局，1963年版，第93页。

② Donald J. Munro, *The Concept of Man in Early China*, Stanford University Press, Stanford, California 1969, p. 81

③ Arthur S. Reber, *The Penguin Dictionary of psychology*, Penguin Books Ltd., Harmondsworth, Middlesex, England, 1985, p. 330.

④ 《荀子·性恶》。

受。比如荀况说："今人之性，生而有好利焉"，"有疾恶焉"①。具体说就是"饥而欲食，寒而欲暖，劳而欲息，好利而恶害"。②荀况的这个观点，显然为韩非所接受。他说："安利者就之，危害者去之，此人之情也"③，"好利恶害，夫人所有也。"④从思想到语言，两者是一致的。然而两人对"好利恶害"所持的态度和看法有原则上的分歧。简而言之，荀况持否定态度，韩非持肯定态度。荀况认为："从人之性，顺人之情，必出于争夺，合于犯分乱理而归于暴。"⑤所以他认为"好利恶害"的人性是恶的。由于荀况认为人性恶，因此他贵"化"，主张"化性起伪"，用后天人为改造人性，反对"顺""从"人性行事。可见荀况对"好利恶害"的人性是持否定态度的。韩非认为人性是基于人的本能需要。他说："以肠胃为根本，不食则不能活，是以不免于欲利之心。"⑥人们都说父母与子女之间最亲近，恩恩爱爱，血肉之情，不可言以利。然而在韩非认为，父母与子女之间也是计利而行的。他说："父母之于子也，产男则相贺，产女则杀之。"同出于父母之怀，为什么一杀一贺呢？原因就在于"虑其后便，计之长利也"⑦。父母、子女之间"皆挟自为心也"⑧，"犹用计算之心以相待也，而况无父子

---

① 《荀子·性恶》。
② 《荀子·荣辱》。
③ 《奸劫弑臣》。
④ 《难二》。
⑤ 《荀子·性恶》。
⑥ 《解老》。
⑦ 《六反》。
⑧ 《外储说左上》。

之泽乎!"①韩非说:"夫安利者就之,危害者去之,此人之情也。"②这种以安利去害作为人自然本性的观点,不仅是对儒家荀子也是对商鞅、管子等人的继承。商鞅说:"夫农,民之所苦;而战,民之所危也。犯其所苦,行其所危者,计也。故民生则计利,死则虑名。名利之所出,不可不审也。利出于地,则民尽力;出利于战,则民致死。"③从这里可以看出,商鞅认为人性是计利爱利的。除了商鞅,管子也持这种观点,他说:"凡人之情,得所欲则乐,逢所恶则忧,此贵贱之所同有也","夫凡人之情,见利莫能勿就,见害莫能勿避"④。荀子更是反复说明好利而避害的人性。

韩非、商鞅、管子和荀子虽然都把好利恶害看作人的本性,但是他们对好利恶害的评价是不同的,甚至是完全相反的。可以用荀子与韩非作一下比较。

荀子认为,好利恶害是人性恶的表现和根源。因此,不能顺性而必须"化性",不能以利为先,只能以义为先。荀子说:"荣辱之大分,安危利害之常体;先义而后利者荣,先利后义者辱;荣者常通,辱者常穷。"⑤他在这里表示了儒家重义轻利的思想倾向。

韩非与荀子的观点相反。他认为,好利恶善的人性根本无所谓恶或者善。它不过是人之常情,无可非议。在韩非看来,"利之所在,皆为孟、诸","夫耕之用力也劳,而民

① 《六反》。
② 《奸劫弑臣》。
③ 《商君书·算地》。
④ 《禁藏》。
⑤ 《荀子·荣辱》。

为之者,曰:可得以富也;战之为事也危,而民为之者,曰:可得以贵也"①。韩非相信,重赏之下必有勇夫。他把实行耕战,富国强兵,兼并天下的理论和实践都建立在好利的人性上。他说:"故人行事施予,以利之为心,则越人(按指异国人)易和。"因为这符合"好利恶害"的人性。"以害之为心,父子离且怨"②,因为这违反"好利恶害"的人性。因此,韩非和荀况正好相反,贵"因"而贱"化",主张"因人情"③,顺人性行事,反对荀况违反人性的"化性起伪"。这就是说,韩非对"好利恶害"的人性完全持肯定态度。韩非还说:

故王良爱马,越王勾践爱人,为战与驰。医善吮人之伤,含人之血,非骨肉之亲也,利所加也。故舆人成舆,则欲人之富贵;匠人成棺,则欲人之夭死也。非舆人仁而匠人贼也,人不贵则舆不售,人不死则棺不买,情非憎人也,利在人之死也。故后妃夫人太子之党成而欲君之死也,君不死则势不重,情非憎君也,利在君之死也。故人主不可以不加心于利己死者。故日月晕围于外,其贼在内;备其所憎,祸在所爱。是故明王不举不参之事,不食非常之食,远听而近视,以审内外之失。④

他在这段话里把好利恶善并非性恶与性善的问题说得比较清楚。御手爱马,国王爱人,都不是对马或对人怀

---

① 《五蠹》。
② 《外储说左上》。
③ 《八经》。
④ 《备内》。

61

有善良的感情，而是受实际利益的驱使，即为着战争的胜利和乘骑上的方便。医生吮伤含血为人治病，不是出于爱护病人的善良感情，而是为了得利。制造华丽车辆的舆人与制造棺材的匠人，前者希望人富贵，后者希望人早死，他们在人性上都没有优劣善恶之分，只是为谋取各自的利益。后妃、夫人、太子党希望国君早死，这也不是他们的人性有什么缺陷，而是他们能够从国君的早死中获得实际的利益。"非舆人仁而匠人贼"，从这句话可以看出韩非所说的好利恶害的人性根本无所谓善恶。

二、价值观

人性论是韩非思想的首要前提，由是导出了韩非思想的另一根基——韩非的价值观，他说："民之性，有生之实，有生之名。"[①]生之实，即人性之智的好利自为，生之名，即在这一人性下寻求功利价值。前者尚在人性本根处探索，后者已转向价值的评价。

韩非对人性的考察，窃以为仅是各挟自为心的利害计量，故父子的爱、夫妇的情与君臣的义，同告失落，都是不可能存在的价值理想。唯一可能实现的价值，就是外在功利实效的获得。而人人的好利自为，立场互异，势必引起冲突对抗，因此功利的价值必不可能也不应该落在个人私利上去求得实现，唯一可能而应该实现的价值，就在于君国群体的公利。

---

① 《八经》。

在私利自为的人性观下,韩非认为人主为政的道理所能抓住,也亟待把握的就是人们的趋利心。在法定赏罚的牵引下,使实现君国群体的公利成为可能。故其治道的确立,首在人情的好恶。他说:"治天下,必因人情。人情有好恶,故赏罚可用;赏罚可用,则禁令可立,而治道具矣。"①由于人情的好利恶害,劝之以赏、禁之以罚的治道遂成为可能,且具必然的功效,而非仅或然的功效。由是可知,在韩非的人性治下,所能肯定的价值就是外在的功利,且仅有在整体的君国才有实现的可能。

问题在这一君国的公利上,在人人自利的情况下,如何有其实现的可能? 个人的社会角色不同,立场亦相异,若人人自为,各图己利,无可避免地将导致彼此间利害的尖锐对立。且民智如婴儿,不知犯小若而致长利,顺乎各人自为,岂非陷国家于混乱的局面? 故唯有透过君主的政治权力,将这一人人异利的冲突加以消除,并统合于国家公利中。然后才能汇归众流,结合为一,朝着群体的公利、君臣上下共有的价值目标前进。这一价值目标,就在国的治强,与代表一国公利的君势固定,如"匹夫有私便,人主有公利"②。韩非重国轻民的国家至上主义,与崇上抑下的尊君思想,即基于此一价值观而来。

人性既极端又自私,实不可能成为价值的根源,而外在的功利的价值在人人异利的对立下,不可能在个人身上

---

① 《八经》。
② 《八经》。

实现。这一价值的根源,应该是超于个人私利而统合君臣异利的"法",这一价值的目的,也仅能归属于超个人私利而代表群体公利的君国上。故一切法律制度的设计与政治权力的运作,皆落在"大臣有行则尊君,百姓有功则利上"①的归趋上。

由上看出,韩非的价值观乃是现实功利的价值观。价值的内涵,不落在人心自觉应该如何的理想上,而落在现实情境可能如何的实效上。故其价值观已无疑是实效论。凡有助于君尊国强者,就有价值。因此他说:"夫善者以功用为之的彀者也。"②他还说:"明主举事实,去无用,不道仁义者故,不听学者之言。"③韩非即基于此一实效的价值观,反对儒者仁义的思想,以其治道仅有适然之善,而无必然之功。韩非的法理就建立在这一功利主义的价值观之上。④ 治国的法,唯因人情的好恶,由于顺乎人情的"法",有其必然的实效,而并无理想寄寓其中。因此他说:"立法,非所以备曾史也,所以使庸主能止盗跖也。"⑤立法,旨在止奸,而无意养善,以法能齐一社会原本不一的价值基准与行为模式,"赏必出乎公利,名必在乎位上"⑥,使全民本其自为的心,而归向于尊君重国的新价值观,统合于以农战本职的新模式。如是人人必废私而从公,不自

① 《八经》。
② 《问辩》。
③ 《显学》。
④ 杨日然:《韩非法思想的特色及其历史意义》,《台湾大学法学论丛》第1卷第2期,第286页。
⑤ 《守道》。
⑥ 《八经》。

为而为上;君国的功利,由是而得以实现完成。

韩非在分析诸侯各国的政治弊端后,指出其毁与兴与国家的赏罚有关,而世俗的价值评价仅同国家相反。韩非讲:

畏死远难,降北之民也,而世尊之曰"贵生之士";学道立方,离法之民也,而世尊之曰"文学之士";游居厚养,牟食之民也,而世尊之曰"有能之士";语曲牟知,伪诈之民也,而世尊之曰"辩智之士";行剑攻杀,暴憿之民也,而世尊之曰"礫勇之士";活贼匿奸,当死之民也,而世尊之曰"任誉之士";此六民者,世之所誉也。赴险殉诚,死节之民,而世少之曰"失计之民"也;寡闻从令,全法之民也,而世少之曰"朴陋之民"也;力作而食,生利之民也而世少之曰"寡能之民"也;嘉厚纯粹,"整榖之民"也,而世少之曰"愚戇之民"也;重命畏事,"尊上之民"也,而世少之曰"怯慑之民"也;挫贼遏奸,"明上之民"也,而世少之曰"谄谗之民"也;此六者,世之所毁也。奸伪无益之民六,而世誉之如彼;耕战有益之民六,而世毁之如此;此之谓六反。布衣循私利而誉之,世主听虚声而礼之,礼之所在,利必加焉;百姓循私害而訾之,世主壅于俗而贱之,贱之所在,害必加焉。故名赏在乎私恶当罪之民,而毁害在乎公善宜赏之士,索国之富强,不可得也。①

夫立名号,所以为尊也,今有贼名轻实者,世谓之"高"。设爵位,所以为贱贵基也,而简上不求见者,世谓

---

① 《六反》。

之"贤"。威利所以行令也，而无利轻威者，世谓之"重"。法令，所以为治也，而不从法令为私善者，世谓之"忠"。官爵所以劝民也，而好名义不进仕者，世谓之"烈士"。刑罚所以擅威也，而轻法不避刑戮死亡之罪者，世谓之"勇夫"。民之急名也，甚其求利也；如此，则士之饥饿乏绝者，焉得无岩居苦身以争名于天下哉？故世之所以不治者，非下之罪，上失其道也。常贵其所以乱而贱其所以治，是故下之所欲常与上之所以为治相诡也。①

此一世俗之毁誉，乃先秦各家思想的流风所及，而形成的社会价值基准，已为人人所接受②。其毁誉的价值判断，与法家以赏罚劝禁、驱民于农战的"法"适成对抗的情势。虽"人情有好恶，故赏罚可用"，然"民之重名，与其重利也均"③，"民之急名也，甚其求利也如此"④，名虽无形却有久长崇尚的美誉，故毁誉的名，在决定人类的行为上，比诸赏罚的利，实具有等同的分量，甚至凌驾其上。故这一世俗毁誉的颠倒，不仅违反了讲求尊君重国的实效本策，甚至打消了国家立名号、设爵位，与立法令、设刑威的权威性，使官爵的利、刑罚的威，一时形同虚设，失去了调整功能。

加上君王不明治道，不知先消除此一既存的社会价值

---

① 《诡使》。
② 唐君毅：《中国哲学原论》，《原道篇》（第一卷），新亚研究所，第518页。唐君毅讲："此韩非所言之世尚之高、贤、重、忠、烈、勇，盖多源于当时儒墨道思想之流行于社会，亦未尝不可为一价值之标准。"
③ 《八经》。
④ 《八经》。

体系,驱民于农战赏罚的法,才能带来功效,以致对于奸伪无益的民众,反而依世俗评价的虚声而礼之、利之;对于耕战有益的民众,反而依世俗评价的误断而贱之、害之。遂由世俗毁誉的颠倒,透过世君王的手,而造成国家赏罚的颠倒,故"常贵其所以乱,而贱其所以治"[1],使"名赏在乎私恶当罪之民,而毁誉在乎公善宜赏之士"[2],造成了"下之所欲,常与上之所为治相诡"[3]的错误局面,因此韩非讲:

今有人于此,义不入危城,不处军旅,不以天下大利易其胫一毛,世主必从而礼之,贵其智而高其行,以为轻物重生之士也。夫上所以陈良田大宅、设爵禄,所以易民死命也,今上尊贵轻物重生之士、而索民之出死而重殉上事,不可得也。藏书策、习谈论、聚徒役、服文学而议说,世主必从而礼之,曰:"敬贤士,先王之道也。"夫吏之所税,耕者也;而上之所养,学士也。耕者则重税,学士则多赏,而索民之疾作而少言谈,不可得也。立节参民,执操不侵,怨言过于耳必随之以剑,世主必从而礼之,以为自好之士。夫斩首之劳不赏,而家斗之勇尊显,而索民之疾战距敌而无私斗,不可得也。国平则养儒侠,难至则用介士,所养者非所用,所用者非所养,此所以乱也。且夫人主于听学也,若是其言、宜布之官而用其身,若非其言、宜去其身而息其端。今以为是也而弗布于官,以为非也而不息其端,是而

① 《八经》。
② 《六反》。
③ 《六反》。

不用,非而不息,乱亡之道也。①

今则不然,以其有功也爵之,而卑其士官也;以其耕作也赏之,而少其家业也;以其不收也外之,而高其轻世也;以其犯禁也罪之,而多其有勇也。毁誉赏罚之所加者,相与悖缪也,故法禁坏而民愈乱。今兄弟被侵必攻者廉也,知友被辱随仇者贞也,廉贞之行成而君上之法犯矣。人主尊贞廉之行而忘犯禁之罪,故民程于勇而吏不能胜也。不事力而衣食则谓之能,不战功而尊则谓之贤,贤能之行成而兵弱而地荒矣。人主说贤能之行而忘兵弱地荒之祸,则私行立而公利灭矣。②

儒以文乱法,侠以武犯禁,而人主兼礼之,此所以乱也。夫离法者罪,而诸先生以文学取;犯禁者诛,而群侠以私剑养。故法之所非,君之所取;吏之所诛,上之所养也。法、趣、上、下,四相反也,而无所定,虽有十黄帝不能治也。故行仁义者非所誉,誉之则害功;工文学者非所用,用之则乱法。楚之有直躬,其父窃羊,而谒之吏。令尹曰:“杀之!”以为直于君而曲于父,报而罪之。以是观之,夫君之直臣,父之暴子也。鲁人从君战,三战三北。仲尼问其故,对曰:“吾有老父,身死莫之养也。”仲尼以为孝,举而上之。以是观之,夫父之孝子,君之背臣也。故令尹诛而楚奸不上闻,仲尼赏而鲁民易降北。上下之利,若是其异也,而人主兼举匹夫之行,而求致社稷之福,必不几矣。

---

① 《显学》。
② 《五蠹》。

古者苍颉之作书也，自环者谓之"私"，背私谓之"公"，公私之相背也，乃苍颉固以知之矣。今以为同利者，不察之患也。然则为匹夫计者，莫如修行义而习文学。行义修则见信，见信则受事；文学习则为明师，为明师则显荣。此匹夫之美也。然则无功而受事，无爵而显荣，有政如此，则国必乱、主必危矣。故不相容之事，不两立也。斩敌者受赏，而高慈惠之行；拔城者受爵禄，而信廉爱之说；坚甲厉兵以备难，而美荐绅之饰；富国以农，距敌恃卒，而贵文学之士；废敬上畏法之民，而养游侠私剑之属：举行如此，治强不可得也。国平养儒侠，难至用介士，所利非所用，所用非所利，是故服事者简其业而游学者日众。是世之所以乱也。①

　　错法以道民也，而又贵文学，则民之所师法也疑；赏功以劝民也，而又尊行修，则民之产利也惰。大贵文学以疑法，尊行修以贰功，索国之富强，不可得也。②

　　以上数节，分析君王自毁立场，而有"上之所贵，常与其所以为治相反"③的矛盾与谬失，说得最为详尽深切。

　　韩非功利主义的价值观不同于墨家。墨家兼爱交利的旨归，乃为了天下人民之大利。韩非禁抑儒侠，奖励农战，却仅为了国君的利益。而国君的利益，只在富国强兵；富国强兵的根基，又惟在农战而已！因此大凡有悖于农战这一国根本，均为韩非所否定。

────────────

① 《五蠹》。
② 《八说》。
③ 《诡使》。

综上所述，韩非的价值观在其人性论的限制下，无法探索出生命的内在价值，因此所凸显的价值只能是外在的功利价值观，而这一现实功利的价值只能掌控在君王手中，而天下的臣民只能成为君王实现功利价值的工具而已。正是基于此，韩非极力反对道德与学术可能有的长远价值，而仅计量君国的农战利益。他选择的是"用法之相忍"的"前苦而长利"的法、术、势结合并用的法治，而弃"忍人之相怜"的"偷乐而后穷"的仁恩德化的人治①。

人性的私，既以转化为善的；人心自为，也不足寄予信任。功利的价值，内在已失其源，唯有向外寻求依托，所以有了韩非思想的另一根基，外在的物质条件决定了人类行为的历史观。

三、历史观

为了论证推行"法治"的必要性，法家提出了进化史观：人类历史是向前发展的，一切法律制度都必须随着历史的发展而相应变化，不能复古倒退，也不能故步自封。

商鞅早在秦国主持变法时就对守旧派"法古无过，循礼无邪"的观点进行了批驳。他认为人类社会历史的发展经历了四个阶段："上世"是"民知其母而不知其父"的社会，人们亲爱亲人、贪图私利；"中世"出现了抢夺、争执的现象，但人们尊重贤人，喜爱仁慈；"今世"是各国忙于兼并，民众有技巧而奸诈。时代不同，统治方法也要改变：

---

① 《六反》。

"上世"可以靠"亲亲","中世"则只能靠"仁义","下世"则"亲亲""仁义"都行不通了,"今世"更不能用这些旧的统治方法。① 其口号是"不法古,不循今",必须因势立法。

韩非继承并发展了商鞅的历史观。他也用分期的观点分析了历史的进程,他把人类的历史从远古到当今分作四个时期,即"上古""中古""近古"和"当今"。

韩非对历史进化的原因作了新的探讨。他认为,人口增长的速度是几何基数递增,生产资料的增长速度则是算术基数递增,因此人口增长的速度超过了生活资料增长的速度,人们为了争夺生活空间引起了社会矛盾与斗争。他说:"古者丈夫不耕,草木之食足食也是;妇人不织,禽兽之皮足衣也。不事力而养足,人民少而财有余,故民不争。是以厚赏不行,重罚不用,而民自治。"②他还讲:"今有五子不为多,子又有五子,大父未死而有二十五孙。"③于是造成"人民众而货财寡"的局面,人们之间的矛盾斗争便是争财与争夺生存空间引起的。从今天看来,韩非的观点无疑离真理太远了,但如果从他所处的那个时代来讲,应该说是有关历史进化原因最深刻的认识。他的这种说法完全排除了超社会的力量,力图从人自身寻求事变的原因。

在他的历史观中,还有一点特别值得重视。他认为随着生产的发展、人口的增长,不仅人类与自然的关系在变

---

① 《商君书·更法》。
② 《五蠹》,梁启雄:《韩子浅解》,中华书局,1960 年版,第 466 – 467 页。
③ 《五蠹》。

化,人与人之间的关系和人们的观念也在变化。他说:
"上古竞于道德,中世逐于智谋,当今争于气力。"①韩非断
然反对人伦道德退化的理论,认为一个时代应有一个时代
的道德标准。"上古竞于道德"并不是人人都好,而是当
时物多人少;"当今争于气力",并不是人的退化,而是财
少造成的。韩非的这种理论虽然没有揭示事物的本质,但
他的思想令人赞叹,他是沿着物质生活条件决定人们道德
精神面貌这一条路来观察问题的。

时代在变,法应随时代而变。历史上的伟大创举只是
在它那个时代才具有意义,把它原封不动地搬到后世,绝
不是对历史的尊重,只能说是一种愚蠢行为。如果历史进
入"中古",还有人提倡"构木为巢",必然为鲧、禹所笑。
同样,现在赞扬尧、舜、汤、武,守成不变,必定为新圣所笑。
韩非的结论是:"是以圣人不期修古,不法常可,论世之
事,因为之备","事因于世,而备适于事"。② 这些法思想
在韩非之前的法家论著中虽然已有涉及,但韩非的论述也
绝不是多余的,他的阐述进一步丰富了前人的思想,也为
其法治提供了依据。

从这种历史观出发,法家进一步认清战国时期的形
势,即"强国事兼并,弱国务力守"③。伴随着历史进化观
而产生的韩非法思想,一开始就表现出强烈的适应时代
需要的实用功利倾向。战国时期诸侯争霸,韩非洞悉到

---

① 《五蠹》。
② 《五蠹》。
③ 《商君书·开塞》。

当时的现实情况是"力多则人朝,力寡则朝于人"①,在这种形势之下,所谓"礼治""德治"都没有用,必须致力于变法,迅速发展农业生产,加强军事力量,才能富国强兵。为此,唯一有效的办法就是颁布法律,奖励耕战,使人们都能喜农乐战。为了保证这些法律的贯彻执行,就必须厉行"法治"。只有如此,才能为君主统一天下"蓄王资"。适应这种要求而产生了韩非的法治观。他认为君主与法的结合对国家治乱、社会更替起着决定性作用。他说:"国无常强,无常弱。奉法者强则国强;奉法者弱,则国弱。"因此,其法治只能是供君主应用的实用功利性法治观。

人是历史的主宰者,然人性皆好利自为,不免彼此冲突,相互对抗,故功利的价值由人的内在主体显然不能得出,只能由自然环境这一外在客体决定,韩非此种思想与慎到的"与物推移"观点具有相似性。所以历史的演化由外在物质条件决定。这一历史观已涉及唯物史观的界域。在历史的长河中,人已失去了中流砥柱的应然地位,唯有随波逐流,顺应时代环境的流变而已!基于此观点,治国之道理应随着时空背景的不断转移而有今古不同的应变计策,才能因时制宜,在客观情势的动变中立于不败之地。基于此,韩非提出了"世异则事异"与"事异则备变","上古竞于道德"与"当今争于气力"以及"循名实而定是非,故参验而审言辞"的历史观。

① 《显学》。

此历史观是韩非变古思想的基础,亦为其变法革新的理论之根本。但韩非创设这一历史观,目的在于打击儒墨两家显学。由"仁义用于古,而不用于今"之相对论点,推导出"民固服于势,寡能怀于义"的绝对论断,这一偏见也使韩非受到历代儒生的谴责。

第二章　韩非的名学

第一节　形名的含义、关系及名学在其思想中的地位

韩非属于法家学派，他的学术思想就是法术。他吸收了申不害的形名术，因此史学家司马迁称其为"好刑名法术之学"。

在此需指出，"刑"与"形"在古代通用，"刑名"即"形名"。在韩非思想中"刑名"与"形名"不分，可以通用，但他还是倾向于用"刑名"一词，据笔者所理解，"刑名"二字主要体现了韩非的法思想。下面阐述韩非"形"和"名"的含义，"形"和"名"的关系及其名学在韩非思想中的地位。

一、形名的含义

先秦时期，"名"与"实"的意义在诸子的思想中基本

75

上是一致的,"名"通常指名分、名称、言辞等,实指社会政治或自然的现象、人的行为、客观存在的事物等。韩非则与其他诸子不同,他论述的"名"与"实"具有多重性,在这里需要特别指出,韩非的"形"等同于"实",所指广泛,其含义主要有以下几个方面。

首先,以言为名,以事为形。

> 人主将欲禁奸,则审合刑名;刑名者,言与事也。为人臣者陈而言,君以其言授之事,专以其事责功。功当其事,事当其言,则赏;功不当其事,事不当其言则罚。故群臣其言大而功小者则罚,非罚小功也,罚功不当名也;群臣其言小而功大者亦罚,非不说于大功也,以为不当名也,害有甚于大功,故罚。昔者韩昭侯醉而寝,典冠者见君之寒也,故加衣于君之上。觉寝而说,问左右曰:"谁加衣者?"左右答曰:"典冠。"君因兼罪典衣与典冠。其罪典衣,以为失其事也;其罪典冠,以为越其职也。非不恶寒也,以为侵官之害甚于寒。故明主之畜臣,不得越官而有功,不得陈言而不当。越官则死,不当则罪。守业其官,所言者贞也,则群臣不得朋党相为矣。①

> 故虚静以待,令名自命也,令事自定也。虚则知实之情,静则知动者正。有言者自为名,有事者自为形,形名参同,君乃无事焉,归之其情。故曰:君无见所欲,君见其所欲,臣自将雕琢;君无见其意,君见其意,臣将自表异。故曰:去好去恶,臣乃见素;去旧去智,臣乃自备。故有智而

---

① 《二柄》。

不以虑,使万物知其处;有行而不以贤,观臣下之所因;有勇而不以怒,使群臣尽其武。是故去智而有明,去贤而有功,去勇而有强。君臣守职,百官有常;因能而使之,是谓习常。故曰:寂乎其无位而处,漻乎莫得其所;明君无为于上,群臣竦惧乎下。明君之道,使智者尽其虑,而君因以断事,故君不穷于智;贤者敕其材,君因而任之,故君不穷于能。有功则君有其贤,有过则臣任其罪,故君不穷于名。是故不贤而为贤者师,不智而为智者正。臣有其劳,君有其成功,此之谓贤主之经也。①

这是韩非给"形""名"所下的定义。"名"是说出来的话和写出来的字,即语言(或言语)。"形"是做出来的事情。因此,他常常把"名""形"和"言""事","言""功""名""事","名""功"并举。在《韩非子》中大都是"形名"连用。即使有时"刑名"连用,同样是"形名"的意思。韩非的名学思想中"形"与"实"的意义基本是一致的。

其次,以官职为名,以官位为形。

凡上之患,必同其端;信而勿同,万民一从。夫道者弘大而无形;德者核理而普至,至于群生斟酌用之,万物皆盛而不与其宁。道者下周于事,因稽而命,与时生死;参名异事,通一同情。故曰:道不同于万物,德不同于阴阳,衡不同于轻重,绳不同于出入,和不同于燥湿,君不同于群臣。凡此六者,道之出也。道无双,故曰一,是故明君贵独道之容。君臣不同道,下以名祷;君操其名,臣效其形,形名参

---

① 《主道》。

同,上下和调也。①

凡听之道,以其所出,反以之为入。审名以定位,明分以辨类。②

再次,以法为名,以事为形。

大不可量,深不可测,周合刑名,审验法式,擅为者诛,国乃无贼。是故人主有五壅:臣闭其主曰壅,臣制财利曰壅,臣擅行令曰壅,臣得行义曰壅,臣得树人曰壅。臣闭其主则主失位,臣制财利则主失德,臣擅行令则主失制,臣得行义则主失明,臣得树人则主失党。此人主之所以独擅也,非人臣之所以得操也。③

故民朴而禁之以名则治,世知维之以刑则从;时移而治不易者乱,能治众而禁不变者削。故圣人之治民,治法与时移而禁与能变。能越力于地者富,能起力于敌者强,强不塞者王。故王道在所开,在所塞,塞其奸者必王。故王术不恃外之不乱也,恃其不可乱也。恃外不乱而治立者削,恃其不可乱而行法者兴。故贤君之治国也,适于不乱之术。贵爵则上重,故赏功爵任而邪无所关。好力者其爵贵,爵贵则上尊,上尊则必王。国不恃力而恃私学者其爵贱,爵贱则上卑,上卑者必削。故立国用民之道也,能闭外塞私而上自恃者,王可致也。④

最后,一般意义的名与实。

---

① 《扬权》。
② 《扬权》。
③ 《主道》。
④ 《心度》。

用一之道,以名为首;名正物定,名倚物徙。故圣人执一以静,使名自命,令事自定;不见其采,下故素正。因而任之,使自事之;因而予之,彼将自举之。正与处之,使皆自定之,上以名举之。不知其名,复修其形,形名参同,用其所生。二者诚信,下乃贡情。①

人主者,天下一力以共载之故安,众同心以共立之故尊。人臣守所长、尽所能故忠以尊主,主御忠臣则长乐生而功名成。名实相持而成,形影相应而立,故臣主同欲而异使。人主之患在莫之应,故曰:"一手独拍,虽疾无声。"人臣之忧在不得一,故曰:"右手画圆,左手画方,不能两成。"故曰:至治之国,君若桴,臣若鼓,技若车,事若马。故人有余力易于应,而技有余巧便于事。立功者不足于力,亲近者不足于信,成名者不足于势,近者已亲而远者不结,则名不称实者也。圣人德若尧、舜,行若伯夷,而位不载于世,则功不立,名不遂。故古之能致功名者,众人助之以力,近者结之以成,远者誉之以名,尊者载之以势。如此,故太山之功长立于国家,而日月之名久著于天地。此尧之所以南面而守名,舜之所以北面而效功也。②

从韩非名学思想中可以看出,他并不会抽象地来论证"刑名",都是结合具体的法术理论来阐明"刑名"。他的名学思想并不是孤立的,而是相互联系、相互呼应的。他反复强调要"形名参同""周合刑名""名实相持","名"与

---

① 《扬权》。
② 《功名》。

"实"之间要相互印证、相互依存,必须相称。韩非从"道"与"万物"的关系角度提出,"道不同于万物,德不同于阴阳,衡不同于轻重,绳不同于出入,和不同于燥湿,君不同于群臣"①,并以名实关系的基本含义为基石,系统地论述了具有浓厚法治伦理的名实(即形名)关系,即"事"与"言"相符——"功当其事,事当其言"②;官与职相符——"群臣守职,百官有常"③;事与法相符——"法者,事最适者也"④。这是名实相称的一个方面。与之相反,则是"名实不称"⑤的另一面,即"事"与"言"不相符——"功不当其事,事不当其言"⑥;官与职不相符——"越官"与"越其职"⑦;事与法不相符——"言行而不轨于法令"⑧。总之,韩非的"形名"思想是为法术政治服务的。

韩非的"形"和"名"思想范围是有着不同程度的差异的,有时宽泛一些,有时狭窄一些,因此我们可以用广义和狭义来界定它。

狭义的"形"和"名"。韩非讲:"令名自命也,令事自定也"⑨,"使名自命,令事自定"⑩。这里他把"名"和"事"对比着说,可见"形"就是"事",因此"形"和"名"就

---

① 《扬权》。
② 《无道》。
③ 《无道》。
④ 《问辨》。
⑤ 《安危》。
⑥ 《无道》。
⑦ 《二柄》。
⑧ 《问辩》。
⑨ 《主道》。
⑩ 《扬权》。

等同"事"和"名"。"形"等同"事","名"等同"言",从下面韩非思想中可以看出。

　　为人臣者陈而言,君以其言授之事,专以其事责其功。功当其事、事当其言则赏,功不当其事、事不当其言则罚。故群臣其言大而功小者则罚,非罚小功也,罚功不当名也;群臣其言小而功大者亦罚,非不说于大功也,以为不当名也,害有甚于大功,故罚。昔者韩昭侯醉而寝,典冠者见君之寒也,故加衣于君之上。觉寝而说,问左右曰:"谁加衣者?"左右答曰:"典冠。"君因兼罪典衣与典冠。其罪典衣,以为失其事也;其罪典冠,以为越其职也。非不恶寒也,以为侵官之害甚于寒。故明主之畜臣,不得越官而有功,不得陈言而不当。越官则死,不当则罪。守业其官,所言者贞也,则群臣不得朋党相为矣。①

　　因而任之,使自事之。因而予之,彼将自举之。正与处之,使皆自定之,上以名举之。不知其名,复修其形。形名参同,用其所生。二者诚信,下乃贡情。②

　　从上面这段文字中可以得出,韩非的"形"和"名"的含义基本上是指"事"和"言"讲的。历来的注释者根据其基本含义作出了共同的解释。由此我们也可以得出结论:韩非是用法术的思想来探讨"形"和"名"的含义。他的法家思想决定了其"形"和"名"主要在于法律、政治思想的范围里。

----

　　① 《二柄》。
　　② 《扬权》。

广义的"形"和"名"。韩非不仅在法思想的范围内讨论了"形"和"名",还将其扩大到其他领域。究其原因:首先,他要秉承先秦名学,尤其是荀子的名实关系原理,因此要从广义上来阐述其名实关系。其次,"法术"的基本概念是"形名","形名"的道理是"法术"的根据,因此"形名"的概念就可能比"法术"的范围大一些。再次,他的哲学观点是"而其归本于黄、老"。他的许多思想源于老子的道家理论,因此他的"形名"范围就有可能扩充到自然现象中。老子不但研究社会现象,还研究自然现象。老子的"无为"和"无名"思想无不影响着韩非的名学与法思想。正由于韩非的思想取材于老子,因此他的"形名"就必然具有广义性。韩非讲:

> 名正物定,名倚物徙。故圣人执一以静,使名自命,令事自定;不见其采,下故素正。因而任之,使自事之;因而予之,彼将自举之。正与处之,使皆自定之,上以名举之。不知其名,复修其形,形名参同,用其所生。二者诚信,下乃贡情。①

> 谨修所事,待命于天,毋失其要,乃为圣人。圣人之道,去智与巧;智巧不去,难以为常。民人用之,其身多殃;主上用之,其国危亡。因天之道,反形之理;督参鞠之,终则有始。虚以静后,未尝用己。②

"形"的含义不局限于事情的表面。它不但指具体的

---

① 《扬权》。
② 《扬权》。

事物,而且指抽象的道理。同理,"名"也不局限于具体的概念,还可以指抽象的概念。韩非曾经把"形"的范围扩充到自然现象里。他讲:

　　凡物之有形者易裁也、易割也。何以论之? 有形则有短长,有短长则有小大,有小大则有方圆,有方圆则有坚脆,有坚脆则有轻重,有轻重则有白黑。短长、大小、方圆、坚脆、轻重、白黑之谓理,理定而物易割也。故议于大庭而后言则立,权议之士知之矣。故欲成方圆而随其规矩,则万事之功形矣;而万物莫不有规矩,议言之士计会规矩也。圣人尽随于万物之规矩,故曰:"不敢为天下先。"不敢为天下先,则事无不事,功无不功,而议必盖世,欲无处大官,其可得乎? 处大官之谓"为成事长"。是以故曰:"不敢为天下先,故能为成事长。"①

　　在这里韩非把事物的形和理综合起来了。有形就有理:短长、大小、方圆是事物的数学性质;坚脆、轻重是事物的物理性质;白黑是事物的形象性质。"形"和"理"既然都可以用"名"来指称,那么广泛的"名"就可以指称整个自然现象和自然事物。

　　综上所述,关于韩非的"形"和"名"的含义可以概括为:"形"就是指"事","名"就是指"言",这是其狭义的"形"和"名"含义,也是"形"和"名"的基本含义,甚至可以说是韩非"形"和"名"的全部含义,也是其"形"和"名"主要的方面。韩非还把"形"和"名"扩充到自然现象的范

_____

　　① 《解老》。

围中,形成广义上的"形"和"名",亦是其"形"和"名"的次要方面。

二、"形"与"名"的关系

韩非的"形"和"名"之间的关系实际上就是"实"与"名"的关系,阐述其"形"和"名"的关系,就是论述名实关系,只是称谓不同而已。关于韩非的"形"和"名"之间的关系,我们可以从以下两个维度来阐述。

（一）从哲学认识论维度解读"形"与"名"的关系

韩非自觉采用了唯物主义的哲学观点来说明"形"与"名"之间的关系。他说:"道之可道,非常道也。"①他讲:"凡理者,方圆短长粗靡坚脆之分也。故理定而后物可得道也。"②"物可得道"就是"物可得名",也就是是可以用"名"来指称"事物"。他还讲:"圣人观其玄虚,用其周行,强字之曰道,然而可论。"王先慎在《韩非集解》里注说:"惟有名,故可言。"文句中的"然而"是"然后"意思。"强字之曰道"是可以用"名"来指称客观存在的"道","然而可论"是用"言说"来下判断和进行推论。

韩非这种先有"事物"的存在而后用"名"来指称的思想出于老子。老子系统论述了"无名"的观点。老子说:"人法地,地法天,天法道,道法自然。"③人以地为法则,地以天为法则,天以道为法则,道以自然为法则,人最终要顺

---

① 《解老》。
② 《解老》。
③ 《二十五章》。

应自然运动的法则。道究竟是什么呢？老子说："有物混成，先天地生。寂兮寥兮，独立而不改，周行而不殆，可以为天下母。"①道是一种"先天地生"而固存的独立存在，人们依靠感觉活动是无法把握的——"视之不见""听之不闻""搏之不得"②，它是一种"无状之状，无物之物"，处于"混而为一"③的状态。

老子在分析和描述道的过程中将道看作是"无名"的，并进行了详细阐述。老子说："道可道，非常道；名可名，非常名。"④"道之出口，淡乎其无味，视之不足见，听之不足闻，用之不足既。"⑤老子对名的基本认识是，可名之名是称谓对象的名，但不是常名，是相对的、暂时的，虽然道有"道"之名，但也是不可完全言明的，只用道这个名去称谓它，因为道无形、无色，所以"道常无名"⑥。

"名"是"物"的称谓，也是它的反映，先有客观存在的"物"而后有反映"物"的"名"，世界上最早只有物，而无名。在一般名实关系问题上，韩非主张实为第一性，而名为第二性。只有先认识事物的属性，才能给予事物正确的名。他认为："名正物定，名倚物徙。"⑦其意义应该解作"名正于物定，名倚于物徙"，⑧而不是"名正则物定，名倚

---

① 《二十五章》。
② 《十四章》。
③ 《十四章》。
④ 《一章》。
⑤ 《三十五章》。
⑥ 《三十二章》。
⑦ 《扬权》。
⑧ 温公颐：《先秦逻辑史》，上海人民出版社，1983年版，第321页。

是物徙"。其根据在于他主张"不知其名,复修其形"①。就是说在不知物名的情况下,应当先考察物形究竟是什么,再来确定名,使"名正"。在他的君主法术思想中贯彻了实为第一性、名实相应的原则,即"因任而授官,循名而责实"②。这就证明了"存在决定意识",名反映事物即实的唯物主义认识论的哲学观点,韩非与老子在哲学上都同出一辙。

(二)从社会实践的维度上解读"形"与"名"的关系

先秦诸子,尤其是名家(如邓析、尹文、惠施、公孙龙等)常常讨论"名"和"实"的关系。他们把"名"看成抽象的、与现实世界无关或对立的东西,他们探讨的名形关系多半是抽象的名实关系,不具有社会实践意义。而韩非的名形关系是具体的名实关系,也就是偏好于安邦定国的法治实践的名实关系。因此要认识韩非的名实关系,必须从社会法治实践中来分析它。

探讨"形"和"名"在社会实践中的关系问题,在于阐明"形"和"名"是否相符,也就是"名"的真实与否的问题。在韩非思想中主要通过"形名参同"这一实践过程来验证"名"的真实性问题。"形名参同"是韩非在法术范围内的实践活动。

韩非认为:"名实相待而成,形影相应而之。"③名实相辅相成,就像形体和它的影子相应而存一样,是极其自然

① 《扬权》。
② 《定法》。
③ 《功名》。

的事情。名符其实,就是正确的名。为了表达名实相符的关系,韩非创造了一个术语——"形名参同",这是他对古代逻辑名实论的一个贡献。①"形名参同"就是要求"形"和"名"互相符合、互相一致。只有"名符其形"的"名",才是真实的"名",也就是说只有真实地反映事物的概念才是真正的概念。这是他阐明"形"和"名"关系的基本论点。这一观点从韩非的思想中可以找出。他讲:

> 道者,万物之始,是非之纪也。是以明君守始以知万物之源,治纪以知善败之端。故虚静以待令,令名自命也,令事自定也。虚则知实之情,静则知动者正。有言者自为名,有事者自为形;形名参同,君乃无事焉,归之其情。②

> 道在不可见,用在不可知。虚静无事,以暗见疵:见而不见,闻而不闻,知而不知。知其言以往,勿变勿更,以参合阅焉。官有一人,勿令通言,则万物皆尽。函掩其迹,匿有端,下不能原;去其智,绝其能,下不能意。保吾所以往而稽同之,谨执其柄而固握之。绝其望,破其意,毋使人欲之。不谨其闭,不固其门,虎乃将存;不慎其事,不掩其情,贼乃将生。弑其主,代其所,人莫不与,故谓之虎;处其主之侧,为奸臣,闻其主之忒,故谓之贼。散其党,收其余,闭其门,夺其辅,国乃无虎;大不可量,深不可测,同合刑名,审验法式,擅为者诛,国乃无贼。③

---

① 刘培育:《韩非的形名逻辑思想》,《宁夏大学学报(社会科学版)》1984年第1期。
② 《主道》。
③ 《主道》。

用一之道,以名为首;名正物定,名倚物徙。故圣人执一以静,使名自命,令事自定;不见其采,下故素正。因而任之,使自事之;因而予之,彼将自举之。正与处之,使皆自定之,上以名举之。不知其名,复修其形,形名参同,用其所生。二者诚信,下乃贡情。①

凡上之患,必同其端;信而勿同,万民一从。夫道者弘大而无形;德者核理而普至,至于群生斟酌用之,万物皆盛而不与其宁。道者下周于事,因稽而命,与时生死;参名异事,通一同情。故曰:道不同于万物,德不同于阴阳,衡不同于轻重,绳不同于出入,和不同于燥湿,君不同于群臣。凡此六者,道之出也。道无双,故曰一,是故明君贵独道之容。君臣不同道,下以名祷;君操其名,臣效其形,形名参同,上下和调也。②

凡治之极,下不能得;周合刑名,民乃守职。去此更求,是谓大惑;猾民愈众,奸邪满侧。故曰:毋富人而贷焉,毋贵人而逼焉,毋专信一人而失其都国焉。腓大于股,难以趣走;主失其神,虎随其后。主上不知,虎将为狗;主不蚤止,狗益无已。虎成其群,以弑其母;为主而无臣,奚国之有?主施其法,大虎将怯;主施其刑,大虎自宁。法制苟信,虎化为人,复反其真。欲为其国,必伐其聚;不伐其聚,彼将聚众。欲为其地,必适其赐;不适其赐,乱人求益。彼求我予,假仇人斧;假之不可,彼将用之以伐我。③

---

① 《扬权》。
② 《扬权》。
③ 《扬权》。

桓公以君人为劳于索人，何索人为劳哉？伊尹自以为宰干汤，百里奚自以为虏干穆公。虏所辱也，宰所羞也，蒙羞辱而接君上，贤者之忧世急也。然则君人者无逆贤而已矣，索贤不为人主难。且官职所以任贤也，爵禄所以赏功也，设官职、陈爵禄而士自至，君人者奚其劳哉？使人又非所佚也。人主虽使人，必以度量准之，以刑名参之；以事遇于法则行，不遇于法则止；功当其言则赏，不当则诛。①

以刑名收臣，以度量准下，此不可释也，君人者焉佚哉？索人不劳，使人不佚，而桓公曰："劳于索人，佚于使人"者，不然。②

上面所引的内容虽然不同，但是思想内容是一样的。我们从中可以得结论：首先，"刑名参同"是韩非判断是非、辨别真伪的实践标准，即名符其形的"名"是真实的，名不符其形的"名"就是虚伪的。其次，"形名参同"是法术之学的基本概念，由于"形"和"名"有相符也有不相符，就生出法术来。所以说："形名参同，用其所生。"形名所生的就是赏罚。所以说："功当其事则赏，不当则诛。""功当其言"就是"形"当其"名"，也就是形名相符，否则就是"形"不当其"名"，也就是形名不相符。再次，"形名参同"是为法术政治服务。所以说："周合刑名，审验法式。"为了"审验法式"，必须"周合刑名"。最终，"形名参同"在法术政治上有着必然的效果。所以说："君乃无事焉""二者

---

① 《难二》。
② 《难二》。

诚信,下乃贡情""上下调和也""民乃守职"。这些都是"形名参同"所产生的结果。所以说:"此不可释也。""去此更求,是谓大惑。"

名形关系在社会实践上具有重大的意义,也就是说通过"形名参同"来实现其法治实践活动。

总之,韩非的"形"与"名"主要围绕着治国的法思想展开。他所论述的"形"和"名"在哲学的认识论上秉承了老子的哲学观点,他所阐明的"形"和"名"是实践其法思想,是为其法术政治服务的。

三、名学在韩非思想中的地位

韩非一方面总结法家的法思想,一方面继承与法相关联的名学理论,并接受道家的主要思想,将其运用到法治实践中,形成了一套较为完备的治国的刑名法术思想。该思想以君主专制为核心,以法制思想为基础。其名的产生、功能都是围绕君主专制的强化而展开的。尽管韩非的名有时与法结合,有时又同术相连,时而以势作为后盾,这就是韩非名学在韩非思想中的角色。然而其思想的终极目的是加强王权统治,服务帝王。其表现如下:

首先,名与法结合,二者都是统治工具。名与法都是帝王维护专制的手段。韩非讲:

人主将欲禁奸,则审合刑名,刑名者,言与事也,为人臣者陈其言,君以其言授之事,专以其事责其功。功当其事,事当其言则赏;功不当其事,事不当其言则罚。故群臣其言大而功小者则罚,非罚小功也,罚功不当名也。群臣其言小而功大者亦罚,非不说于大功也,以为当名也,害甚于有大功,故罚。昔者韩昭侯醉而寝,典冠者见君之寒也,故加衣于君之上。觉寝而说,问左右曰:"谁加衣者?"左右答曰:"典冠。"君因兼罪典衣与典冠。其罪典衣,以为失其事也;其罪典冠,以为越其职也。非不恶寒也,以为侵官之害甚于寒。故明主之畜臣,不得越官而有功,不得陈言而不当。越官则死,不当则罪。守业其官,所言者贞也,则群臣不得朋党相为矣。①

陈启天在阐述韩非的"形名术"时说:"形名,又作刑名,或名实。一切事物,有形有名。名以形称,形依名定,形名二者,必求其合,是谓'循名责实','综核名实','形名参同','审合刑名',以言为名,则事为形,后事必求其与前言相合。形名也。以法为名,则事为形,职务必求与官位相合,形名也。"②可见名与法结合紧密,因此"形名术"的运用,当以国法为最高基准。

其次,名与术连接,术是名的手段。在韩非思想中主要体现其循名责实的督责术上。功利的价值观是韩非思想的基础,韩非的法属于实证法,出于功利实效的目的,法的存废是以功利为衡量标准的。而人臣的言行,亦当以功加以考察。只是"不苟世俗之言,循名实而定是非"③,所以韩非讲:"明主听其言,必责其用,观其行,必求其功。

---

① 《二柄》。
② 陈启天:《韩非及其政治哲学》,载《增订韩非校释》,上海古籍出版社,2000年版,第963页。
③ 《奸劫弑臣》。

然则虚旧之学不谈,矜诬之行不饰矣。"①也就是说,听其言,必督其用,课其功,功当其言则赏,功不当其言则罚。君有术以功用考其言行,则罚俱得其当,刑何嫌多?故刑赏之用,不在多与少,而在当与不当,有术的观测考核,刑赏自得其当,刑赏得当,"循名而责实"的参验、督责、考察、选拔官吏,使臣下能做到官名与职务相称。循名责实才得以实现,法的标准性与规范性才得以发挥功能。

最后,名必以势为后盾。韩非的政治思想以尊君重国为最大特征,然而君国的功利常为臣民的私利所排斥,所以用赏罚的手段来劝善禁恶,使臣民上下的行为在法的规范中符合君国的公利要求。法即代表君国的公利,也是赏罚的标准,亦是臣民遵守的行为规范。韩非也深知"徒法不足以自行",故以势为强制的力量。然而"势"必须在君主的名下运作。君势的隐患在于赏罚二柄旁落在大臣手中,如果君势旁落,那么君的尊势之威亦失而不存。韩非讲:

权势不可借人。上失其一,臣以为百。故臣得借则力多,力多则内外为用,内外为用则人主壅。其说在老聃之言失鱼也。是以人主久语而左右鬻怀刷。其患在胥僮之谏厉公,与州侯之一言,而燕人浴矢也。②

夫马之所以能任重引车致远道者,以筋力也;万乘之主、千乘之君所以制天下而征诸侯者,以其威势也。威势

① 《六反》。
② 《内储下》。

者,人主之筋力也。今大臣得威,左右擅势,是人主失力;人主失力而能有国者,千无一人。虎豹之所以能胜人、执百兽者,以其爪牙也;当使虎豹失其爪牙,则人必制之矣。今势重者,人主之爪牙也,君人而失其爪牙,虎豹之类也。[①]

徭役多则民苦,民苦则权势起;权势起则复除重,复除重则贵人富。苦民以富贵人,起势以借人臣,非天下长利也。故曰:徭役少则民安,民安则下无重权,下无重权则权势灭,权势灭则德在上矣。今夫水之胜火亦明矣;然而釜鬵间之,水煎沸竭尽其上,而火得炽盛焚其下,水失其所以胜者矣。今夫治之禁奸又明于此,然守法之臣为釜鬵之行,则法独明于胸中而已,失其所以禁奸者矣。上古之传言,《春秋》所记,犯法为逆以成大奸者,未尝不从尊贵之臣也。而法令之所以备,刑罚之所以诛,常于卑贱,是以其民绝望,无所告诉。大臣比周,蔽上为一,阴相善而阳相恶以示无私,相为耳目以候主隙。人主掩蔽,无道得闻,有主名而无主实,臣专法而行之,周天子是也。偏借其权势,则上下易位矣。此言人臣之不可借权势。[②]

势之重,端在权力的掌握。故大权一旁落,则君必失其上重之尊位。处势而失其权柄,即有主之名,而无主之实,则势在权臣,上下易位。势为统治的权力,赏罚是其权力的手段,赏罚二柄转于人臣手上,其统治权力必随之转

---

① 《人主》。
② 《备内》。

移,而君势顿无实权。因此韩非主张"抱法处势",体现了"法"对"势"的规范作用和制约作用。君主必须掌握住"法",才能处于"势"的名位上;否则,丧失"法",则丢掉"势"。可见,"法"是"势"存在的前提条件,有"法"才能处"势",无"法"便要丢"势"。这就是韩非所说的"背法去势"。

总之,韩非并没有单独论述其名学思想,它存在法、术、势之中,尤为与术治结合得紧密。

第二节 韩非名学主要内容

一、审名

一个"名"指称什么对象,就反映对象的什么性质。因此,在思考问题、论证、归纳和交流等思维活动时,必须明确名的内涵和外延。这一过程就是审名。韩非的"综核名实",即"审名",韩非的整个"形名"思想都是围绕着法展开的,其"审名"的观点也不例外。下面我们分别来探讨审名的含义、审名的手段及审名的重要性。

（一）审名的含义

审名,相当于给概念下定义。明分,相当于对事物作划分。韩非已经注意到,在人们的思维和交际活动中,"名同而实异者"很多。如果不明确每个名的确切内涵,就会造成混乱。韩非提出了"审名以定位"和"明分以辨类"两个命题。他说:"凡听之道,以其所出,反以为之入。故审名以定位,明分以辨类。"①高亨注曰:"出谓言也,入为功也。出谓名也,入为形也。"②韩非这段话的意思是讲:要以其言责其功,以其名责其形,就要审察名的含义,从而确定事物所处的地位,同时要弄清不同事物的界限,以辨明事物的不同类别。比如,他认为,"谈说"之名,既可以表示"世之愚学"的谈说,也可以指称"有术之士"的谈说。而两种谈说是有本质区别的。"世之愚学,皆不知治乱之情,聂夹多诵先古之书,以乱当世之治。""有术者之为人臣也,得效度数之言,上明主法,下困奸臣,以尊主安国者也。"二者同有"谈说"之名,而"实相去千万也","夫世愚学之人比有术之士也。犹蚁蛭之比大陵也,其相去远矣"③。只有审名,才能把两种"相去千万"的谈说之实分辨清楚。

他在这里区别了名和实的不同:同一个名可以指称不相同的实,实通常是指概念,名通常是指名词。实的外延有广有狭,外延广的实不等于外延狭的实。实的内涵也有差异,具有不同的内涵的实并不是同一个实。"势"是一个笼统的名,可以指称不同范围的实。为了规定实的明确的范围,阐明实的本质的含义,他反复说明"自然之势"和"人设之势"的区别。它们虽然都叫作"势",本质上也是

---

① 《扬权》。
② 高亨:《诸子新笺》,齐鲁书社,1980 年版,第 200 页。
③ 以上来自《奸劫弑臣》。

两个不同含义的实。韩非讲:

复应之曰:其人以势为足恃以治官,客曰"必待贤乃治"则不然矣。夫势者,名一而变无数者也;势必于自然,则无为言于势矣。吾所为言势者,言人之所设也。①

今日尧、舜得势而治,桀、纣得势而乱,吾非以尧、舜为不然也。虽然,非一人之所得设也。夫尧、舜生而在上位,虽有十桀、纣不能乱者,则势治也;桀、纣亦生而在上位,虽有十尧、舜而亦不能治者,则势乱也。故曰:"势治者则不可乱,而势乱者则不可治也。"此自然之势也,非人之所得设也。若吾所言,谓人之所得设也。若吾所言,谓人之所得势也而已矣。②

世之治者不绝于中,吾所以为言势者,中也。中者上不及尧、舜,而下亦不为桀、纣,抱法处势则治,背法去势则乱。今废势背法而待尧、舜,尧、舜至乃治,是千世乱而一治也;抱法处势而待桀、纣,桀、纣至乃乱,是千世治而一乱也。且夫治千而乱一,与治一而乱千也,是犹乘骥駬而分驰也,相去亦远矣。夫弃隐栝之法,去度量之数,使奚仲为车,不能成一轮;无庆赏之劝、刑罚之威,释势委法,尧、舜户说而人辩之,不能治三家。夫势之足用,亦明矣。而曰"必待贤",则亦不然矣。③

他还阐明"重人"这一名的含义:

智术之士必远见而明察,不明察不能烛私;能法之士

---

① 《难势》。
② 《难势》。
③ 《难势》。

韩非子刑名思想研究

必强毅而劲直，不劲直不能矫奸。人臣循令而从事，案法而治官，非谓重人也。重人也者，无令而擅为，亏法以利私，耗国以便家，力能得其君，此所为重人也。智术之士明察听用，且烛重人之阴情；能法之士劲直听用，且矫重人之奸行。故智术、能法之士用，则贵重之臣必在绳之外矣。是智、法之士与当涂之人，不可两存之仇也。①

这是从正反面来说明"重人"这一名称的实的含义。本来给概念下定义只要求从正面进行说明，但是他用了一明一暗的手段，就使得"重人"的含义更清楚地表现出来了。同时他把"重人"和"非重人"这一对矛盾概念对比着说，使我们不但明确了"重人"的概念，而且认清了"重人"的对立面"非重人"这一概念的含义。

他阐明"说难"这一名的含义：

凡说之难，非吾知之有以说之之难也，又非吾辩之能明吾意之难也，又非吾敢横失而能尽之难也。凡说之难，在知所说之心，可以吾说当之。所说出于为名高者也，而说之以厚利，则见下节而遇卑贱，必弃远矣。所说出于厚利者也，而说之以名高，则见无心而远事情，必不收矣。所说阴为厚利而显为名高者也，而说之以名高，则阳收其身而实疏之；说之以厚利，则阴用其言显弃其身矣。此不可不察也。②

这也是从正反两方面来说明"说难"的含义。他采用

---

① 《孤愤》。
② 《说难》。

了一个形式上省略而内容上隐含了大前提的四项并列的以弃为取式的推理,用三段论演绎如下。

大前提:说难或是知难,或是辩难,或是极尽知辩之难,或是当所说之心之难。

小前提:说难不是知难,也不是辩难,也不是极尽知辩之难。

结论:说难是当所说之心之难。

当然给概念下定义不必采用推理形式,但韩非为了阐明实的明确的含义,不惜用各种方法来达到这一目的。这样就使我们清楚地理解到他所阐明的实的含义。

韩非还举了"夔一足"的故事。鲁哀公间于孔子曰:"吾闻古者有夔一足,其果信有一足乎?"孔子对曰:"不也。夔非一足也。夔者忿戾恶心,人多不说喜也,虽然,其所以得免于人害者,以其信也,人皆曰独此一足矣。夔非一足也,一而足也。"哀公曰:"审而是固足矣。""一足"之名,既可以表示"一只脚",也可以表示"一而足矣"。不明确"一足"的不同实,就把"一而足也"误成"一只脚"。通过审名,澄清了误解,弄清了事实真相。所以哀公说:"审而是固足矣。"

值得注意的是,有的人故意利用"名同而实异"的情况偷换概念,搞诡辩。这就更需要审名了。"有献不死之药,谒者操之以入,中射之士问曰:'可食乎?'曰:'可。'因夺而食之,王大怒;使人杀中射之士。中射之士使人说王曰:'臣问谒者曰可食,臣故食之,是臣无罪,而罪在谒者也。且客献不死之药,臣食之而王杀臣,是死药也,是客欺王也。夫杀无罪之臣,而明人之欺王也,不如释臣',王乃不杀。"①"可食""不死"均有歧义。客曰"可食",是说不死之药是可以吃的。中射之士把"可食"说成是可以吃的。客曰"不死之药"是说此药可以健身延寿,中射之士则把"不死"说成是他吃了此药而不能有死罪,显然,中射之士偷换了"客"的"可食""不死"之名。"王"没有审名,浑浑噩噩听信了中射之士的诡辩,使中射之士免于一死。王上当受骗了。

在韩非著述中并没有从理论上概括出下定义的各种方法,但是他对许多名称做了界定,从这里足可以看出他对下定义方法的认识。"法""术""势"是韩非思想中三个最重要、基本的名称,为了使这两个概念明确,他从不同侧面运用了不同方法予以定义。

从法、术、势的内容与作用侧面下的定义,如他讲:

法者,宪令著于官府,刑罚必于民心,赏存乎慎法,而罚加乎奸令者也。此臣之所师也。君无术则弊于上,臣无法则乱于下。此不可一无,皆帝王之具也。②

问者曰:"申不害、公孙鞅,此二家之言,孰急于国?"应之曰:是不可程也。人不食十日则死,大寒之隆不衣亦死。谓之衣食孰急于人,则是不可一无也,皆养生之具也。今申不害言术,而公孙鞅为法。术者,因任而授官,循名而责实,操杀生之柄,课群臣之能者。③

①《说林上》。
②《定法》。
③《定法》。

夫势者,名一而变无数者也。势必于自然,则无为言于势矣。吾所为言势者,言人之所设也。①

从侧重法、术、势表现形态侧面所做的界定。如他讲:

《管子》曰:"言于室满于室,言于堂满于堂,是谓天下王。"或曰:管仲之所谓"言室满室,言堂满堂"者,非特谓游戏饮食之言也,必谓大物也。人主之大物,非法则术也。法者,编著之图籍,设之于官府,而布之于百姓者也。②

术者,藏之于胸中,以偶众端,而潜御群臣者也。故法莫如显,而术不欲见。是以明主言法,则境内卑贱莫不闻知也,不独满于堂;用术,则亲爱近习莫之得闻也,不得满室。而《管子》犹曰"言于室满室,言于堂满堂",非法术之言也。③

世之治者不绝于中,吾所以为言势者,中也。中者上不及尧、舜,而下亦不为桀、纣,抱法处势则治,背法去势则乱。今废势背法而待尧、舜,尧、舜至乃治,是千世乱而一治也;抱法处势而待桀、纣,桀、纣至乃乱,是千世治而一乱也。且夫治千而乱一,与治一而乱千也,是犹乘骥騑而分驰也,相去亦远矣。夫弃隐栝之法,去度量之数,使奚仲为车,不能成一轮;无庆赏之劝、刑罚之威,释势委法,尧、舜户说而人辩之,不能治三家。夫势之足用,亦明矣。而曰"必待贤",则亦不然矣。④

---

① 《难势》。
② 《难三》。
③ 《难三》。
④ 《难势》。

这是从"法""术""势"的范围来揭示它的实,可称为外延的界定。通过上面几例可以看出,韩非对定义的运用是很睿智的。

要准确对事物的名下定义,必须对事物进行归类,也就是明分和辨类,明分与辨类相互联系。只有明分,才能辨类,辨类正是通过明分来体现。"明分以辨类",就是依据一定的划分标准(事物的差别点),对事物进行分类。韩非为了阐明自己的主张,多分类在其书中比比皆是。现就其篇章题目上来分析,就有"八奸""十过""三守""六反""八说""八经""五蠹"等。

韩非对于事物的分类有一个显著的特征,就一般来说,他是从社会实践和历史事实出发,寻找事物的不同之处,对复杂的现象进行归纳分类,而不是基于某个一般原则将一大类事物划分为若干小类。例如,韩非从古今奸臣众多成奸的谋术考察,寻找出它们之间的差异,将其归纳为八类,即"八奸"。所谓"八奸":一曰"同床"(利用君主之贵夫人、爱孺子、便嬖好色),二曰"在旁"(利用君主身旁的优笑、侏儒、左右近习),三曰"父兄"(利用君主的侧室公子,大臣廷吏),四曰"养殃"(利用君主贪图享乐之欲),五曰"民萌"(利用公财收买百姓之心),六曰"流行"(求助于辩士能说者),七曰"威强"(收拢剑客,养必死之士为己用),八曰"四方"(里通外国,借用强国之成)。① 这"八奸"就是从事实归纳总结出来的。韩非从实事求是

---

① 以上参见《八奸》。

出发,立足于客观现象,有多少类就把它们分为多少类,主要表现为归纳法,而不是演绎法。只有对客观事物进行分类,才能揭示其本质,进而准确界定名的含义。

总而言之,韩非主张君主的重要职责之一是"审名以定位",这是因为"物者有所宜,材者有所施,各处其宜"① 是自然和谐的理想状态,那么对政治统治来说,"群臣守职,百官有常",君主可"因能而用之",是社会法律秩序的正常状态,"是谓习常"②。对社会其他阶层来说,运用的原则是"民朴而禁之以名则治,世知维之以刑则从"③,即用法律制度和刑罚去规制,达到整个社会的有秩与和谐。

(二)审名的手段

韩非审名的手段各异,概括为"用一之道,以名为首""循名而责实""君操其名,臣效其形"。但这些手段都是服务于其法治思想,并作为阐述刑名思想的工具。

1."用一之道,以名为首"

韩非将荀子"明贵贱"正名的政治功能具体化了。他认为,制定正确的名(包括名称、法令和条文等)是治理国家重要的工具。他讲:

圣人之所以为治道者三:一曰利;二曰威;三曰名。夫利者所以得民也,威者可以行令也,名者上下之所同道也。非此三者,虽有不急矣。④

① 《扬权》。
② 《主道》。
③ 《心度》。
④ 《诡使》。

102

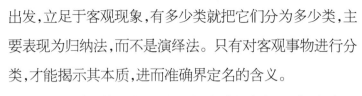

圣人把"利""威""名"看作治理国家的三种手段。君主讲利重赏,就可以得到臣民的心;君主有了威势,就可以推行法令,畅通无阻;君主制定正确的名,就可以使举国上下有了共同遵守的准则。掌握这三种手段,是治国的当务之急。这里,韩非不但把"正名"的这种政治功能与"利""威"这两种手段并列,看成不可或缺的治国之道,而且他讲:

> 用一之道,以名为首;名正物定,名倚物徒。故圣人执一以静,使名自命,令事自定;不见其采,下故素正。因而任之,使自事之;因而予之,彼将自举之。正与处之,使皆自定之,上以名举之。不知其名,复修其形,形名参同,用其所生。二者诚信,下乃贡情。①

强调了正名是诸种治国之道中最重要的手段。有了正确的名(名称、法令),事情也就确定了,而名有了偏差,事情也就会走样。因此,他进一步提出"综核名实",即要审察其名(名分、名位),那人的职位、职务也就确定了;弄清了人的名分,那人的类别自然就区分清楚了。韩非这种"审名"以治国的正名思想,同荀子所说的"王者之制名,名定而实辨,道行之而志道,则慎率民而一焉"②是一脉相承的。

2."循名而责实"

韩非主张"循名实而定是非,因参验审言辞"③。这句

---

① 《扬权》。
② 《荀子·正名》。
③ 《奸劫弑臣》。

话的意思是说,应当根据名和实是否一致来判断一个人的言论是非;要通过比较和验证来判定一个人的言论是否正确。把这个"参验"手段运用于政治,运用于他的法治实践,就是刑名之术。他说:

术者,因任而授官,循名而责实,操杀生之柄,课群臣之能者也。此人主之所执也。①

所谓"术",就是根据人们的才能授予适合的官职,然后按照官职的职能要求其实际功效,把握着杀生大权,考核群臣的才能,这些是君主所必须掌握的。他还讲:

刑名者,言与事也。为人臣者陈而言,君以其言授之事,专以其事责其功。功当其事,事当其言则赏;功不当其事,事不当其言则罚。故群臣其言大而功小者则罚,非罚小功也,罚功不当名也。群臣其言小而功大者亦罚,非不说于大功也,以为不当名也,害甚于有大功,故罚。②

所谓"刑名",就是考察"言"与事的关系,也就是名与实的关系。这也就是所谓"偶参伍之验,以责陈言之实"③。要求"功""事"(官职)与"言"完全相符,即"刑名参同"。不仅言大而功小要受罚,言小而功大的也要受罚,他的推论原理可以用图 4 - 1 表示。

① 《定法》。
② 《二柄》。
③ 《备内》。

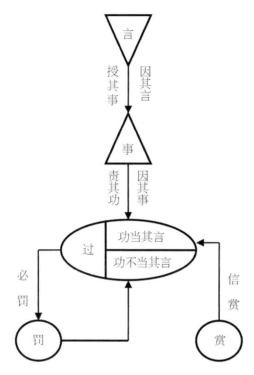

图4-1　韩非论言、事、功过赏罚关系图

这种"循名而责实",可以查明群臣:其一,是否奉命行事? 其二,事情是否办妥? 其三,事功是否大小恰如其言? 会不会太大或太小? 另外,考核完成之后:①名实相符者为是,不符者为非;②是者有赏,非者有罚,赏罚分明;③赏重而信,罚重而必。此种命令,执行、考核,赏罚的过程如图4-2。

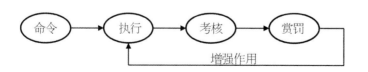

图4-2　韩非命令、执行、考核与赏罚之关系图

3."君操其名,臣效其形"

韩非从名实的对应关系出发,积极主张建立新型的、适合封建君主专制政体的君臣关系。这种关系就是"君操其名,臣效其形"。他提出:

道不同于万物,德不同于阴阳,衡不同于轻重,绳不同于出入,和不同于燥湿,君不同于群臣。凡此六者,道之出也。道无双,故曰一。是故明君贵独道之容。君臣不同道,下以名祷;君操其名,臣效其形,形名参同,上下和调也。①

他从"道—君""万物—群臣"相应的角度,说明君臣具有不同的地位和作用,即君臣之间的关系应是"名—形"关系。由此,他论述了紧密结合国家政权法治过程的名实关系。他指出:

用一之道,以名为首,名正物定,名倚物徙。故圣人执一以静,使名自命,令事自定。不见其采,下故素正。因而任之,使自事之;因而予之,彼将自举之;正与处之,使皆自定之。上以名举之,不知其名,复修其形。形名参同,用其所生。二者诚信,下乃贡情。②

在他看来,实施君主专制的首要前提是君要把握"名","名"要由其所对应的事物来自定,而"事"也由其自身去自定。这里他论述的是法治过程的手段原则,即从名物关系的自然属性看,物可自定;从名形的法律关系看,形

---

① 《扬权》。
② 《扬权》。

可自定,这就是君主所采用的"术"。

　　为了落实"君操其名,臣效其形"这一规则,他还强调赏罚制度。他承袭了"是非随名实,赏罚随是非"①以及"赏随功,罚随罪"②两大原则。例如,他说:"循名实而定是非"③,"讬是非于赏罚"④,"赏罚随是非"⑤。我们用图4-3可以勾画出韩非的形名与赏罚关系。

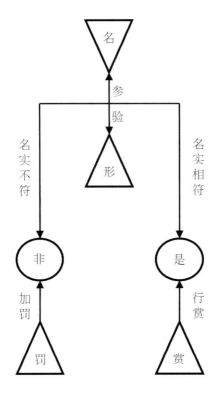

图4-3　韩非形名与赏罚关系图

---

①　转引自胡适《中国古代哲学史》,安徽教育出版社,1999 年版,第 91 页。

②　《商君书·禁使篇》。

③　《奸劫弑臣》。

④　《大体》。

⑤　《安危》。

总之,韩非主张"君操其名",就是任用官吏的主动权应掌握在君主的手中,并且充分发挥臣下的积极性,一方面,"令名自命","有言者自为名",然后"审名以定位"①,授臣官职;另一方面,"臣效其形",就是臣下之得"名",受职是被动的,"下以名祷",并忠于君主的统治,应"令事自定","有事者自为形"。

（三）审名的重要性

"审名"的重要性也就是下定义的重性。韩非讲:"名正物定,名倚物徙。"②他认为用法来治国,就必须"综核名实",也就是审名。如果有了正确真实的"名",那就能够规范多样的客观事物。如果没有正确真实的"名",那就不能够规范多样的客观事物。这种思想同孔子说的"必也正名乎""名不正,则言不顺,言不顺,则事不成"③的思想同出一辙。

由于定义有这样的重要性,因此,如果没有明确的定义,就会把概念弄得模糊不清,也就不能辨别是非。如果不能辨别是非,那么在法术思想上和法治实践上都可能引起混乱,导致不良后果。韩非名学思想在审名中的重要性体现如下。

1. 如果"名正",那就"物定"

韩非说:

人主诚明于圣人之术,而不苟于世俗之言,循名实而定是非,因参验而审言辞,是以左右近习之臣知伪诈之不可以得安也,必曰:"我不去奸私之行,尽力竭智以事主,而乃以相与比周、妄毁誉以求安,是犹负千钧之重、陷于不测之渊而求生也,必不几矣。"百官之利亦知为奸利之不可以得安也,必曰:"我不以清廉方正奉法,乃以贪污之心枉法以取私利,是犹上高陵之颠、堕峻溪谷之下而求生,必不几矣。"安危之道若此其明也,左右安能以虚言惑主,而百官安敢以贪渔下? 是以臣得陈其忠而不弊,下得守其职而不怨,此管仲之所以治齐而商君之所以强秦也。①

人臣守所长、尽所能故忠以尊主,主御忠臣则长乐生而功名成。名实相持而成,形影相应而立,故臣主同欲而异使。人主之患在莫之应,故曰:"一手独拍,虽疾无声。"人臣之忧在不得一,故曰:"右手画圆,左手画方,不能两成。"故曰:至治之国,君若桴,臣若鼓,技若车,事若马。故人有余力易于应,而技有余巧便于事。立功者不足于力,亲近者不足于信,成名者不足于势,近者已亲而远者不结,则名不称实者也。圣人德若尧、舜,行若伯夷,而位不载于世,则功不立,名不遂。故古之能致功名者,众人助之以力,近者结之以成,远者誉之以名,尊者载之以势。如此,故太山之功长立于国家,而日月之名久著于天地。②

从这两段话中,我们足可以看出他主张"名"有正确的界

---

① 《奸劫弑臣》。
② 《功名》。

定,就要规范官吏的行为,为君主专制主义服务。这是从正面论证了审名的重要意义。

2. 如果"名倚",那就"物徙"

韩非说:

安危在是非,不在于强弱;存亡在虚实,不在于众寡。故齐,万乘也,而名实不称。上空虚于国,内不充满于名实,故臣得夺主。桀,天子也,而无是非。赏于无功,使谗谀以诈伪为贵;诛于无罪,使伛以天性剖背。以诈伪为是,天性为非,小得胜大。①

上古之传言,《春秋》所记,犯法为逆以成大奸者,未尝不从尊贵之臣也。然而法令之所以备,刑罚之所以诛,常于卑贱,是以其民绝望,无所告诉。大臣比周,蔽上为一,阴相善而阳相恶以示无私,相为耳目以候主隙。人主掩蔽,无道得闻,有主名而无实,臣专法而行之,周天子是也。偏借其权势,则上下易位矣,此言人臣之不可借权势。②

以上所举的"名实"相符和不相符的例证虽然是用法术观点对政治现象进行阐述,但从名学思想看,韩非从反面论述名实不符导致国破家亡,仍旧可以把它们归结到"审名"的范围。

由于他深刻地认识到"名正物定,名倚物徙"的重要意义,因此他对概念的含义总要求给予明确的解释。他也

---

① 《安危》。
② 《备内》。

注意到相同的名词可以具有不同的含义：

> 且夫世之愚学，皆不知乱之情，谲谈多诵先古之书，以乱当世之治；智虑不足以避穽井之陷，又妄非有术之士。听其言者危，用其计者乱，此亦愚之至大而患之至甚者也。俱与有术之士有谈说之名，而实相去千万也，此夫名同而实有异者也。夫世愚学之人，比有术之士也，犹蝘蜓之比大陵也，其相去远矣。而圣人者，审于是非之实，察于治乱之情也。故其治国也，正明法，陈严刑，将以救群生之乱，去天下之祸，使强不凌弱，众不暴寡，耆老得遂，幼孤得长，边境不侵，君臣相亲，父子相保，而无死亡系虏之患，此亦功之至厚者也。愚人不知，故以为暴。愚者固欲治而恶其所以治，皆恶危而喜其所以危者。何以知之？夫严刑重罚者，民之所恶也，而国之所以治也；哀怜百姓、轻刑罚者，民之所喜，而国之所以危也。圣人为法国者，必逆于世而顺于道德。知之者同于义而异于俗，弗知之者异于义而同于俗。天下知之者少，则义非矣。①

> 夫势至，名一而变无数者也。势必于自然，则无为言于势矣；吾所为言势者，言人之所设也。②

总之，韩非从法的观点出发，以"用一之道，以名为首"为大前提，认识到"名正物定，名倚物徙"的重要关键。因此他运用了各种方法来规定概念的外延和阐明概念的内涵，也就是用科学的态度来给概念下定义。其真实的动

---

① 《奸劫弑臣》。
② 《难势》。

机就是用"名"来规范形形色色的事物,最后落脚点还是用名来框定人们的行为,达到用法治国的目的。

二、验名

中国传统文化中有求实的精神。这种求实精神表现在认识事物和处理事物的全过程中。在名学思想中就表现为验名观念。验名观念,是指一定时期人们如何看待验名、验名的作用、标准、方法及意义等。一般来说,不同时代、不同的人其验名观念存在差异,韩非的验名思想在中国古代具有代表性,并达到较高的水平,下面就韩非之验名的特征、验名的重要性、验名的标准、验名的法律目的进行阐述。

(一)验名的特征

所谓验名,就是要检验名实是否相符的实践活动,韩非的验名观也不例外,他总结先秦诸子的理论,提出"参验"论。所谓参验,是参对、比照和证验的意思。"考验"一词早见于《战国策·魏一·西门豹为邺令》:"求其好掩人之美而扬人之丑者而参验之",又见于屈原批评楚怀王:"弗参验以考实兮,远迁臣而弗思。"①韩非在前人基础上,继承了其师荀卿的唯物主义知行观和老子的朴素辩证法思想,发扬了前期法家重视现实的改革精神,发展成为他的"验名"思想。

---

① 《楚辞·九章·惜往日》。

韩非说:"不举不参之事","偶参伍之验,以责陈言之实"①。就是说,凡事必须经过参验,未加参验的事,不可举办。对于陈述的各种言论、见解,要判定其是非,必须多方面搜集事实材料,加以比较、考查、核对,才能明察。所以,韩非十分重视"形名参同"②的思想,使认识达到名实相符。下面论述他的验名思想的特征。

1. 验名具有客观特征

韩非认为那种"无缘而妄意度"③(即脱离实际而盲目臆测的"前识")是华而不实、愚蠢至极的。他比喻说:"人皆寐,则盲者不知;皆嘿,则喑者不知。觉而使之视,问而使之对,则喑盲者穷矣。"就是说,盲者混在睡觉的人中,哑巴混在闭口不言的人中,是分辨不出谁盲谁哑的。只有使睡觉的人醒来,使闭着嘴的人说话,才能识别出盲人和哑巴。考查一个人的言行也必须如此。"不听其言也则无术者不知,不任其身也则不肖者不知;听其言而求其当,任其身而责其功,则无术不肖者穷矣。"④因此,他提出:"宰相必起于州部,猛将必发于卒伍。"即从基层的"官职"和"功伐"中提拔有才干、有实际经验的人担任要职。韩非的这一思想,是以验名为根据的。

2. 验名具有理性特征

韩非提倡把获得的感性材料进行加工整理,抽象出事

---

① 《备内》。
② 《扬权》。
③ 《解老》。
④ 《六反》。

物和现象的本质属性来。韩非说："动静思虑,人也。"认为思虑是人的本性。"思虑熟则得事理,得事理则必成功。必成功则其行之也不疑,不疑之谓勇。"①在他看来,"思虑熟"是认识事理、取得成功的条件。韩非站在新兴地主阶级的立场上,认为一方面要"观往者得失之变",总结历史经验;另一方面又面向实际,察看当时社会上大量的矛盾现象,探索当时政弊之因。韩非能入木三分地砭时弊,和他运用验名思想观察问题,并提高到理性认识上加以分析是分不开的。

3.验名具有易变特征

韩非用"变"与"易"的观点来考察认识过程。他说:"夫物之一存一亡,乍死乍生,初盛而后衰者,不可谓常。"②就是说,事物无时不在运动发展变化,没有一成不变的东西,物"定理有存亡,有死生,有盛衰"。"稽万物之理,故不得不化;不得不化,故无常操。"既然万物都是变化的,因此人们的认识和行动也不能守恒不变、墨守老一套。所以,韩非提出了"世异则事异""事异则备变"③的著名论断。时代不同了,客观事物随之变化了,人们实施的治道也要跟着转变。"名倚物徙"④概念或理论是以事物的变化为转移的。"今欲以先王之政,治当世之民,皆守株之类也。"韩非坚决反对不随物变、守株待兔的做法,

---

① 《解老》。
② 《解老》。
③ 《五蠹》。
④ 《扬权》。

并把人类社会划分为上古、中古、当今三个阶段,说明历史是进化的。"当今争于气力",这就大大动摇了当时"无变古,毋易常"的形而上学观点,把我国古代朴素唯物主义认识论发展到了一个新的水准。

4. 验名具有证伪特征

概念和理论一旦形成,验名便依据实在对象验证其名与实的真伪。韩非说:"参伍比物""形名参同"①,意即通过客观事物的比较对照,使概念、理论契合实际,否则概念、理论就靠不住。他举例说:"中山有贱公子,马甚瘦,车甚弊,左右有私不善者,乃为之请王曰:'公子甚贫,马甚瘦,王何不益之马食?' 王不许,左右因微令夜饮我刍厩,王以为贱公子也,乃诛之。"②类似这样不经过"参验"就主观做出决定,不可能不出错误。韩非在《内储说下》篇中举了七个这样的事例,用以说明"无参验而必之者,愚也;弗能必而据之者,诬也",即不对实际情况进行考查就判定知识的真伪,是愚蠢的举动;如果不能够确定知识的真伪,就轻易地依据它,是诬妄的行为。他竭力主张不要"苟于世俗之言",要"循名实而定是非,因参验而审言辞"③。这是说,不要拘泥于世俗的言论,而要在知识与实在对象的结合上判定是非,用实际的考查验证确定一种见解的真伪。这种运用事实检验名实的真伪,同当今的证伪原理有很多相似性,在当今司法精神病鉴定中也有一定的

---

① 《扬权》。
② 《内储说下》。
③ 《奸劫弑臣》。

借鉴意义。例如,司法机关确定被鉴定人精神疾病的活动是一种复杂的综合性的专门调研活动,既需要横向的疾病症状群调研,又需要纵向的疾病发展过程调研。鉴定专家对精神鉴别的诊断是凭借仔细地检查临床精神所呈现的症状,并对有关疾病史的考问,然后依靠鉴定专家对病史材料采用、分析,验证出精神病人。①

5.验名具有服务于君主的特征

韩非的验名思想服务于君主。韩非认为君主对臣下的言行必须验证形名相合。他说:"使人臣前言不复于后,后言不复于前,事虽有功,必伏其罪。"②因为前言不验于后事,或后所言不合于前之事,则所言皆误,故虽有功仍当伏罪。而人臣言与不言都要受到检验。他说:"人臣必有言之责,又有不言之责。言无端末、辨无所验者,此言之责也。以不言避责,持重位者,此不言之责也。人主使人臣言者必知其端(末)以责其实,不言者必问其取舍以为之责,则人臣莫敢妄言矣,又不敢默然也,言默则皆有责矣。"③在考核验证面前,不仅妄言者要为其言负责,而且那些不表态度、不言避责以保持重位的人也无法逃脱,在"问其取舍"的情况下,要保持缄默是不可能的。

(二)验名的重要性

从韩非的名学思想中我们分析出验名的重要性。

1. 具有优化信息的功能

人们通过自己的感官以及各种工具搜集到的信息，还需经过分析、比较和鉴别。信息只有经过优化，才能作为知识巩固下来。对信息的优化，在人类的认识发生以后也就开始了。但明确指出通过验证名与实以优化信息，则要认识发展到较高的阶段才有可能。在这个阶段上，认识的主体已经由被动状态朝着主动性的方向转变，即开始独立、主动地去把握客观现象之间的因果关系。例如，韩非讲：

物行，先理动，之谓前识。前识者，无缘而妄意度也。何以论之？詹何坐，弟子侍，有牛鸣于外。弟子曰："是黑牛也，而白在其题（题即额）。"詹何曰："然，是黑牛也，而白在其角。"使人视之，果黑牛而以布裹其角。以詹子之术，婴众人之心，华然殆矣！故曰："道之华也。"尝试詹子之察，而使五尺之愚童子视之，亦知其黑牛而布裹其角也。故以詹子之察，苦心伤神，而后与五尺之愚童子同功，是以曰："愚之首也。"故曰："前识者，道之华也，而愚之首也。"[①]

他用此故事告诉人们，只有深入实际，将收集到的各种信息优化组合起来，才能作出正确的判断。自恃聪明而爱好主观臆断，绝不可能与客观对象的实际情况相符合，即使偶然猜对了也毫无意义，因为这样做违反了正确认识事物的规律。

---

① 《解老》。

2. 具有辨别虚实的功能

韩非把认识分为虚与实两个部分。凡是没有经过验证的认识都属于虚妄之词,是不应该相信的;只有经过验证而考实的认识才是可以相信的。韩非说:"故籍之虚辞则能胜一国,考实按形不能谩于一人。"[①]在他看来,"能胜一国"的虚辞并没有真正的力量,只有"考实按形",经过验证的认识才是真正有力量的东西。

他认为是否进行验证是关系到智慧与愚蠢,诚实与欺骗的重大问题。他说:

> 世之显学,儒、墨也。儒之所至,孔丘也;墨之所至,墨翟也。自孔子之死也,有子张之儒,有子思之儒,有颜氏之儒,有孟氏之儒,有漆雕氏之儒,有仲良氏之儒,有孙氏之儒,有乐正氏之儒。自墨子之死也,有相里氏之墨,有相夫氏之墨,有邓陵氏之墨。故孔、墨之后,儒分为八,墨离为三,取舍相反不同,而皆自谓真孔、墨;孔、墨不可复生,将谁使定世之学乎?孔子、墨子俱道尧、舜,而取舍不同,皆自谓真尧、舜;尧、舜不复生,将谁使定儒、墨之诚乎?殷、周七百余岁,虞、夏二千余岁,而不能定儒、墨之真;今乃欲审尧、舜之道于三千岁之前,意者其不可必乎!无参验而必之者,愚也;弗能必而据之者,诬也。故明据先王,必定尧舜者,非愚则诬也。愚诬之学,杂反之行,明主弗受也。[②]

---

① 《外储说左上》。
② 《显学》。

这就是说,没有经过比较验证就确信无疑,是愚蠢的表现;拿不足以相信的材料做证据,是一种欺骗的行为。

韩非之所以反对先验论的"前识"观点,是从哲学的理论基础出发。他认为"先物行,先理动,之谓前识。前识者,无缘而忘(同"妄")善度也"①,是毫无根据的主观臆测,不可用来检验名实。

他验名的验证观念是与"前识"对应的,立足于"审":

人主诚明于圣人之术,而不苟于世俗之言,循名实而定是非,因参验而审言辞,是以左右近习之臣知伪诈之不可以得安也,必曰:"我不去奸私之行,尽力竭智以事主,而乃以相与比周、妄毁誉以求安,是犹负千钧之重、陷于不测之渊而求生也,必不几矣。"②

夫世愚学之人,比有术之士也,犹螘垤之比大陵也,其相去远矣。而圣人者,审于是非之实,察于治乱之情也。故其治国也,正明法,陈严刑,将以救群生之乱,去天下之祸,使强不凌弱,众不暴寡,耆老得遂,幼孤得长,边境不侵,君臣相亲,父子相保,而无死亡系虏之患,此亦功之至厚者也。③

这里所说的"审",不是一般的考查。"审"的目的在于弄清是非,获得事物的真实情况。这样的"审",实际上就是验证活动。因此,韩非把审和验连在一起,合称"审验"。

① 《解老》。
② 《奸劫弑臣》。
③ 《奸劫弑臣》。

"审验法式"①,"审"的过程就包含在验证的过程中。不审就只能"无缘而妄意度",韩非对不作验证的做法持批判态度。

验名的任务是要解决认识的真伪虚实问题。其具体内容和结果是去伪存真、去虚求实。为了做到这一点,就不能只抓住与认识有关的某一个片面,而是要尽可能全面地检验与核实,韩非也深知这个道理。他主张"综核名实""众端参观"②。所谓"众端参观",是说有关认识的各个方面都要进行考查。"言会众端,必揆以地,谋之以天,验之以物,参之以人,四征者符,乃可以观矣。"③所谓"四征相符"也就是地、天、物、人四个方面要综合验名。具体讲来,地,即事件发生的地点;天,即事件发生的时间条件,包括阴阳雨晦明、季节和天气;物,即物证;人即人证。把这四方面的情况汇集起来进行验证名,事件的真相就比较容易把握。

3.具有实施法治的功能

有效地实行法治活动必须以事实为根据。通过验证名实分清感觉材料的真伪,以便取得可靠的事实根据,这对于实施法治活动来说至关重要。韩非也初步涉及这一点。他说:"听不参则无以责下,言不督乎用则邪说当上。"④这话的意思是,君主对自己所掌握的情况如果不进

---

① 《主道》。
② 《内储说上》。
③ 《八经》。
④ 《八经》。

行验证,那就没有根据向下面提出要求,布置任务;言论如果不着眼于实用,各种无根据的邪说就会趁势滋长。韩非深知名与实的一致性,也认识到名与实得到验证在司法活动中的必要性。

战国时期,一些君主刚愎自用,主观武断,加上周围亲信的蒙蔽堵塞,他的眼前一片黑暗,造成了许多重大的失误。在这种情况下,验名思想在当时的主张变法革新中显出了重要性和迫切性。韩非说:

是明法术而逆主上者,不僇于吏诛,必死于私剑矣。朋党比周以弊主、言曲以便私者,必信于重人矣。故其可以攻伐借者,以官爵贵之;其可借以美名者,以外权重之。是以弊主上而趋于私门者,不显于官爵,必重于外权矣。今人主不合参验而行诛,不待见功爵禄,故法术之士安能蒙死亡而进其说,奸邪之臣安肯乘利而退其身!故主上愈卑,私门益尊。[①]

他希望君主掌握验名的方法,辨忠奸,去壅蔽,得实情,以便实行变法图强。因此,这种验名的方法是当时一种进步的思想方法。

总之,韩非验名思想意义重大,在于优化信息、辨别虚实、实施法治,其终极目的是加强君王统治。

(三)验名的标准

验名的标准是判断名实上是否相符,这是先秦名学思想中一个重大的理论问题。通过对韩非思想的分析,看出

---

① 《孤愤》。

其验名的标准如下。

1. 客观实际原则

"参伍之验"（简称"参验"），是韩非判定事物真伪的标准，也是检验形名是否参同的方法。韩非认为，要判断一种言论是否正确，要判定一个名是否与实相符，都不能由人们主观凭空而定，而必须用对许多实际情况的考察、比较来验证。他说："偶参伍之验，以责陈言之实"①，"因参验而审言辞"②。韩非认识到，客观实际是辨明真伪、判断是非的标准。他说："夫视锻锡而察青黄，区冶不能以必剑；水击鹄雁，陆断驹马，则臧获不疑钝利。发齿吻形容，伯乐不能以必马；授车就驾而观其末涂，则臧获不疑驽良。观容服，听言辞，仲尼不能以必士；试之官职。课其功伐，则庸人不疑于愚智。"③相反，"无参验而必之者，愚也；弗能必而据之者，诬也"④。

韩非认为，在使用参验方法时，不能存在主观偏见，一定要采取虚心、客观的态度，要从不同方面多找一些事实作比较、验证，要"众端参观"。"参伍之道，行参以谋多，揆伍以责失。行参必拆，揆伍必怒；不拆则渎上，不怒则相和。拆之，征足以知多寡；怒之，前不及其众。观听之势，其征在比周而赏异也，诛毋谒而罪同。言会众端，必揆之以地，谋之以天，验之以物，参之以人。四征者符，乃可以

① 《备内》。
② 《奸劫弑臣》。
③ 《显学》。
④ 《显学》。

观矣。"①他把"众端参观"看作人主"七术"之首。"参验"是用经验事实作比较、验证，主要属于归纳方法。

2. 实际功效原则

韩非提出了以实际功效作为验证名实关系的标准。他说：

> 夫言行者，以功用为之的彀者也。夫砥砺杀矢而以妄发，其端未尝不中秋毫也，然而不可谓善射者，无常仪的也。设五寸之的，引十步之远，非羿、逢蒙不能必中者，有常也。故有常则羿、逢蒙以五寸的为巧，无常则以妄发之中秋毫为拙。今听言观行，不以功用为之的彀，言虽至察，行虽至坚，则妄发之说也。②

这里的意思是说，言论和行动都要以实际的功效作为标准，正如射箭要以箭靶作为标准一样。如果言论、行动不以实际的功效作标准，即使说得漂亮、做得干脆利落，那也只能算是乱说乱做。因此韩非坚决主张"听其言必责其用，观其行必求其功"③，"赏其功必禁无用"④。

韩非的实际功效检验名实观，是具体的验证名实相符、相应，而不是抽象的，而是紧贴社会法治效果，特别是围绕君用术、臣尽忠这一中心展开的。他说："无参验而必之者，愚也；弗能必而据之者，诬也。"⑤因而他认为无实际根据的学说主张都是"愚诬之学"，对臣下的一言一行、

---

① 《八经》。
② 《问辩》。
③ 《六反》。
④ 《五蠹》。
⑤ 《显学》。

一举一动,君主可以从效果上来"参验以审之"①。

在韩非看来,赏罚是其实际功效检验名实观的手段。韩非认为:"功当其事,事当其言"②,即臣下的言行一致,是君主法制统治有秩序的体现,也是忠臣的体现,应当予以奖励;"言大"而"功小",是言过其实、名不符实的表现,很明显违反了实际功效;"言小"而"功大"同样与实际功效不符。这两种情况都是名实不符,因此都应当惩罚。

韩非的客观实际功效作为验证名实思想的标准,在先秦名学史上具有重要的意义。

第一,认识的目的性更明确了。认识的目的在于弄清事物的真相,达到对事物客观规律的掌握。不满足于直接的观察和个人的经验,正是贯彻这个认识目的的重要表现。

第二,在认识的方法上有了改进。比较重要的改进是同经验论的认识方法有了明显的不同。具有经验论倾向的墨子说:"天下之所以察知有与无之道者,必以众之耳目之实,知有与无为仪者也。请(诚)或闻之见之,则必以为有,莫闻莫见,则必以为无。"③墨子肯定了感觉经验的可靠性,认为事物的存在与否都以个人的感觉经验为转移。事实上,客观事物的存在根本不以个人感觉经验为转移。个人或众人"莫闻莫见"的许多事物都客观存在着。墨子的经验论具有合理性,但从其主张客观事物对感觉经

①《奸劫弑臣》。
②《二柄》。
③《墨子·明鬼下》。

验的依赖性上说,它又可以导致错误的认识。韩非的认识方法与此不同,他不但认为客观事物不依赖于感觉经验,而且认为感觉经验并不完全可靠,必须用实际的效果进行检验。这代表了认识上的更高水平。

第三,在对验证标准的把握上前进了一大步。韩非在一定程度上克服了墨子主张的经验标准的"三表"①缺陷。他指出,作为验证标准的实际效果,与"三表"很不相同。验证标准具有单一性,同"三表"的多样性是对立的;更重要的是,验证标准具有客观性,反映了韩非的求实精神。

韩非提出的验名思想的标准也有一定局限性:一是只是含有朴素的唯物主义思想;二是其实际效果是以个人的活动为前提的,具有浓厚的直观性、自发性和偶然性;三是只服务于封建帝王统治这一种狭隘的功利目的,因此实际上标准常常不能坚持到底。

（四）验名思想的法律目的

韩非围绕名实的验证问题提出了不少值得重视的思想,如重视名实验证以求实情,批判先验论的前识观点,反对"无缘而妄意度",注重实际功效而反对虚浮。特别重要的是,韩非提出了以实际功效作为检验名实关系的标准。这些思想是先秦史上的最高成就之一。

但是,韩非的名实验证观念本质上是为封建帝王服务的,特别是为维护封建帝王的权势服务的。韩非强调验证

---

① 墨子认为,检验认识的标准有三个,这就是著名的"三表"。第一表:"上本之于古者圣王之事";第二表:"下原察百姓耳目之实";第三表:"发以为刑政,观其中国、家、百姓、人民之利"(《墨子·非名上》)。

名实,在很大限度上是服务于封建帝王禁奸防奸的目的。他认为,帝王只有进行名实是否相符的验证,才能免受奸臣的迷惑与欺骗。他说:"观听不参则诚不闻,听有门户则臣壅塞。"①因此,他把"因参验而审言辞"②作为法术的重要内容。

韩非的名实验证观从属于这种狭隘统治工具的目的,这就不能不使它所包含的积极成分受到损害。比如,韩非曾批评了"前识"观点的错误,强调验证的必要性。但是,他把先验主义的"前识"观点从前门赶出去,又从后门把它引进来。他说:

> 功当其事,事当其言则赏;功不当其事,事不当其言则罚。故群臣其言大而功小者则罚,非罚小功也,罚功不当名也。群臣其言小而功大者亦罚,非不说(悦)于大功也,以为不当名也害,甚于有大功,故罚。③

这里的意思很明确,一切都要以事先说定的话为标准。如果做的跟事先说的不一样,那么不管功大功小都要受罚。特别使人奇怪的是,实际取得的功效大于事先的估计也得受罚。事实上,不是不喜欢大功,而是罚其实际的功效与事先的规定不合。据说,"实"不符合"名","功"不符合"言",其危害远远甚于所立下的大功。因此,必须受罚。在韩非看来,凡是君主说过的话和规定过的名,法都是不可移易的标准,凡是君主认可的法律规范都是刚性的

① 《内储说上七术》。
② 《奸劫弑臣》
③ 《二柄》。

标准。因此韩非的验名思想具有极端的法律目的性。从这一层面上看，韩非在认识论上又是先验主义"前识"论的维护者。他对"前识"论的批判虽然总的说来是正确的，但忽视了预见和假设在认识中的作用，也表现了一定程度的片面性。

综上所述，韩非的验名思想是从实在对象出发，以客观态度观察事物，并注重比较、考查、验证，讲求实效。可以说，验名思想已经初步具备了实践—理论—实践的辩证认识过程。因而在验名思想中他同其他学派比较起来，更符合历史的潮流。但也具有某些局限性：其一，韩非虽重视理性认识，但在方法上过于重视事例证明问题，并不能保证它一定具有普遍性、规律性。其二，他的验名思想由于过分重视实证性、直观性，使他在理论上往往趋于极端。其三，他的验名思想只是考虑臣下是否忠诚的一种形名术。重在对臣下言行实际效果的考核验证，这种考核验证虽也有防止主观臆断的作用，但与"实践检验"相差甚远。

总的说来，韩非用"参验"来验证名形关系的验名思想出现在战国时期，是难能可贵的。韩非不自觉地把朴素唯物主义和朴素辩证法结合起来，不仅使认识论在当时达到了一个新的高度，而且对后世颇有影响。

三、害名

名实相符即相应、相称，这是韩非名学思想的基本诉求。韩非在著作中不仅从正面阐述了名实观，而且在此基础上从反面对名不称实的害名思想进行了解剖。在韩非

的名学思想中,对害名即"不当名""名不称实""有名无实""不合参验"和"流行之辞"进行了解读,并提出了避免和纠正害名的方法。

(一)"不当名"

依据韩非的名学思想,有什么样的实,就应该有什么样的名,名不得过实,实也不得延名。据此他从以下几个方面阐述了不当之名。

首先,体现在"审合刑名"的思想上。"当名"应是"功当其事,事当其言","不当名"应是"功不当其事,事不当其言"①,或者"言大而功小"与"言小而功大"②。"言大而功小"是名过其实,"言小而功大"是实延其名,都是名不符实的表现。对这类事情,韩非认为应以法进行处罚和消灭。韩非指出,这种"不当名"③的危害不利于君主专制统治,对封建法治秩序形成了严重的威胁,必须予以严惩。

其次,体现在"越官""越职"上。韩非指出,"周合刑名,民乃守职,去此更求,大惑"④。如果人们不安分守己,会引起法治秩序的混乱,潜藏着"上下易位"的暗礁。所以,他主张"臣不得越官而有功,不得陈言而不当。越官则死,不当则罪"⑤。越官、越职的罪要甚于"陈言不当"和功"不当名"。

最后,体现在等级混乱上。在等级思想上,韩非非常

① 《主道》。
② 《二柄》。
③ 《二柄》。
④ 《扬权》。
⑤ 《二柄》。

128

重视君臣的等级秩序,他甚至把"章服侵等"看作亡国的征兆,这一观点与其师荀子的思想很相近。他认为,如果"国地削而私家富,主上卑而大臣重。故主失势而臣得国,主更称藩臣,而相室剖符"①,这种臣僚"其行欺主也"②,应治其死罪。同时,如果"后妻贱而婢妾贵,太子卑而庶子尊,相室轻而典谒重",后果则是"内外乖"③,这是亡国的隐形危险,不可不禁。

(二)"名不称实"

韩非的名学思想是直接针对社会上名实悖谬的情况提出来的。名实悖谬是由于人们的观点和立场不同:对同一实命以不同的名,造成名实相违;对彼此对立之实却命以同誉之名,造成了名实不符。他说:

> 畏死远难,降北之民也,而世尊之曰贵生之士;学道立方,离法之民也。而世尊之曰文学之士,游居厚养,牟食之民也,而世尊之曰辩智之士,行剑功杀,暴憿之民也,而世尊之曰磏勇之士,活贼匿奸,当死之民也,而世尊之曰任誉之士。此六民者,世之所誉也。赴险殉诚,死节之民,而世少之曰失计之民也,寡闻从命,全法之民也,而世少之曰朴陋之民也;力作而食,生利之民也,而世少之曰寡能之民也,嘉厚纯粹,整穀之民也,而世少之曰愚戆之民也;重命畏事,尊上之民也,而世少之曰怯慑之民也,挫贼遏奸,明上之民也,而世少之曰谄谗之民也。此六民者,世之所毁

---

① 《孤愤》。
② 《孤愤》。
③ 《亡征》。

也。奸伪无益之民六,而世誉之如彼;耕战有益之民六,而世毁之如此。此之谓"六反"。①

立名号所以为尊也,今有贱名轻实者,世谓之高。设爵位所以为贱贵基也,而简上不求见者,世谓之"贤"。威利所以行令也,而无利轻威者,世谓之"重",法令所以为治也,而不从法令、为私善者,世谓之"忠"。官爵所以劝民也,而好名义。不世仕者,世谓之"烈士"。刑罚所以擅威也,而轻法、不避刑戮死亡之罪者,世谓之"勇夫"。②

从君臣关系的维度来看,韩非认为,"人主之患在莫之应,故曰:一手独拍,虽疾无声。人臣之忧在不得一,故曰:右手画圆,左手画方,不能两成"③。他主张君主的忧患在于无人响应,臣下的忧患在于不能专一。正常的君臣关系应当是"名实相符""形影相应"④,相反,君对臣"主功者不足于力,亲近者不足于信,成名者不足于势,近者不亲,而远者不结,则名不称实者也"⑤,就会失去臣下的响应。如是,则君"位不载于世,则功不立,名不遂"⑥。韩非还认为,国家的"安危在是非,不在于强弱。存亡在虚实,不在于众寡"⑦。他以齐国为例来阐述自己的主张,齐虽是大国,"齐,万乘也",就其君臣关系而论,则"名实不称,

---

① 《六反》。
② 《诡使》。
③ 《功名》。
④ 《功名》。
⑤ 《功名》。
⑥ 《功名》。
⑦ 《安危》。

上空虚于国,内不充满于名实,故臣得夺主"①。也就是说,不论国家大小,只要是非分明,则安定;是非不清,则危亡;君操实权,则存;臣把国命,则亡。

对于韩非来说,明确"君臣上下之事,父子贵贱之差也,知交朋友之接也,亲疏内外之分也"②,构建"臣事君""下怀上""子事父""贱敬贵""知交友朋相助""亲者内疏者外"③的政治、法律、道德秩序,就能保证君主专制统治的正常存在和顺利运转。只有名实相符,才能把臣民的思想统一到统治阶级的思想上来,国家才能治。相反,名实悖谬,国家则乱而不治。可见治国安主是韩非强调名实相符的根本出发点。

（三）"有名无实"

根据韩非的名学思想,有什么样的名,就应该指谓什么实。"有名无实",即只有名称而没有与之相应的对象实。在历史上,出现过周天子"有主名而无实,臣专法而行之"④的状况。从周显王开始,周天子就一直寄居在诸侯的封邑领地内,是有天子之名而无天子之实,这就是"有名无实"。韩非认为,对这种"主有人主之名,而实托群臣之家"⑤的历史现象,应当吸取教训。周天子虽有"人主"之名,但无"人主"之实,主离君位,大权旁落,失去了对国家治理和控制的主动权,这种现象在名实关系上的表

----

① 《安危》。
② 《解老》。
③ 《解老》。
④ 《备内》。
⑤ 《有度》。

现就是名实相离,名不符实;对国家政权造成的危害就是
"上下位易"①的"亡征",对此不可不禁,不可不防而任其
肆意发展。这是有名无实的表现,也是韩非深为痛惜周天
子有"人主"之名,而无"人主"之实的怪现象,因此力主王
权专制。

(四)"不合参验"

"参验"是韩非主张验名的基本思想,就是根据一定
的名来验证这个名是否与它相对应的实相符;"不合参
验"则是违反名实相符这一原则,导致名实乖乱、名不符
实。他指出:"今人主不合参验而行诛,不待见功而爵禄,
故法术之士安能蒙死而进其说? 奸邪之臣安肯剩利而退
其身? 故主上愈卑,私门益尊。"②韩非认为,君主施行赏
罚应遵守验名的原则。如果"不合参验",是非不分,赏罚
混乱,将会导致君主地位越来越低,而臣下的地位越来越
尊贵,也会使君主有名无实,带来国家灭亡的危险。

"不合参验"的另一种表现是"名得而实亡"。韩
非说:

> 人主欲为事,不通其端末,而以明其欲,有为之意者,
> 其为不得利,必以害反。知此者,任理去欲。举事有道,计
> 其入多,其出少者,可为也。惑主不然,计其入,不计其出,
> 出虽倍其入,不知其害,则是名得而实亡。如是者功小而
> 害大矣。凡功者,其入多,其出少,乃可谓功。今大费无罪

而少得为功,则人臣出大费而成小功,小功成而主亦有害。①

此处的"名得而实亡"是从事物的进程与效率的维度来考证的。君主在"为事"的进程中,若"出多"而"入少",则是有害的,效果上虽有所得,但只是"小功"而"大费",也是"名实不称"的表现,是"惑主"所为,贤明的君主则要预防类似事情的发生。韩非认为:

> 明王(主)不举不参之事,不食非常之食,远听而近视以审内外之失,省同异之言以知朋党之分;偶参伍之验,以责陈言之实。执后以应前,按法以治众,众端以参观,士无幸赏,赏无逾行,杀必当罪,有罪不赦,则奸邪无所容其私。②

在此韩非全面说明了参观、参验的方法。概括来说,明主不行不经过考核验证的事,分开来讲则有四个方面:其一,通过远听近视省察内外之失;其二,通过省察臣下言论的同异,可以分辨各个朋党派系;其三,综合参伍验证,督责臣下言行是否一致,按法赏罚;其四,通过多方考察,使赏罚恰当,在杀必当、死不赦的形势下,奸邪就无法施展其计了。

韩非认为,君主如果不用参观、参验的形名术,就不利于自己的专擅统治。他讲:"观听不参,则诚不闻,听有门户则臣壅塞。"③观听脱离参验,就不能得到真实情况,而

---

① 《南面》。
② 《备内》。
③ 《内储说上·七术》。

观听具有成见,偏听一家之言,就会受臣下蒙蔽。他还讲:
"听不参则无以责下,言不督乎用,则邪说当上。"①不考核
臣下的言行,不仅不能督责臣下的事功,而且会成为奸邪
之说的俘虏,致使大权旁落。韩非指出,权势不可假人,因
此听言不参的政治后果是极其严重的。

韩非论证不合参验,往往是君主不亲听、亲断的原因
所致。君主不亲听、不亲断于术,就要丧失权势,徒有君
名,实则成为混饭吃的人了。

酸甘咸淡不以口断而决于宰尹,则厨人轻君而重于宰
尹矣。上下清浊,不以耳断而决于乐正,则瞽工轻君而重
于乐正矣。治国是非,不以术断而决于宠人,则臣下轻君
而重于宠人矣,人主不亲观听而制断在下,托食于国者也。
使人不衣不食而不饥不寒,又不恶死,则无事上之意。意
欲不宰于君,则不可使也。今生杀之柄在大臣,而主令得
行者,未尝有也。虎豹必不用其爪牙,而与鼷鼠同威;万金
之家必不用其富厚,而与监门同资。有土之君,说人不能
利,恶人不能害,索人欲畏重己,不可得也。②

(五)"流行之辞"

百家争鸣的战国时代,诸子各家彰显自己的主张,抨
击对方的观点。韩非从一切都要"尽之以法"出发,力主
"言行而不轨于法令者必禁"③,并提出了他对"辩"的基
本思想。

---

① 《八经》。
② 《八说》。
③ 《问辩》。

辩说流行是影响名实相符、相称重要的外在因素，有害于名实关系，不利于法治的运行，不利于君王统一思想、统一政令。当然在韩非的学说中，"辩"有独特的内涵：

去此五者，则喭诈之人不敢北面谈立，文言多、实行寡而不当法者不敢诬情以谈说。是以群臣居则修身，动则任力，非上之令，不敢擅作疾言诬事。此圣王之所以牧臣下也。彼圣主明君不适疑物以窥其臣也，见疑物而无反者天下鲜矣。①

言出于无法、教出于无用者，天下谓之察。臣以为人生必事君养亲，事君养亲不可以恬淡；之人必以言论忠信法术，言论忠信法术不可以恍惚。恍惚之言、恬淡之学，天下之惑术也。②

辞辩而不法，心智而无术，主多能而不以法度从事者，可亡也。③

人主之听言也，不以功用为的，则说者多"棘刺""白马"之说；不以仪的为关，则射者皆如羿也。人主于说也，皆如燕王学道也；而长说者，皆如郑人争年也。是以言有纤察微难，而非务也，故李、惠、宋、墨皆画策也；论有迂深闳大，非用也。故畏、震、瞻、车状皆鬼魅也；言而拂难坚确，非功也，故务、卞、鲍、介、墨翟皆坚瓠也。且虞庆诎匠也而屋坏，范且穷工而弓折。是故求其诚者，非归饷也不可。④

---

① 《说疑》。
② 《忠孝》。
③ 《亡征》。
④ 《外储说左上》。

明主之国,令者,言最贵者也;法者,事最适者也。言无二贵,法不两适,故言行而不轨于法令者必禁。若其无法令而可以接诈应变、生利揣事者,上必采其言而责其实,言当则有大利,不当则有重罪。是以愚者畏罪而不敢言,智者无以讼,此所以无辩之故也。①

通常意义的辩是指人的谈说、论辩,然而韩非在此所讲的辩是指不法、无法或空洞、无实际功用的言论与谈说。此处的辩有两个特征:第一,"不当法""出于无法",与封建专制的法令相违背,或不遵循这些法令;第二,没有任何实际的功用,"不以功用为的""功不当其事,事不当其言"②。总括为一句话,"流行之辞"有害于"刑名法术"的实施。韩非讲:

或问曰:"辩安生乎?"对曰:"生于上之不明也。"问者曰:"上之不明因生辩也,何哉?"对曰:"明主之国,令者,言最贵者也;法者,事最适者也。言无二贵,法不两适,故言行而不轨于法令者必禁。若其无法令而可以接诈应变、生利揣事者,上必采其言而责其实。言当则有大利,不当则有重罪。是以愚者畏罪而不敢言,智者无以讼。此所以无辩之故也。"③

战国末期,尽管地主阶级通过激烈的斗争夺得政权,但其上层建筑的根基尚未夯实,其内部诸种矛盾异常尖锐。意识形态领域的斗争也异常激烈,其集中以"辩"的

①《问辩》。
②《二柄》。
③《问辩》。

方式来表现。究其原因,在于"上之不明",即作为统治阶层的君主还没有把法作为规范人的思想、言论和行为的模式,从而导致无序混乱状态,即君主虽然制定法,却遭遇"文学之士"的抵触;官府虽有令,却不能在百姓中执行。其直接后果是给法令实施带来不利影响,以至于使之无效,"坚白、无厚之词章,而宪令之法息"①。他还指出,如果君主沉迷于"淫辞""辩说",可能亡国。韩非讲:"喜淫辞而不周于法,好辩说而不求其用,滥于文丽而不顾其功者,可亡也……辞辩而不法,心智而不求,主多能而不以法度从事者,可亡也。"②

在韩非思想中辩说流行对封建君主专制统治的直接危害如下。

第一,人们因辩说流行影响法效力。韩非说:

其学者,则称先王之道以借仁义,盛容服而饰辩说,以疑当世之法,而贰人主之心;其言古者为设诈称,借于外力以成其私,而遗社稷之利;其带剑者聚徒属、立节操以显其名,而犯五官之禁;其患御者积于私门,尽货赂而用重人之谒,退汗马之劳;其商工之民修治苦窳之器,聚弗靡之财,蓄积待时而侔农夫之利。此五者,邦之蠹也。人主不除此五蠹之民,不养耿介之士,则海内虽有破亡之国、削灭之朝,亦勿怪矣。③

持辩之人言必称先王,口谈仁义,漫辩遍说,其目的不过是

---

① 《问辩》。
② 《亡征》。
③ 《五蠹》。

"借于外力,以成其私",借助君主的势力,推行自己的主张,不仅不利于封建专制法的贯彻执行,分君主一统之心,而且使人"遗社稷之利"。

第二,君主统治因辩说流行遭受损害。韩非说:

> 人主者,固壅其言谈,希于听论议,易移以辩说。为人臣者求诸侯之辩士,养国中之能说者,使之以语其私。为巧文之言,流行之辞,示之以利势,惧之以患害,施属虚辞以坏其主,此之谓"流行"。[1]

臣下为讨得君主的宠幸,豢养辩士,以进言于主,而使君主受蒙蔽,臣得以成奸。

第三,辩说流行可以混淆黑白,扰乱法定秩序。韩非说:

> 自愚诬之学,杂反之辞争,而人主俱听之,故海内之士,言无定术,行无常议。夫冰炭不同器而久,寒暑不兼时而至,杂反之学不两立而治。今兼听杂学缪行、同异之辞,安得无乱乎? 听行如此,其于治人又必然矣。[2]

诸家学说往往相互对立,相互攻击,针锋相对。君主对这些辩说不仅不加以制止,反而"俱听",听之任之,其后果是不仅使人的言行失去了准则,而且"世之愚学,皆不知治乱之情,多诵先古之书,以乱当世之法"[3]。持辩之人貌似博学多才,言能旁征博引,实则对社会实况一无所知,并诋毁至治之人,使治世为乱世。

---

① 《八奸》。
② 《显学》。
③ 《奸劫弑臣》。

在战国末期,思想上居于主流地位的是儒、墨两家"显学"。"世之显学,儒、墨也。"这两派的势力都相当的大,并且能博得许多国君的尊重礼遇,其主张或学说,也常常左右着列国的政策。韩非否定了儒墨之道可以治国应世,因此在其思想中刻意打击儒墨两家的学说,意图使法家思想凌儒墨之上,使"法术之士"取代儒而主持国政。因此,韩非认为,讲究礼治的儒家之徒所推崇的学说主张不过是"世之愚学",他们"皆不知治乱之情,摄狭多诵先古之书;智虑不足以避阱井之陷,又妄非有术之士"①。对此,韩非认为"听其言者危,用其计者乱"②,社会后果是十分严重的,是"患之至甚者也"。韩非说,他们虽然"俱与有术之士有谈说之名,而实相去千万也。此夫名同而实异者也"③。表面上看,这些人与主张法治的人有共同的名声,实际上却相去甚远。

韩非将人主听信"辩说"、人臣求养"辩"士视为有"亡国之风"之"八奸"中的"流行"。他指出:

人主者,固壅其言谈,希于听论议,易移以辩说。为人臣者求诸侯之辩士,养国中之能说者,使之以语其私。为巧文之言,流行之辞,示之以利势,惧之以患害,施属虚辞以坏其主,此之谓"流行"。④

他认为,"八奸"的存在,就是主受蒙蔽、臣以成奸的根本

---

① 《奸劫弑臣》。
② 《奸劫弑臣》。
③ 《奸劫弑臣》。
④ 《八奸》。

原因。"凡此八者,人臣之所以道成奸,世主所以壅劫,失其所有也。"①

韩非认为,若任这些愚学之人、辩士存在,恣意流行,迷惑人主,混乱视听,其危害是深远的。他指出:"世之学者说人主,不曰'乘威严之势以困奸邪之臣',而皆曰'仁义惠爱而已矣'。世主美仁义之名而不察其实,是以大者国死身亡,小者地削主卑。"②因此,他积极主张"禁其心""禁其言""禁其事"③,防止这些"淫辞""虚辞"乱主、乱事。

为纠正"名实不称""名不称实"这些害名的弊端,消除外在因素的影响,维护法秩序,韩非明确提出了"明法制""法为本"④的思想。他积极主张"矫上之失,诘下之邪,治乱决缪,绌羡齐非,一民之轨,莫如法"⑤,力主"故法者,王之本也"⑥。

韩非阐明了法同君、臣和百姓三者的功能。首先,对君主来讲,应该"立法度量"⑦,"使法择人,不自举也;使法量功,不自度也"⑧。就是在选人与赏罚问题上,以法为衡量标准。实行法治社会效果是显而易见的。韩非指出:"故其国治也,正明法,陈严刑,将以救群生之乱,去天下之祸,使强不凌弱,众不暴寡,耆老得遂,幼寡得长,边境不

---

① 《八奸》。
② 《奸劫弑臣》。
③ 《说疑》。
④ 《饰邪》。
⑤ 《有度》。
⑥ 《心度》。
⑦ 《守道》。
⑧ 《有度》。

韩非子刑名思想研究

侵,君臣相亲,父子相保,而无死亡系虏之患,此亦功之至厚者也!"①社会的政治秩序和道德秩序只有在法的规范下才能得到保证。其次,对臣来讲,应该"臣不得以行义成荣,不得以家利为功,功名所生,必出于官法"②。臣必须在法令的范围内行事,不得逾越。在韩非看来,法就是臣下必须遵循的准则——"法也者,官之所师也"③。"臣无法则乱于下"④,那么,臣所师之法是什么呢?韩非认为:"法者,宪令著于官府,刑罚于民心,赏在乎慎法,而罚加乎奸令者也。此臣之所师者也。"⑤如果官不循法,则会侵君;君主昏蔽法则无用——"官之重也,毋法也;法之息也;上暗也。"⑥就会出现臣执国命即君主实"上下易位"的害名情况。最后,对于百姓来讲,必须循法而行事,"刑过不避大臣,赏善不遗匹夫"⑦。

综合本节所述,韩非的名学思想,一方面,集成了前期法家思想和名家学说的精华;另一方面,从其法术势思想出发,系统论述阐述了"审名""验名"和"害名"学说。但韩非的名学思想都围绕着君主专制这一中心展开的,是价值规范和社会秩序的象征,其名学思想是为其法治服务的。实际上,其目的就是建立统一在君主之名下的法治秩序。

---

① 《奸劫弑臣》。
② 《八经》。
③ 《说疑》。
④ 《定法》。
⑤ 《定法》。
⑥ 《八经》。
⑦ 《有度》。

　　名完全是不同学科的对象,即语言学、逻辑学和伦理学、政治学的对象。因此,如果按照西方的学科分类法,我们认为可以将先秦时期所讨论的"名"分为两大类,即伦理学、政治学意义上的"名"与语言学、逻辑学意义上的"名"。也就是说,儒家所讨论的"名",大致属于伦理学,在政治上所起的作用是调节性的而非规范性的。而战国中晚期法家及一些黄老思想家所讨论的"名",往往与法思想密切相关,具有规范性的意义,是统治者可以直接把握和操作的工具。语言学、逻辑学意义上的"名"是以惠施、公孙龙及墨辩学派为代表的"名家"所讨论的对象,他们把"名"当作一种认识对象来研究,注重认知的原理与方法,倾向于时空与物性的抽象辨析。语言学、逻辑学意义上的"名"与伦理学、政治学意义上的"名"存在互动关系,在相当多的场合,前者只是后者批判的对象,二者在相互斗争中得到发展。伦理学、政治学意义上的"名"对中国古代思想史真正产生过影响。中国古代思想史,从广义上讲就是一部政治思想史,当然包括法制思想史,法家们对"无益于治"的抽象的名没有兴趣。韩非名学思想在先秦名学的地位和影响,从先秦名学发展阶段和派别就足可以看出。

一、先秦名学的发展阶段

　　研究者在总结先秦诸子关于名与实关系时,所用的一

韩非子刑名思想研究

个词为先秦名学。一般来讲,先秦"名"学主要论及名的问题,但在先秦时期诸子在阐述"名"的同时,总与"辞""辩"相关联。先秦诸子对"名"系统的认识经历了由浅入深,从简单到复杂的过程。因此,先秦名学的发展阶段大致可以划分为三个主要阶段。

（一）先秦名学的开始阶段

这一阶段的代表人物是孔子、老子、邓析等。其名学内容是指孔子的正名、老子的无名及邓析的按实定名。①这个阶段"名"学的特点在于,重点讨论"名"的问题,连带讨论一些"正名"问题。有关"辞""辩"等,只处于萌芽状态,还没有正式提上日程,可谓单纯的"名"学阶段。

（二）先秦名学的发展及完善阶段

这一阶段的代表是《尹文子》、惠施、公孙龙、《墨经》等。这个阶段"名"学所关注的问题,不仅有单纯论述"名",还涉及与名相关的"辞""辩",且统一于"辩"学,因此也可谓"辩"学阶段。除了《尹文子》还局限于名实关系,惠施、公孙龙均仅就"名"进行分析,达到先秦学者分析"名"的极致。同时惠施、公孙龙又是"以善辩为名"（惠施）的著名"辩者"或"辩士"②,用自己的思想活动实践着"辩";在"辩"中还提出了著名的"历物十事""辩者二十一事"等。《庄子·天下》记载的这些"事",实际上就是"辞",即辩论的思想。可以这样认为,惠施、公孙龙、尹文

---

① "循名责实,实之极也;按实定名,名之极也。参而相平,转而相成,故得之形名。"（《邓析子·转辞》）
② 《庄子·天下》。

在对"名"分析和"辞"与"辩"方面做了大量的论证,对后来者产生了广泛的影响。《墨经》对这个阶段的"名""辞""辩"问题都进行了总结,将"名"的种种观点具体化,并对"名"做了准确的界定,用"辞"来对"名"的界定进行阐述,努力避免"狂举";在对"辞"进行分析时,论证了"辞"中"名"与"名"的关系,并为"辞"能够成立提供一套"故"来作证明,努力避免"辞过";对于"辩",则在长期辩论实践基础上,探索总结出一套比较成熟的辩论形式,包括"辞"(辩论观点即立论)、"故"(立论根据)、"譬"(比喻或证明或反驳)、"侔"(类比式证明或反驳)、"援"(援引对方的"辞"等作为证明或反驳根据)、"推"(以类为基础的推理证明或反驳)等。《墨经》的努力,使惠施、公孙龙单独的"辞"、实践的"辩"上升为以"辩"为中心,而有机会包含"名"、"辞"在内的"辩"学体系,可谓集先秦纯粹"名"学之大成。晋鲁胜将《墨经》称为"辩经"①可谓精确。

(三)先秦名学使用阶段

这一阶段的代表是荀子、韩非等。在这个阶段,"辞"与"辩"都不再成为名学主题。在第一阶段孔子提出的"正名"被提升成为主题。荀子、韩非否定"辞""辩"的积极意义,②回到第一阶段"名"为中心的名学,并将名学具体化为以"正名"为中心的、现实社会实践性很强的名学,

---

① 《晋书·隐逸传》记载鲁胜《墨辩注叙》说:"墨子著书,作《辩经》以立名本。"

② 《荀子·非二十子》将"好治怪说""玩琦辞"的施惠、邓析列入其中的第五家。韩非则将"言谈者"列入"五蠹",猛烈攻击他们"务为辩而不周于用"。

同时将纯粹名家所谓与现实世界无关,甚至对立的"名",拉回现实世界,具体化为现实世界关系密切的"名",并进一步将这种与现实世界关系密切的"名",落实为法治秩序的"名"(荀子所谓"礼法"及"天理")、法手段的"名"(韩非刑名术)。在此阶段,尤其强调的是法家集大成者韩非,在继承荀子名学思想的基础上,又大量吸收了前期法家名学观念,在《韩非子》一书中关于"名"的言说达183次之多,刑名(形名)之论成为韩非学说的重要思想基础,进而作用于秦政治和制度发展。从韩非的刑名法术可以看出,名学思想服务于君主的王权统治,成为其维护统治秩序的工具。为了实现封建君王一统天下,韩非率先尝试了将名学系统运用于法领域,使名学思想变成王者治理国家的法治观念。从此,名就同法紧密结合,形成独具特色的刑名阶段,名学作为一种思潮,不再独立存在;名家作为一个学派,也销声匿迹了。

二、先秦名学的流派

关于先秦名学派别的划分,不同的学者持有不同的观点,谭戒甫认为名学有三派:一是"正名"派,以孔子为代表;二是名本派,以墨子及其后学为代表;三是形名派,以邓析、惠施、公孙龙为代表。谭戒甫还特别对名家和形名家在学术观点上的区别进行了概括。① 伍非百不同意谭

① 谭戒甫:《公孙龙子形名发微》,《名通》和《理论》二篇,《新编诸子集成本》,中华书局,1963 年版。

戒甫的看法,颇为有理。① 郭沫若从整个思想史角度出发,认为从"正名"到名辩思潮再回归到"正名"是先秦名辩思潮发展的三个阶段。② 温公颐从先秦逻辑思想角度出发,认为邓析—墨子—惠施、公孙龙—墨辩,是辩者一派的基本发展线索,其特点在于"立足于逻辑本身来讲逻辑"。而从孔子的"正名"说,经孟子、稷下唯物派的"正名"以正政的思想,到战国晚期的荀子、韩非而完成,是"以政治伦理为主,逻辑为辅,因而是一种政治伦理的逻辑"③。在先秦名学发展过程中,我们可以归纳为四大学派,即正名、无名、形名及法名。

（一）正名学派

正名学派以孔子为代表。笔者赞成温公颐的观点,孔子"正名"思想的提出就是为了正政。因为孔子所处的春秋末期正是西周奴隶制度走向崩溃、封建制度兴起的历史转折时期。在这社会大变动的年代,阶级矛盾空前尖锐,诸侯侵伐,"礼乐崩坏"。孔子把当时社会混乱的根源归结为"名实相怨"。因此,他提出了"正名"的主张。他认

① 伍非百在《中国名家言》(中国社会科学出版社,1983年版,第6页)中否定形名与名家是两派的说法,认为:"名家与形名家乃各异而同实之称",并论证说:"'名'之称盖始于尹文,其后司马谈班固因之,世遂以好微眇之言,持无穷之辩者,谓之名家,实非古谊,考名家最著者邓析,而刘向称'析好刑名',是邓析乃形名家也。其次则施惠、公孙龙,而鲁胜谓'施、龙皆以正形名显于世,是施、龙亦形名家也。苏秦谓形名之家皆曰白马非马,夫白马非马乃当时辩者之说,而苏秦以之属形名家,是当时辩者之徒亦形名家也。夫如是,则形名与名,乃古今称谓之殊,非于形名。家之外有所谓名家。盖形名之变为名,犹法术之变而为法,皆由繁以人简,非有他义。世人不察,疑名之外,别有形名家,误矣。"

② 郭沫若:《名辩思潮的批判》,《中国古代社会研究》(外二种),河北教育出版社,2002年版,第838-839页。

③ 温公颐:《先秦逻辑史》,上海人民出版社,1983年版,第4-5页。

为,只有通过"正名"以正实,恢复周礼的名分制度,社会才能转乱为治,转危为安。如他在回答子路问政时说:

> 子路曰:"卫君待子而为政,子将奚先?"子曰:"必也正名乎……名不正,则言不顺;言不顺,则事不成;事不成,则礼乐不兴;礼乐不兴,则刑罚不中;刑罚不中,则民无所措手足。故君子名之必可言也,言之必可行也。君子于其言,无所苟而已矣。"①

从此段话可以看出,孔子的"正名"是为了"正政"。他讲:"政者,正也。"②"正名"是为了纠正当时混乱的社会秩序和政治局面,以维护西周的名分等级制度。齐景公问政于孔子,孔子对曰:"君君、臣臣、父父、子子。"③这就是说,为君之人必须符合"君"名应有之义,为臣必须履行"臣"名规定的为臣之道,为父、为子之人必须遵守"父""子"名规定的伦理规范和道德要求,否则就是"君不君、臣不臣、父不父、子不子"④。君就不能称为"君",臣就不能称为"臣",父亲就不能算作"父",儿子也就不能算作"子"了。显然,孔子的"正名"就是以"名"正实,即先弄清楚"名"的确定含义,然后用"名"所规定的内容去规范现实。而孔子所谓"名"的确定含义主要是指周礼早已规定的万古不变的内容。因此,孔子"正名"的实质,就是用符合周礼的"名"去纠正已经变化了的现实,从而达到"正政",即恢复

---

① 《论语·子路》。
② 《论语·颜渊》。
③ 《论语·颜渊》。
④ 《论语·颜渊》。

周礼的名分等级制度。"正名"是孔子儒家人学的基本方法论原则,其具体内容就是用人的"名",即人的本性、人的理想等,来引导和纠正人的"实",即现实的个人。"正名"的具体方法就是不断学习、"克己"等。像"君君、臣臣、父父、子子"这样的思想,既是人学思想的重要主张,又涉及人类活动的各个方面。因此孔子正名思想不仅是政治或伦理活动,更是为政治或伦理活动服务的。孔子提出"正名"主张,断定"名"是可以而且必须是"正"的。其基本内容就是"君君、臣臣、父父、子子",每一个社会成员都要努力追求实现其"分"("天命"使命或天职),达到其"位"(理想的人格境界,理想的人格地位及现实社会分工地位等),并且肯定了"正名"是"为政"措施的第一步,是其他政治措施的必要条件,对其他政治措施有决定性影响。

尽管韩非是抨击儒家学说的,然而,只要儒家学说同自己主张的法治思想不矛盾,韩非还是兼容其儒家思想的。如韩非讲:

使天下皆极智能于仪表,尽力于权衡,以动则胜,以静则安。治世使人乐生于为是,爱身于为非,小人少而君子多,故社稷常立,国家久安。奔车之上无仲尼,覆舟之下无伯夷。故号令者,国之舟车也。安则智廉生,危则争鄙起。故安国之法若饥而食、寒而衣,不令而自然也;先王寄理于竹帛,其道顺故后世服。今使人饥寒去衣食,虽贲、育不能行;废自然,虽顺道而不立。强勇之所不能行,则上不能安;上以无厌责已尽,则下对无有,无有则轻法。法所以为国也而轻之,则功不立,名不成。①

从这一段我们足可以看出韩非在此描绘了一幅"社稷常立,国家久安"的治世美景。天下百姓都在国家法令规定的范围内充分发挥智慧、才能和力量,这样对外有战事则能胜,对内治国则能使国家安定。在这样的法治社会里,人民乐生于为是,爱惜自身而不为非,小人少而君子多,国家长久存在,永远安定。韩非由此归结道:行法令而使国安,然后才有道德可言,而危乱则产生争夺与贫鄙。"奔车"与"覆舟"都是国家危乱的比喻,孔子、伯夷则代表智廉,危乱与智廉不会同时存在,可见韩非还是赞成儒学大师孔子的,其"正名"思想必然对韩非的刑名思想产生直接或间接的影响。这足以看出孔子的"正名"是名实之肇启,这一学派具有政治伦理的味道。

(二) 无名学派

无名学派又称常名学派,以老子为代表。老子揭示了现实世界中"名"的局限性,他的"无名"就是要"无"现实中有局限性的那些"名",从而实现"道"这一"常名"。老子以"道"为认识的出发点,事实上道的本意就是道路的意思,然而老子所讲的道是无所不在、无所不包、运行不殆、不可名状的东西,是万物之源。正如老子所说:"有物混成,先天地生,寂兮寥兮,独而不改,周行而不殆,可以为天下母;吾不知其名,字之曰道"(《老子》十九章)。在老子看来,有永恒的"名"即"常名",只能是有关"道"自身的"名";现实世界

_____

① 《安危》。

中众多的"名",都缺乏永恒的"常"性,不时发生变化,在情理之中,要超越这样的"名",只能从这些"名"之再进一步,追求名背后的"无"。追求到的这个"无",就是永恒的、有常性的"无名"。因此,冯友兰说"它纯粹是一个代号,用中国哲学常用的话说就是无名之名"。①

韩非秉承老子的无名思想,并进一步扩充了"形名"的范围,把自然现象和社会现象联系起来都综合在"形名"的概念里。

凡物之有形者易裁也、易割也。何以论之?有形则有短长,有短长则有小大,有小大则有方圆,有方圆则有坚脆,有坚脆则有轻重,有轻重则有白黑。短长、大小、方圆、坚脆、轻重、白黑之谓理。理定而物理定而物易割也。故议于大庭而后言,则立权议之士知之矣。而万物莫不有规矩,议言之士,计会规矩也。圣人尽随于万物之规矩,故曰:不敢为天下先。不敢为天下先,则事无不事,功无不功,而议必盖世,欲无处大官,其可得乎?处大官之谓为成事长。是以故曰:不敢为天下先,故能为成事长。②

他把老子的"不敢为天下先"解释为"形名参同"的意思,把"故能为成事长"看作"形名参同"条件下所产生的必然效果。"圣人尽随于万物之规矩。"这难道不是具有更浓厚、更广泛意义上的"形名参同"吗?他在这里阐明了客观存在的"形""物""理"和反映的"议""言""知"之间的

---

① 冯友兰:《中国哲学简史》,北京大学出版社,2001年版,第83页。
② 《解老》。

关系。他所说的"形名参同,君乃无事焉",正好看作给老子的"不敢为天下先,故能为成事长"所作的诠释。

韩非认为,所谓名,是形之名。先有形,后有名。"凡理者,方圆短长粗靡坚脆之分也,理定而后物可得道也。"①"道"者,名也。当人们认识了事物的理之后,便可以形成事物的名了。

(三)形名学派

形名学派代表人物是邓析、惠施、公孙龙等人,他们将"名"看成抽象的、与现实世界无关或对立的东西。首先以邓析为代表,他发现了"名"与现实世界经验事实有距离的特点,进一步将其间的距离拉大,达到"名"与现实世界无关甚至对立的程度。后来的惠施、公孙龙继承了邓析对"名"的看法,并进一步张扬"名"与现实世界对立或相反的性质,以致其言行活动不令人侧目而视,惊诧莫名,便不满足。邓析等人用这种与众不同的方法,开拓、构建出一个单纯"名"的世界。这种学派在某种意义上具有现代哲学的意味。

韩非认为形名学派的名属于纯粹的名,这种名学思想不利于法治的实施,他将该派的名学思想斥骂为"淫辞""辩说"。韩非说:

人主之听言也,不以功用为的,则说者多'棘刺''白马'之说。人主于说也,皆如燕王学道也;而长说者,皆如郑人争年也。是以言有纤察微难,而非务也,故李、惠、宋、

----

① 《解老》。

墨皆画策也;论有迁深闳大,非用也,故畏、震、瞻、车状皆鬼魅也;言而拂难坚确,非功也,故务、下、鲍、介、墨翟皆坚瓠也。且虞庆诎匠也而屋坏,范且穷工而弓折。是故求其诚者,非归饷也不可。①

喜淫辞而不周于法,好辩说而不求其用,滥于文丽而不顾其功者,可亡也。浅薄而易见,漏泄而无藏,不能周密而通群臣之语者,可亡也。很刚而不和,愎谏而好胜,不顾社稷而轻为自信者,可亡也。恃交援而简近邻,怙强大之救而侮所迫之国者,可亡也。羁旅侨士重帑在外,上间谋计,下与民事者,可亡也。民信其相,下不能其上,主爱信之而弗能废者,可亡也。境内之杰不事而求,封外之士不以功伐课试而好以各问举措,羁旅起贵以陵故常者,可亡也。轻其嫡正,庶子称衡,太子未定而主即世者,可亡也。大心而无悔,国乱而自多,不料境内之资而易其邻敌者,可亡也。国小而不处卑,力少而不畏强,无礼而侮大邻,贪愎而拙交者,可亡也……辞辩而不法,心智而无术,主多能而不以法度从事者,可亡也。②

君主如果不讲实际的功效,那么就会多有诸如"白马"之类文丽而空洞辩说之辞。辩说言辞溢美、华丽,而实际无效用,而且不利于法令执行。君主沉迷于这些"淫辞""辩说",不仅使"坚白、无厚之词章,而宪令之法息",更是有亡国的危险,是"乱世之道"③。所以,对这些"淫辞""辩

---

① 《外储说左上》。
② 《亡征》。
③ 《显学》。

说"必须加以铲除。

韩非认为,法是消除"淫辞""辩说"恣意流行的有效方法,"法之所加,智者弗能辞,勇者弗敢争"①。在他看来,"儒以文乱法","其学者,则称先王之道以借仁义,盛容服而饰辩说,以疑当世之法,而贰人主之心"。② 儒家主张以礼义诗书推行仁政,其后果是扰乱法治,动摇君心,必须予以"禁奸"。这样,"设法度以齐民,信赏罚以尽民能,明诽誉以劝沮。名号、赏罚、法令三隅。故大臣有行则尊君,百姓有功则利上,此之谓有道之国也"③,才能建立起以法治国的政治秩序。

(四)法名学派

法名学派代表人物是荀子、韩非等人。荀子从"统礼义,一制度"和"一天下,建国家"的阶级立场,以其"正名"说批评名家(邓析、惠施、慎到、《墨经》等)言论,体现了儒家以"正名"说总结"名"学成就并形成了一套"制名以指实"的名学思想。荀子说:

君子行不贵苟难,说不贵苟察,名不贵苟传,唯其当之为贵。山渊平;天地比;齐秦袭;人乎耳,出乎口;钩有须;卵有毛:是说之难持者也,而惠施、邓析能之。然而君子不贵者,非礼义之中也。④

不法先王,不是礼义,而好治怪说,玩琦辞,甚察而不

① 《有度》。
② 《王蠹》。
③ 《八经》。
④ 《荀子·非十二子》。

惠,辩而无用,多事而寡功,不可以为治纲纪;然而其持之有故,言之成理,足以欺惑愚众:是惠施、邓析也。①

荀子的基本思想是"言必当理,事必当务"②,他特别将其所谓"理"具体化为政治上的"王制"③。"礼法"将"务"具体化为政治上的功利。因此荀子对"名"学的批评可分为两个方面:一是以"礼义之中"即所谓"理"批评"名"学中的"苟察""苟传";二是以"为治纲纪"即所谓"事"批评"名"学中的"不惠""无用""寡功"。荀子对"名"学的批评,体现了儒家改造"名"学的努力。荀子要将"名"家所谓抽象的、与现实世界关系不大的"名",具体化为与现实世界关系密切的,能够帮助改进现实社会政治的"名"(名教),并且其名学思想在某种程度上有着法律规范意味,用来规范人们的行为。荀子说:"故王者之制名,名定而实辨。"④因此,可以说荀子成为现实主义儒学派别改造名学的典型。

韩非改造了各名学派的思想,尤其是荀子的名学思想,将"名"作为政权统治的工具,并将其发展为一套治国的法治手段,使"名"成为王者之"名",从而形成法名学派。

---

① 《荀子·不苟》。
② 《荀子·儒效》。
③ 《荀子·解蔽》。
④ 《荀子·正名》。

第三章　韩非的法思想

　　韩非作为百家争鸣中最后涌现出的法家人物,既受诸子百家学说的思想启迪,又处在方兴未艾的社会变革风暴中。因此,一方面,他对此前各家学说进行批判性的吸收,另一方面,他从有关"往者得失之变"的历史经验和社会现实中系统总结,构建了法治理论。

第一节　韩非法思想的土壤:晋文化

　　在世界文化研究史上,发生了一场关于"culture"和"civilization"的词义之争。前者普遍译为文化,后者普遍译为文明。法、英、美社会学家在指称文化时,常常使用"civilization"这个词,德国历史哲学家则常常使用"cul-

155

ture"这个词。这个似乎纯粹是咬文嚼字的争论,体现了西方文化研究中起支配作用的两种对立传统:实证的社会学传统和思辨的历史哲学传统。前者认为,文化是为人类创造的物质和精神成果的总和;而后者认为,文化是一种以生命或生活为本位的活的东西。这两种观点对我国文化研究都有深刻的影响。我国通行观点认为,文化是人类在处理人和世界关系中所采取的精神活动与"实践"活动的方式及其所创造出的物质和精神成果的总和,是活动方式与活动成果的辩证统一。① 文化是一个包含多层次、多方面内容的统一的关系,或者说是许多要素形成的有一定结构的系统;文化是能动的人所创造出来的,并且在一定的意志和目的的驱使下,在一定的思想指导下创造出来的;文化具有客观性、时代性、民族性和区域性的特征。在文化系统中包含着法思想因素,文化是法思想的底蕴,而法思想是文化的一种表现,先秦时代韩非的法思想无不受其所处于时代、区域文化的影响。春秋战国时期,文化范式有两种:一种是齐文化范式,另一种是晋文化范式,而韩非的法思想主要受晋文化范式的影响。

与齐文化范式不同,晋文化范式有独特之处。齐文化是一种稳健、内向、农耕式的文化,也可以说是"君子"文化,是修身、齐家、治国、平天下的文化;而晋文化是一种奔放、外向、游牧的文化,也可以说是"斗士"文化,鼓励人们

---

① 张岱年、程宜山:《中国文化与文化论争》,中国人民大学出版社,1990年版,第 2 页。

通过后天的努力去打破"先天"的血缘身份,并取得较为优越的生活待遇,同时也促进社会的富裕与发展。当"变法"思潮像幽灵一样在中原大地上空徘徊时,各诸侯国对它的态度是不一样的,原因就是各诸侯国有着不同的文化背景。于是,有的漫不经心,不以为意;有的虽然接受了它,并进行了一番变革,但由于抵挡不过传统"礼治"的余威,最终夭折。不过,与中原诸国不同,晋国早已为法治思潮的到来准备好了一块广阔的用武之地。因此,我们说晋文化蕴含着法治元素,实属法律文化。这与晋文化范式的形成和特征密切相关。

一、晋文化的形成

(一)晋的地理位置

周成王时封叔虞于唐,"唐在河、汾之东,方百里"。[1]《史记》正义引《括地志》曰:"故唐城在绛州翼城县西二十里,即尧裔子所封。"[2]20 世纪 80 年代至 90 年代,考古学者对于山西翼城县与曲沃县接壤处的天马——曲村遗址进行了发掘,并积累了大量考古资料,经过全方位认真分析、考证,他们认为这一遗址就是叔虞的始封地唐,即现在"翼城县的翔山以西,曲沃县的汾河以东,浍河以北,翼城、曲沃二县的崇山以南,东西长约 30 公里,南北广约 15

---

① 《晋世家》,(汉)司马迁:《史记》,中华书局,1959 年版,第 1635 页。
② 《晋世家》,(汉)司马迁:《史记》,中华书局,1959 年版,第 1636 页。

公里的长形地带"。① 春秋时期,这一地区周边多少数民族。《史记·匈奴列传》说:"当是之时,秦晋为强国。晋文公攘戎翟,居于河西圁、洛之间,号曰赤翟、白翟。秦穆公得由余,西戎八国服于秦,故自陇以西有绵诸、绲戎、翟、豲之戎,歧、梁山、泾、漆之北有义渠、大荔、乌氏、朐衍之戎。而晋北有林胡、楼烦之戎,燕北有东胡、山戎。"②《国语·晋语二》有记载:"景霍以为城,而汾、河、涑、浍以为渠,戎狄之民实环之。"③可以看出,晋自建国以来,始终与少数民族近距离接触。因此,晋国文化受夷族文化,尤为秦国文化影响最甚,是一种有别于齐文化的内陆文化。

(二)"晋国之封,启以夏政,疆以戎索"

据《左传》定公四年载:卫国大夫祝佗(即子鱼)在追述周初分封情景时,说了一席十分精彩的话:鲁卫之封,"皆启以商政,疆以周索";"晋国之封,启以夏政,疆以戎索"。④ 大意是说,鲁卫二国"封于殷墟",鲁公和康叔因其风俗,沿用商朝政事,以周朝法度治理国家,晋国"封于夏虚",立于戎狄之间,故唐叔沿用夏朝的政事,依照戎人的法度治理国家。直至春秋末期,晋国在司法审判中仍援引《夏书》,如《左传》昭公十四年载晋大夫叔向对叔鱼、雍子、邢侯案的见解。这正是晋国文化范式有别于齐文化范

---

① 邹衡:《晋始封地考略》,载邹衡编《夏商周考古学论文集》(续集),科学出版社,1988 年版,第 310 页。

② (汉)司马迁:《史记》,中华书局,1959 年版,第 2883 页。

③ 上海师范学院古籍整理组校点:《国语》,上海古籍出版社,1978 年版,第 301 页。

④ 启:开辟;疆:治理,如《诗经》"我疆我理",又《左传》:"先王疆理天下";索:法也。戎:泛指中国西北部的民族。

式的始因。

　　晋为姬姓,姒姓出于大禹,"姬、姒二字古本畜同通用,义亦相如此,则晋通"①。如此,则晋与夏族同源。故西周初晋被封于夏虚,以治戎狄。《战国策·楚第一》云:"陈轸,夏人也,习于三晋之事。"陈轸为三晋人而谓之夏人,可证晋封夏虚之说。晋封戎狄之邦,"诸戎"以游牧为生,"戎狄荐居(即逐水草而居),贵货易土,土可贾焉"②。故"诸戎饮食衣服不与华同,贽币不通,言语不达"③。晋国以农业为主,故重视安定的社会局势。为使"边鄙不耸(惧),民狎(习)其野,稿人成功"④,晋与"诸戎"屡兴战事,但以友好交往为主流。久而久之,晋与"诸戎"结成密切关系。"诸戎"中有丽戎、大戎,皆姬姓,以晋附之。晋与戎长期通婚。晋献公宠妾骊姬是戎族,重耳、夷吾的母亲大戎子、小戎子是戎女。重耳逃难在舅家,一住就是十二年,亦娶戎女为妻。"诸戎"也在晋的影响下开垦荒地,从事农业生产,并曾协助晋国打败秦国。戎子驹支曾说:"晋秦人负恃其众,贪于土地,逐我诸戎。惠公……赐我南鄙之田,狐狸所居,豺狼所嗥。我诸戎翦其荆棘,驱其狐狸豺狼,以为先君不侵不叛之臣,至于今不贰。"在对秦战争中,"晋御其上,戎亢其下",譬如捕鹿,"晋人角之,诸戎掎之","晋之百役,与我诸戎相继于时,以从执政"⑤。在

————————

　① 　童书业:《春秋左传研究》,上海人民出版社,1980 年版,第 250 页。
　② 　《左传》,襄公四年。
　③ 　《左传》,襄公十四年。
　④ 　《左传》,襄公四年。
　⑤ 　《国语·晋语》。

戎狄的影响下，晋国没有形成宗法"礼治"的传统，相反养成"尚武""重法""尚能"的风尚。

（三）"晋国无公族"

唐叔虞本为晋之始祖，沿至九世，春秋伊始，大宗、小宗之间争权日烈。穆侯卒，其弟殇叔自立，是为小宗继位。文侯卒，昭侯立，封文侯弟成师于曲沃，为曲沃桓叔，实为分裂之始，国有二君。尔后晋哀侯、鄂侯、曲沃庄伯并存，国有三君。献公时起骊姬之乱，废嫡立庶，尽逐群公子。故"国无公族"①。至文公前晋国君主如走马灯般更换不停。公族的削弱导致贵族割据势力的增长，终于演成"六卿专政"的局面。叔向曾哀叹："虽吾公室今亦季世也。"公室各支，"降在皂隶，政在家门，民无所依"②。而六卿势力渐大："六卿欲弱公室，乃遂以法尽灭其族，而分其邑为十县，各令其子为大夫，晋益弱，六卿皆大"③。直到公元前452年，晋国韩、赵、魏三家逐晋出公。公元前403年，三家被册命为诸侯，亦称"三晋"。晋宗室的虚弱使晋国不能通过加强宗室地位的方式来增强国力。晋与诸侯之间的斗争、晋公室与诸卿的斗争、诸卿之间的斗争交织在一起，使晋国的政治文化与法律文化具有自己的特色。此后在"法治"思潮的引导下，三晋在封建化的道路上迅猛前进，并培养出一大批有思想、有胆识、敢作敢为的法家代表人物。他们东向鲁国，南入楚国，西进秦川，把"法治"

---

① 《国语·晋语》。
② 《左传》，昭公三年。
③ 《史记·晋世家》。

的种子撒遍中华大地。

二、晋文化的特征

（一）"无亲"

与中原诸国不同，晋国在思想观念（或价值观念）上受西周"亲亲""尊尊""礼治""重德"等影响颇小，戎狄不注重血缘亲情，史籍或谓"贪而无亲"①或谓"无亲而贪"②，总之"无亲"是其突出特征。这也是农耕文化与游牧文化的差异所在。在农耕文化中，族群定居一处，少移动，固定的人群在固定的土地上耕耘、收获、繁衍，彼此间有浓厚的血缘亲情。而游牧文化逐水草而居，正如司马迁在《史记·匈奴列传》上讲："毋城郭常处耕田之业。"③族群只能维持相对稳定，因而亲情不可能成为重要的联系纽带。晋虽是周的始封国，一度也受到周文化中礼治的影响，但由于开始就制定了"疆以戎索"的治国方针，加之周边戎、狄力量强大，故受其影响巨大。骊姬对晋献公说：

> 吾闻之外人之言曰：为仁与为国不同。为仁者，爱亲之谓仁；为国者，利国之谓仁。故长民者无亲，众以为亲。苟利众而百姓和，岂能惮君？以众故不敢爱亲，众况厚之，彼将恶始而美终以晚盖者也。凡民利是生，杀君而厚众，众孰沮之？杀亲无恶人，人孰去之？苟交利而得宠，志行

---

① （晋）杜预注，（唐）孔颖达正义：《春秋左传正义》，中华书局，1980 年影印，《十三经注疏》本，第 1734 页。

② （晋）杜预注，（唐）孔颖达正义《春秋左传正义》，中华书局，1980 年影印，《十三经注疏》本，第 1933 页。

③ 《匈奴列传》，（汉）司马迁：《史记》，中华书局，1959 年版，第 2879 页。

而众悦，欲其甚矣，孰不惑焉？虽欲爱君，惑不释也。今夫以君为纣，若纣有良子，而先丧纣，无辜其恶而厚其败。钧之死也，无必假手于武王，而其世不废，祀至于今，吾岂知纣之善否哉？君欲勿恤，其可乎？若大难至而恤之。其何及矣！

骊姬还说："自桓叔以事，孰能爱亲？唯无亲，故能兼翼。"[1]在考虑政治大事时，不囿于宗法血缘传统，抛弃"爱亲"的狭隘宗旨，而以国家百姓为重，公然宣布"利国""利众"为"仁"，这无疑是对宗法礼治传统观念的挑战。难怪有人指责晋人"刚愎不仁"[2]。因此，骊姬的解说否定了"亲亲"在治国中的作用，肯定了"利"是赢得民心、得到众人支持的关键所在，一切传统道德观念在"利国""利众"的最高原则面前都黯然失色。晋献公正是受到骊姬思想的影响，才导致申生被迫自杀、夷吾和重耳出奔等事件，最终形成晋国无公族的结局。而后来晋被韩、赵、魏三分的一个重要原因就在于没有能和六卿抗衡的公族。其渊源是晋国受戎狄影响，淡漠亲情血缘，奉行无亲治国。这一文化意识同法家治国思想相吻合。商鞅、韩非等法家的法治思想往往是从废除宗族特权而起，受晋文化影响，被后人称为晋法家。因此，人们对晋法家的评价也多集中在寡恩少亲上，无不与晋文化受戎狄影响而形成的"无亲"这一特征有关。

---

① 上海师范学院古籍整理组校点：《国语》，上海古籍出版社，1978 年版，第 275 页。
② 《左传》，宣公十二年。

（二）尚利重功

晋国上下重利。子产曾批评晋国执政范宣子说："子
为晋国，四邻诸侯不闻德，而闻重币。"①这与齐国"轻其币
而重其礼"②正好相反。鲁文公十五年（公元前 612 年）齐
侵犯鲁国边界，鲁向晋请求伸张正义，晋召集诸侯准备讨
伐齐国。齐国向晋送了财物，晋就罢了兵。次年，宋国人
杀死国君昭公，晋执政荀林父召集诸侯兴师问罪，宋人向
他行贿，终于不了了之。晋执政魏舒曾收了梗阳人的贿
赂，准备枉法裁判，只是听了下属"愿以小人之心，度君民
之腹"③的劝谏之后才罢手的。无怪时人批评晋国"政以
贿成而刑放于宠"④。贾卿有"患货之不足"，"假贷居贿"
者。晋卿、大夫之间"争田""以田讼之事"，史不绝书。晋
民亦重利。晋国史官苏说："昔者之伐也，兴百姓以为百
姓也，是以民能欣之，故莫不尽忠极劳以致死。今君起百
姓以自封也，民外不得其利而内恶其贪，则上下既有判
矣。"⑤一言以蔽之，"见利不顾其君"⑥。因为尚利，晋国
大臣之间常常发生利益纠纷，为此甚至大动干戈，《国语》
对此多有记载。如叔鱼代士景伯做赞理处理邢侯与雍子
争田一事，雍子把自己的女儿送给叔鱼，叔鱼判决时偏向
雍子，压制邢侯，邢侯一怒之下在朝堂上杀了叔鱼和雍子，

---

① 《左传》，襄公二十四年。
② 《国语·齐语》。
③ 《国语·晋语》。
④ 《左传》，襄公十年。
⑤ 上海师范学院古籍整理组校点：《国语》，上海古籍出版社，1978 年版，
第 262 页。
⑥ 《国语·晋语》。

最终酿成二死一刑的祸端。① 这是我国历史上有记载的首起司法受贿事件，但在晋国并非唯一。

晋人尚利的根本原因是受戎狄好利的影响。司马迁在《史记·匈奴列传》中对匈奴人崇尚功利有形象的描写："其攻战，斩首虏，赐一卮酒，而所得卤获，因以予之，得人以为奴婢。故其战，人人自为趣利，善为诱兵以冒敌。故其见敌则逐利，如鸟之集；其困败，则互解云散矣。战而扶舆死者，尽得死者家财。"②在《史记·匈奴列传》中还说："利则进，不利则退，不羞遁走。苟利所在，不知礼义。……壮者食肥美，老者食其余。贵壮健，贱老弱。"③汉使责备匈奴人贱老，没有亲情，中行说反驳道："匈奴明以战功为事，其老弱不能斗，故以其肥美饮食壮健者，盖以自卫为守卫，如此父子各得欠相保，何以言匈奴轻老也？"④因此可得利是戎狄人生活的核心。受戎狄影响的晋文化也具有尚利重功的特点。

在某种程度上可以说"重利"是"轻义"的结果。"重利"一旦成为一种习尚，就决定着治国的基本方略，不是"以礼治国"，而是"依法治国"。

晋国文化视尚利与重功是一对孪生兄弟，因此晋国任官以谋略、智慧、政绩、功劳为标准，而不太考虑出身和年龄，以功论赏赋爵是晋国王室遵循的一项用人原则。叔向

① 上海师范学院古籍整理组校点：《国语》，上海古籍出版社，1978年版，第483页。

② （汉）司马迁：《史记》，中华书局，1959年版，第2892页。

③ （汉）司马迁：《史记》，中华书局，1959年版，第2879页。

④ （汉）司马迁：《史记》，中华书局，1959年版，第2899－2900页。

说:"夫爵以建事,禄以食爵,德以赋之,功庸以称之,若之何以富赋禄也? 夫绛之富商,韦藩林建以过于朝,唯其功庸少也,而能金玉其车,文错其服,能行诸侯之贿,而无寻尺之禄,无大绩于民故也。"①

按照职务授予爵位,按照爵位享受不同的俸禄,而爵位、职务又由一个人的功劳决定,所以绛之富商尽管富可敌国,但因无功于国于民而不能享受国家爵禄,说明晋国王室对"功"的重视。"尚功"使晋国大臣很少争官,而是彼此谦让。晋文公时立"族人为中官,异姓之能为远官",实为"尚能"之始。任赵衰为卿,衰辞道:"栾枝贞慎,先轸有谋,胥臣多闻,皆可以为辅佐,臣弗若也。"任原季为卿,季辞道:"毛之智,贤于臣,其齿又长,毛也不在位,不敢闻命。"任赵衰为上军,辞曰:"先且居佐军也善,军伐有赏,善君有赏,能其官有赏,且居有三赏,不可废也。"诸卿在官俸面前相互推让,"让,推贤也","废让,是废德也"。"让"的本质是"尚贤""尚能"。② 故楚大夫子囊说:"晋君类能而使之,其卿让于善,其大夫不失守,其士竞于教,其庶人力于农穑,商工皂隶不知迁业。……范丐少于中行偃而[中行偃]上之,使佐中军;韩起少于栾黡而栾黡、士鲂上之,使佐上军;魏绛多功,以赵武为贤,而为之佐。君明、臣忠,上让、下竞,当是时也,晋不可敌。"③

——————

① 上海师范学院古籍整理组校点:《国语》,上海古籍出版社,1978 年版,第 476 页。
② 《国语·晋语》。
③ 《左传》,襄公九年。

第三章 韩非的法思想

"晋人之教，因材授官。"①尚贤、尚能已成传统。故中军尉祁奚告老，推荐与自己有仇的解狐和自己的儿子祁午。时人赞之"称其仇，不为谄，告其子，不为比"，"能举善也"。大夫王生向执政推荐仇人张柳朔，说是"私仇不及公"。执政魏舒委派十名县大夫，其中有自己的小儿子魏戊，生怕别人说他"任人唯亲"②。

晋国"尚贤""尚能"的结果便是晋国世族中同姓较少，而异族异姓居多。其他诸侯国则同姓居多，异姓较少。晋国宗法"礼治"薄弱，又"尚贤""尚能"，故向有才之士大开国门。而其他诸侯国宗法"礼治"壁垒森严，不给有能之士以用武的机会，于是便形成人才入晋的局面。晋国对外来人才特殊优待，封以田宅官爵，大胆起用。故楚大夫声子"通使于晋，还如楚"，向令尹子木汇报说："晋大夫则贤，皆卿材。"楚国人才流入晋国，为晋国出谋划策对付楚国，"虽楚有材，晋实用之"。子木问："独无族姻乎?"声子答道："虽有，而楚材实多。"③后秦国学习晋国，大量吸引外国人才，为秦人服务，如商鞅、吕不韦、李斯等人。晋法家一脉相承，从李悝始即注重耕战、奖励军功，至商鞅、韩非发展至顶峰，无不与晋文化的这一特点相连。

（三）尚法意识

从根源上讲，晋文化就内含着尚法的元素。前面已阐述，晋封于夏墟，又启以夏政，从而看出晋与夏发生密切关

① 《国语·晋语》。
② 《左传》，昭公二十八年。
③ 《左传》，襄公二十六年。

系。譬如，在历法上晋用夏正，以建寅为岁首，不同于周、鲁。[1]《战国策·秦策四》记载："魏伐邯郸，因退为逢泽之遇，乘夏车，称'夏王'。"[2]魏是三晋之一，故有"乘夏车，称夏王"之举。在法律上，夏代是皋陶之法的直接继承者。《国语·楚语》记载："及少日皋之衰也，九黎乱德……颛顼受之，乃命南正重司天以属神，命火正黎司地以属民，使复旧常，无相侵渎，是谓绝地天通。其后，三苗复九黎之德，尧复育重、黎之后，不忘旧者，使复典之，以至于夏、商。"[3]重黎、九黎均为蚩尤部后裔，是夏、商的建立者，直接继承了皋陶之法，对此史籍多有记载。皋陶说："天讨有罪，五刑五用哉！"[4]可见夏代继承了皋陶的"五刑"，因此，"启以夏政"的晋国无不受夏之法律意识的熏染。

"戎索"即游牧部族的法度，以尚军事、重军法为特征。晋国承袭其风俗，军政一体，军法与国法融为一体。晋国重"军礼"，即"大蒐之礼"。"蒐"的本意是汇聚众人以围猎，后来逐渐制度化。"春猎为蒐"，可能是为了捕杀害稼的野兽。晋行"大蒐之礼"有独特的意义。首先，阅兵、整编部队。晋作二军、三军、五军、六军皆于此间。其次，任命军事首长。晋国军政合一，各军将帅即为国家执

① 《左传》记载：僖公五年载晋献公询问何时灭虢能成功，卜偃根据天象回答说"其九月十月之交乎？丙子旦，日在尾，月在策，鹑火中，必是时也。"
② 诸祖耿：《战国策集注汇考》，江苏古籍出版社，1985 年版，第 413 页。
③ 《国语》，上海师范学院古籍整理组校点，上海古籍出版社，1978 年版，第 563－582 页。
④ （汉）孔安国传、（唐）孔颖达等正义：《尚书正义》，中华书局，1980 年影印，《十三经注疏》本，第 139 页。

政卿相。故此举实为任命国家高级官员。赵盾即于"夷蒐"始掌国政的。最后，颁布法律。例如，晋文公"蒐于被庐"颁布"被庐之法"①。晋"蒐于夷"，赵盾执国政，颁布"夷蒐之法"，皆"晋国之常法也"②。后来范宣子就根据"夷蒐之法"制定《刑书》，赵鞅、荀寅又把《刑书》铸在刑鼎上公布。这是继郑子产"铸刑书"之后第二次颁布成文法，在中国法制史上具有重要意义。可见，检阅军队，改组政府，制定法律，实为晋国"蒐礼"的实质所在。足以显示出，"大蒐之礼"对晋国人法律意识的形成有着重要的作用。

晋国重"军礼"的刑法，充分体现了古代"兵刑一体"的传统。在军事活动期间，军法具有无尚的威力，违反者不论何人均要受到制裁。所谓"师众以顺为武，军事有死无犯为敬"③。频繁的战争孕育了晋国君臣守法和以法治军、治国的思想。城濮之战中晋文公杀违反军令的颠颉、舟之侨、祁瞒三大夫以肃军纪。其中颠颉是追随文公流亡的有功旧臣，河曲之役胥甲父不从军令自行退兵，被流放到卫国。大夫将军因违令而被处死的比比皆是。晋执政赵盾驱车扰乱阵容，韩厥依法杀赵盾的车仆。晋侯的弟弟杨干乘车破坏行列，魏绛执法处死杨干的车仆。这种执法作风曾备受褒奖。这种有辱尊上、"刑上大夫"的风尚在其他诸侯国是十分罕见的。在战争中，各级官吏的职责权

① 《左传》，僖公二十七年。
② 《左传》，文公六年。
③ 《国语·晋语》。

限是十分明确的,任何人都不得违反。否则刑之无赦。晋齐之战刚一打响,晋军元帅郤克就被箭射中,血流到靴子里,他对驾车的张侯说:"我不能坚持了。"张侯说:"我的手臂也受伤了,车轮都被血染红了,我都没叫苦,你还是忍着吧。"他还说:"军队的耳目,全在我们的旗帜和鼓声,进攻和退却全靠它指挥,你停止击鼓就会导致失败。受伤未到死的程度,你还要坚持指挥。"结果打败了齐军。① 晋楚鄢陵之战,晋厉公的乘车陷在泥沼里,栾书正要去救厉公,他的儿子栾针大声呵斥道:"书退!国有大任,焉得专之?且侵官,冒也;慢也;离局,奸也。有三罪焉,不可犯也。"说完把厉公救起。②

正是在这种风尚中晋国形成了重法的传统。晋文公带头维护法令的尊严。他起兵围原,预先向士兵宣布:只围三天,带三天口粮。结果围了三天,原人不降,文公便下令退兵。谍报人员劝阻说:"原人支持不住,准备投降了。"文公坚持撤兵,说:"信用是最重要的,如果为了得到原而失掉信用,就是得不偿失。"范宣子有意除掉政敌督戎,斐豹说:"苟焚丹书,我杀督戎。""斐豹隶也,著于丹书。"结果范宣子便恢复了他的平民身份。③ 以战功而进居高位的还有毕万。"毕万,匹夫也,七战皆获,有马百乘,死于牖下。"晋郑铁之战,赵鞅誓曰:"克敌者,上大夫

① 《左传》,成公二年。
② 《左传》,成公十六年。
③ 《左传》,襄公二十三年。

受县,下大夫受郡,士田十万,庶人工商遂,人臣隶圉免。"①这完全是法家的派头。

晋国重视法治还表现在立法、修定法律和司法。晋国最早的"唐叔之法"②。文公修"唐叔之法"而作"被庐之法"③。赵盾执政,作"夷蒐之法"④。武季曾"讲求典礼以修晋国之法"⑤。晋悼公时曾"修范武子之法""修士苏之法"⑥。赵鞅、荀演则"铸刑鼎""著范宣子所为刑书"⑦。终晋之世,立法、修法活动很多。在司法上则"治国制刑,不隐于亲",如叔向主张处死其弟叔鱼,就是典型的案例。叔鱼因受贿枉法被杀,韩宣子问叔向如何处理。叔向不偏不向,秉公执法:"三奸同罪,请杀其生者而戮其死者。"宣子问为什么如此判决。叔向说:"鲋也鬻狱,雍子贾之以其子,邢侯非其官也而干之。夫以回鬻国亡,与绝亲以买直,与非司寇而擅杀,其罪一也。"⑧如果用现代法律规范的结构要求,法律规范由行为模式和相应的法律后果构成,在刑事法律中,行为模式就是罪名,相应的法律后果就是刑罚,而每一条具体的罪名条款都是罪与刑的结合。因而判决必须公布犯罪人的罪名,以及这一罪名相应承担的

① 《左传》,衷公二年。
② 《左传》,昭公六年。
③ 《左传》,僖公二十七年。
④ 《左传》,文公六年。
⑤ 《左传》,宣公十六年。
⑥ 《左传》,成公十八年。
⑦ 《左传》,昭公二十九年。
⑧ 《国语》,上海师范学院古籍整理组校点,上海古籍出版社,1978 年版,第 376 页。

法律责任。一个完整的刑事判决必须具备罪名与刑罚。在韩宣子和叔向简短的对话中,对犯罪者的判决原因——罪名和判决结果——相应的惩罚得到完整陈述,也是严格司法的体现。

晋非常注意招徕人才。如晋就有"虽有楚材,晋实用之"①的美誉,有尽用异邦客卿的传统。但细究晋所用之人,则可以发现他们多为法家学派或一些能征战、会谋略、懂权术的人士,其他学派尤其是儒家,则多拒之不用。从晋的用人之道,足以看出其崇法意识。

(四)轻视礼义

与其他诸侯国相比,晋国受周朝礼乐文化影响较小,加上处于戎狄包围中,深刻受戎狄轻礼义的影响。因此,晋国君臣不重礼,也不知礼、不守礼。

晋国君臣颇不懂礼。晋文公向周天子"请隧",要求允许他死后享受天子规格的葬礼,与其说是狂妄,不如说是无知。晋侯派士会(即武季)平王室(调解周室与卿的矛盾)。周大夫"相礼"(司仪),"武季私问其故"。周王说:"季氏,尔弗闻乎?""武子归而讲求典礼,以修晋国之法。"②晋国遭灾,求助于秦,秦慷慨允诺,将大批粮食"以船漕车转自雍相望至绛"。尔后秦逢旱灾,亦求助于晋,晋却拒绝援救。晋国执政赵简子问郑大夫子大叔"揖让

---

① 《左传》,襄公二十六年。
② 《左传》,宣公十六年。

周旋之礼",子大叔回:"是仪也,非礼也。"①仪指礼之节,而礼指精神、思想,二者虽不是截然分明,但仍有区别。所以从礼、仪不分可以看出赵简子不甚精通礼文化。再如,"范献子聘于鲁"②,他不知"入竟而问禁,入国而问俗,入门而问讳"③,为此闹出笑话。

晋国君臣不知礼,亦不守礼。夷吾入晋即君位时需要秦国给予武力支持,于是让郤芮前去与秦君约定:"即得入,请以晋河西之地与秦。"④同时许诺晋国重臣里克:"诚得立,请遂封子于汾阳之邑。"⑤但是君位一坐稳,这些承诺一概作废,秦国没有得到晋国的土地,里克也没有得到封邑,而且被夺权杀害。《史记·齐太公世家》记载:齐国与鲁会盟时,齐桓公被鲁国大臣曹诛劫持,以匕首逼迫其答应归还侵占的鲁国土地,桓公无奈应允。事后想反悔,管仲劝阻说:"夫劫许之而倍信杀之,愈一小快耳,而弃信于诸侯,失天下之援,不可。"⑥坚持归还了鲁国的土地。齐是大国,鲁是小国,齐如坚持不兑现诺言,鲁也无奈。两相对比,可以看出齐国对礼、信的重视和晋国对礼、信的漠然。

---

① (晋)杜预注,(唐)孔颖达正义:《春秋左传正义》,中华书局,1980 年影印《十三经注疏》本,第 2107 页。

② 《国语》,上海师范学院古籍整理组校点,上海古籍出版社,1978 年版,第 487 页。

③ 郑元注,(唐)孔颖达正义:《礼记正义》,中华书局,1980 年影印《十三经注疏》本,第 1251 页。

④ 《晋世家》,(汉)司马迁:《史记》,中华书局,1959 年版,第 1650 页。

⑤ 《晋世家》,(汉)司马迁:《史记》,中华书局,1959 年版,第 1650 页。

⑥ 《齐太公世家》,(汉)司马迁:《史记》,中华书局,1959 年版,第 1487 页。

除此之外，晋国还不重视文化典籍的整理与研究。有一次韩宣子奉命使鲁，"观书于大史氏，见易象与鲁春秋"，遂发出"周礼尽在鲁矣"的慨叹。① 晋与郑战，郑派使者谈判，"晋人杀之，非礼也。兵交，使在其间可也"②。晋国立太子之道为"身均以年，年同以爱，爱疑决之以卜筮"③。这与"立嫡以长不以贤，立子以贵不以长"④的周礼实在是大异其旨。据礼，"同姓不婚""娶妾避其同姓"⑤。而文公父母即为同姓，他自己大约因近亲结婚而"骈肋"，却又娶姬姓为妾。据礼，平民不得观鼎，而赵鞅"铸刑鼎"，向平民公布"范宣子所为刑书"。故孔子批评道："民在鼎矣，何以尊贵？ 贵何业之守？ 贵贱无序，何以为国？"不懂礼，故不拘礼，一张白纸正好做关于法律意识的新文章。

◆第二节　法的理论

一、法的定义

在近代以前的中国社会，很少有思想家对法的定义进

① 《左传》，昭公二年。
② 《左传》，成公八年。
③ 《国语·晋语》。
④ 《公羊传》，隐公元年。
⑤ 《国语·晋语》。

行纯粹法理学上的思辨,更不用说先秦的韩非,他也没有对法进行任何法理学上的定义性解释。但这并不能说明他在建构其法治思想体系时没有涉及法概念问题。事实上,在韩非著作中可以找到有关"法"的论述。

> 法者,编著之图籍,设之于官府,而布之于百姓者也;术者,藏之于胸中,以偶众端,而潜御群臣者也。故法莫如显,而术不欲见。是以明主言法,则境内卑贱莫不闻知也,不独满于堂;用术,则亲爱近习莫之得闻也,不得满室。而《管子》犹曰"言于室满室,言于堂满堂",非法术之言也。①

> 法者,宪令著于官府,刑罚必于民心,赏存乎慎法,而罚加乎奸令者也,此臣之所师也。君无术则敝于上,臣无法则乱于下,此不可一无,皆帝王之具也。②

由此看出,韩非关于法定义的内涵有:第一,法是一种规则的成文形式。例如,他曾批评申不害说:"晋之故法未息,而韩之新法又生;先君之令未收,而后君之令又下。申不害不擅其法,不一其宪令,故多奸。"根据他的意思,申不害曾帮助韩国立新法、布新令。韩非所说的韩之新法无疑是成文法。他对申不害的批评中提到的"利在故法前令则道之,利在新法后令则道之"③,说的也是官吏和百姓可知道的成文法。用现代法的语言来讲,他是在论法的时间效力。第二,法是帝王治民之具。韩非说:"故绳直而枉木斫,准平而高科削,权衡县而重益轻,斗石设而多益

---

① 《难三》。
② 《定法》。
③ 《定法》。

韩非子刑名思想研究

少,故以法治国,举猎而已矣。"①因此,法作为标准具有统一性,它不是个人标准、不是一部分地区的标准,而是以帝王为代表的地主阶级治国的全国有效的标准。拿现代法的语言来讲,他是在阐述法的空间效力。第三,法在基本意义上等同于刑。韩非把法、刑结合的思想,又有别于维护奴隶贵族特权的"礼"。因为自西周以来实行的是"礼不下庶人,刑不上大夫"②的"礼治","礼"和"刑"是分开的。"礼"主要用来调整贵族内部以及本氏族或者本部落成员的关系,"刑"主要用来镇压奴隶和平民的反抗。韩非将"法"与"刑"结合起来,也就意味着刑可以上大夫。与此同时,"法"既然以"刑"为保证,也就成为人们必须遵守的行为规范,具有以国家暴力为后盾的强制性。如果谁敢触犯,就要受到刑罚的制裁。这是"法"不同于"礼"的又一特点。中国封建社会的法律之所以以刑法为主,乃至刑、民不分,追其思想根源,是从法家开始的。

以上三个方面大致勾画出了韩非关于法定义的基本内涵,从第一方面我们似乎可以认为他的法定义中具有某些法律实证主义倾向。的确,他认为法是一种规则,是一种对百姓公布的成文法,然而这只是法的一种形式内容。他除了要求君主"明法",也没有对法的形式内容进行更深入的分析,这与西方实证主义法学注重法的形式逻辑技术操作而排除法的价值判断是大异其趣的。最能反映韩非法定义

---

① 《有度》。
② 《礼记·曲礼》。

特色的是其对法的实质价值内容的剖析,即法应该作为帝王治民之具,即"刑"而被理解和运用。这一点从他对法的性质和法的效用论述中可以得到更清楚的说明。

二、法的性质

韩非并没有直接界定法的属性,然而从其法思想中可以挖掘出他从多个维度论述了法的性质,主要有以下几个方面。

(一)公开性

公开性是法的必然诉求。认识到法的这种性质,是法律制度发展到一定阶段的结果,也是法治思想的一大进步。根据现有的材料来看,至少奴隶社会的某个时期或某些法律是不公开的。"昔先王议事以制,不为刑辟,惧民之有争心也。"①杜预注:"临事制刑,不豫设法也。法豫设则民知争端。"这种"临事制刑,不豫设法"的状态显然与文明程度的低级状态相适应。在当时状态下,统治是以言代法,法随心出。统治阶层之所以能够干出一桩桩骇人听闻的暴行,是同"临事制刑,不豫设法"的状态相联系的。当然,奴隶社会也有成文的法典。比如,公元前18世纪左右,巴比伦王国的汉谟拉比法典就是奴隶社会早期一部比较完备的成文法典。在中国古代,相传"尧能单均刑法以仪民"②,舜"象以典刑,流宥五刑,鞭作官刑,扑作教刑,金

① 《左传》,昭公六年。
② 《国语·鲁语上》。

作赎刑,眚灾肆赦,怙终贼刑"①。夏有"禹刑"②,还有"皋陶之刑"③。我国古代的这些法典目前还没有获得物证。即使这些法典的存在是确定的事实,但有一点仍然可以肯定,把公布法典作为一种制度在那时还不可能存在。《周礼》有"悬法象魏"之说,对此说历来存在争议。有学者以此为周代公布成文法的例证。④ 此观点是否存在尚有待进一步研究,但"悬法象魏"的做法与明誓布令具有共同的特点,都是事先公开确定某种规则以供人们遵守,或要求人们遵守。"悬法象魏"的说法与赵简子等阵前布誓令的实际做法,说明大约在战国前期我们的先祖就创造了一种公开规则的文化。战国时期法家继承了这种文化,他们所用的法都是公开的法,李悝"射的决讼"、吴起"南门债表"、商鞅"南门徙木"等故事,都是把赏令当公开的约定。而吴起和商鞅又都希望通过这种方式给法立信。他们为之立信的法都是明确宣之于百姓遵守的法。因此这种规则公开的程度越高,知晓其内容的人越多,其所追求的结果产生的可能性越大。因此法家的法不仅是公开的法,而且是普及最大化的法。实践证明,这种制度较之"临事制刑,不豫设法"的状况具有明显的优越性。

韩非正是认识到这一点,才力推将法布之百姓。韩非说:"法者,编纂之图籍,设之于官府,而布之于百姓者

---

① 《尚书·尧典》。
② 《左传》,昭公六年。
③ 《左传》,昭公四年。
④ 俞荣根:《儒家法思想通论》,广西出版社,1986 年版,第 66 - 78 页。

也。""故法莫如显","是以明主言法,则境内卑贱莫不闻知也"①。"法莫如一而固,使民知之。"②也就是说,法虽然是官府制定和掌握的,但立法之后,既然要求人们遵守,就必须以成文的形式"布之于百姓",并力求做到家喻户晓。公布法律目的是"使万民皆知所避就",并"使吏不敢以非法遇民,民不敢犯法以干法官"③。这样既有利于防止官吏罪刑擅断,又可以防止罪犯法外求情或进行刁难。韩非这一主张有力地打击了当时各级贵族与官吏的个人专横和"刑不可知则威不可测"的秘密法传说。韩非还非常重视普法的重要性,他主张各级官吏要学习和精通法律,做到"法勤饰于官",以便经常向老百姓做宣传。他讲:"法也者,官之所以师也。然使郎中日闻道于郎门之外,以至于境内日见法,又非其难者也。"④

　　韩非把立法("编纂之图籍,设之于官府")和执法区分开来,又把"布之于百姓""卑贱莫不闻知"看作执法过程的重要环节。明确这一点,对于健全法制来说是很有必要的。韩非要求法令必须统一,以便于遵循。首要的一点就是不能政出多门,立法权必须全部收归君主,不能容许各种不同质的法令并存。韩非曾批评申不害在主持韩国变法时"不擅其法,不一其宪令"的错误,由于没有废除原来晋国(韩国原为晋国的一部分)的"故法",结果造成"故

　　① 《难三》。
　　② 《五蠹》。
　　③ 《商君·书定分》。
　　④ 《说疑》。

新相反,前后相悖"的矛盾。

（二）公正性

法是客观的、普遍的、公正的行为准则。这种准则就像测量长度的尺寸、辨别曲直的绳墨、衡量方圆的规矩、称重衡量容积的斗斛工具,既不以个人的好恶为转移,也不以社会一部分人的主观愿望而更改。正如商鞅所说:"法者,国之权衡也。"①他以度量衡来比拟法律的目的,就是要强调法的客观性、普遍性和平等性。这种观点虽然是以普遍性的形式,即以社会全体成员代表的身份提出的,但实质上主要代表了当时的新兴地主阶级,反映了新兴地主阶级要求在法律面前与旧贵族平等的思想。尽管法是统治阶级意志的体现,是一阶级统治的工具,但它同时也代表了以社会为基础的共同利益和共同需要。马克思说:"法律应该以社会为基础,法律应该是社会共同的,有一定物质生产方式所产生的利益和需要的表现,而不是单个人的个人恣意横行。"②法具有普遍的约束力,它是国家权力管辖范围内一切人都必须遵守的,这就是法的公正性。韩非把法的公正性称为"明法"。他讲:

今所与备人者,且襄之所备也,人主不能明法而以制大臣之威,无道得小人之信矣。人主释法而以臣备臣,则相爱者比周而相誉,相憎者朋党而相非,非誉交争,则主惑乱矣。人臣者,非名誉请谒无以进取,非背法专制无以为

---

① 《商君书·修权》。
② 《马克思恩格斯全集》(第六卷),人民出版社,1961年版,第292页。

威，非假于忠信无以不禁，三者，惛主坏法之资也。人主使人臣虽有智能不得背法而专制，虽有贤行不得逾功而先劳，虽有忠信不得释法而不禁，此之谓明法。①

所谓"明法"，是说君主手下的一切臣僚，不管他的才智多高，也不管他的忠信的美名多么响亮，都必须守法。他讲：

使天下皆极智能于仪表，尽力于权衡，以动则胜，以静则安。治世使人乐生于为是，爱身于为非，小人少而君子多，故社稷常立，国家久安。奔车之上无仲尼，覆舟之下无伯夷。故号令者，国之舟车也，安则智廉生，危则争鄙起。②

伊尹自以为宰干汤，百里奚自以为虏干穆公。虏所辱也，宰所羞也，蒙羞辱而接君上，贤者之忧世急也。然则君人者无逆贤而已矣，索贤不为人主难。且官职所以任贤也，爵禄所以赏功也，设官职、陈爵禄而士自至，君人者奚其劳哉？使人又非所佚也。人主虽使人，必度量准之，以刑名参之；以事遇于法则行，不遇于法则止；功当其言则赏，不当则诛。③

舍常法，而从私意，则臣下饰于智能，则法禁不立矣。是妄意之道行，治国之道废也。治国之道，去害法者，则不惑于智能，不矫于名誉矣。昔者舜使吏决鸿水，先令有功而舜杀之；禹朝诸侯之君会稽之上，防风之君后至而禹斩

---

① 《南面》。
② 《安危》。
③ 《难二》。

之。以此观之,先令者杀,后令者斩,则古者先贵如令矣。故镜执清而无事,美恶从而比焉;衡执正而无事,轻重从而载焉。夫摇镜则不得为明,摇衡则不得为正,法之谓也。①

　　总之,所有人都必须遵守法律规范,不能有例外。韩非认为君主也应该遵守法律,法律不是社会中一部分人利益("私")的体现,相反,法律是社会中整体利益("公")的体现。"法"的制定应符合社会情况,能够很好地解决现实问题;一国之法应保持统一,法令之间不能够出现相互矛盾的情况;社会情况没有发生大变化时,君主不可随意变更已经颁布施行的法令;"法"所确定的赏罚标准应适当,奖赏可能得到,其丰厚程度足以激励人们行善,惩罚可以避免,其轻重程度足以禁止奸邪;"法"无法做到完美无缺,但利大于弊的法令方能确立、施行。韩非子对可立之"法"的这些要求,说明君主行使立法权并不能随意而为,但他终究没有提供一个有效的途径约束君主必须遵守这些立法原则。但韩非所讲的"法"是一种公布的成文法,是家喻户晓、人人应该遵守的言行标准,也是赏罚的依据。法家曾提出很多大家耳熟能详的名言,如"法不阿贵,绳不挠曲","刑过不避大臣,赏善不遗匹夫",我们甚至可以说这些名言闪耀着"法律面前人人平等"的思想火花。

　　韩非维护法律的公正性是与旧贵族垄断经济、政治利益的世袭特权尖锐对立的。在长时期中,旧贵族不受法律制裁的特权得到了"礼"的确认,而维护旧贵族世袭特权

---

　　① 《饰邪》。

的"礼"是不公平的。因此,应当按照新兴地主阶级的意志来立法,也只有按照新兴地主阶级意志所制定的法才能称为"法"。由此可知,韩非所谓的"法"不是一般的法律。因此,韩非讲平等,只是替当时还是平民的新兴地主阶级向旧贵族争取平等。这种平等即使在形式上也不同于近代资产阶级提出的"法律面前人人平等"。基于这样一种认识,韩非认为,法是为整个国家利益服务的,高于包括最高统治者在内的所有社会成员的个人利益;这种个人利益为"私",整体利益为"公",体现这种整体利益的"法"则为"公法";"公"高于"私",因而"法"也高于"私",而且二者势不两立。他说:

> 夫立法令者,以废私也。法令行而私道废矣。私者所以乱法也。而士有二心私学岩居窝路、托伏深虑,大者非世,细者惑下;上不禁,又从而尊之以名,化之以实,是无功而显、无劳而富也。如此,则士之有二心私学者,焉得无深虑、勉知诈与诽谤法令,以求索与世相反者也? 凡乱上反世者,常士有二心私学者也。故《本言》曰:"所以治者法也,所以乱者私也,法立则莫得为私矣。"故曰:道私者乱,道法者治。①

> 故当今之时,能去私曲、就公法者,民安而国治;能去私行、行公法者,则兵强而敌弱。故审得失有法度之制者,加以群臣之上,则主不可欺以诈伪;审得失有权衡之称者,

---

① 《诡使》。

以听远事,则主不可欺以天下之轻重。①

然所以废先王之教,而行贱臣之所取者,窃以为立法术,设度数,所以利民萌,便众庶之道也。②

因此,为了维护新兴地主阶级的整体利益,韩非坚决反对"君臣释法任私"③。他把体现新兴地主阶级意志的法看成是"公法"的观点,在法理学上显然已经朝着解决法的本质问题迈进了一步。但是,将本阶级的整体利益说成全社会的整体利益,又背离了法的公正性本质。

(三)规范性

法是一种社会规范,因而对人们的行为具有告示、指引、评价、预测、教育和强制等规范作用,韩非同样强调法的规范作用。战国时期,法家常把法界定为规范、尺度、标准等。管子认为,"尺寸也,绳墨也,规矩也,衡石也,斗斛也,角量也,谓之法"④。尺寸是量长度的标准,权衡是称重量的标准,斗斛、角量是量体积的标准。而法是国家所确定的规范人们行为的尺度,是社会生活中的度量衡。韩非也认为:

夫悬衡而知平,设规而知圆,万全之道也。明主使民饰于法,知道之故,故佚而有功。释规而任巧,释法而任智,惑乱之道也。乱主使民饰于智,不知道之故,故劳而无功。释法禁而听请谒,群臣卖官于上,取赏于下,是以利在

———

① 《有度》。
② 《问田》。
③ 《商君书·修权》。
④ 《管子·七法》。

私家而威在群臣。故民无尽力事主之心,而务为交于上;民好上交,则货财上流而巧说者用。若是则有功者愈少,奸臣愈进而材臣退,则主惑而不知所行,民聚而不知所道。此废法禁、后功劳、举名誉、听请谒之失也。①

　故矫上之失,诘下之邪,治乱决缪,绌羡齐非,一民之轨,莫如法;属官威民,退淫殆,止诈伪,莫如刑。刑重则不敢以贵易贱,法审则上尊而不侵;上尊而不侵,则主强而守要,故先王贵之而传之。人主释法用私,则上下不别矣。②

他在这里阐述了"任法"和"任智"的对立,"万全之道"与"惑乱之道"的矛盾。前者充分发挥法的告示、指引、评价、预测等规范作用,后者则否定这种作用而单纯按照个人的主观意志对人们的行为进行判断。这两种不同的度量标准,最后得出的功效是不一样的。前者是"佚而有功"的万全之道,后者则是祸乱之道。两者决然不同的后果,彰显了法的规范作用的重要性。韩非认为,法的规范标准具有统一性,它不是个人的标准,不是一部分地区的标准,而是国家确定的在全国有效的标准。所谓"一民",就是给全社会提供一个统一的标准。

　法作为"一民"的标准,在韩非思想中主要是指祸福的界限。违反法而受国家的处罚,这是祸;遵守法而得到赏誉,这是福。法具有预测作用,也就是它可以确定哪些事可做,做了可得多少赏;哪些事不可做,做了将受到什么

———————

① 《饰邪》。
② 《有度》。

处罚的标准。确定了这个标准之后,官吏可以"循令而从事,案法而治官",百姓可以循之"避祸趋福,而皆以自治。""准乎而高科削",法立而赏罚明。臣民欲避祸就福,只要守令遵法就行了。同时,这个标准也是君王管理臣民、实施赏罚的标准。君对臣民或君臣对民可以"循绳墨诛奸人"①,君对臣可以"守法责成"②。

韩非还进一步强调法规范标准具有客观性。他讲:

释法术而任心治,尧不能正一国;去规矩而妄意度,奚仲不能成一轮;度尺寸而差短长,王尔不能半中。使中主守法术,拙匠规矩尺斗,则万不是矣。君人者,能去贤巧之所不能,守中拙之所万不失,则人力尽而功名立。③

他认为法的客观规范作用优于个人的智慧与技能。不要法而单凭个人的意志,最英明的君主也"不能正一国";不要规矩尺寸而单凭个人的技能,再高明的工匠也制造不出合格的器物。韩非反对无法的"妄意度",力图充分发挥法的客观规范作用,这在他那个时代具有重大的进步意义。

法的规范性是对法的社会作用而言的。至于法对于社会生活究竟具有多大的效力,能在多大程度上发挥其规范性,这取决于许多因素,也取决于法本身的性质。如果制定的法与社会生产力的发展背道而驰,那么,不管它怎么被强制推行,也终行不通。因此,韩非认为法的规范作

---

① 《诡使》。
② 《外储说右下》。
③ 《用人》。

用不是永恒的,而是变化的。他讲:

> 变与不变,圣人不听,正治而已。然则古之不变,常之不易,在常,古之可与不可。伊尹毋变殷,太公毋变周,则汤、武不王矣;管仲毋易齐,郭偃毋更晋,则桓、文不霸矣。凡人难变古者,惮易民之安也。夫不变古者,袭乱之迹;适民心者,恣奸之行也。民愚而不知乱,上懦而不能更,是治之失也。人主者明能知治,严必行之,故虽拂于民必,立其治。说在商君之内外而铁殳重盾而豫戒也。①

变与不变取决于致治的需要。需要变则变,不需要变就不变。正因为这样,圣人不仅不反对变,而且鲧、禹、汤、武和"新圣"②就是各自采取了不同于前人的治国之道。既然前世的圣王不反对变法,而且他们自己也实行变法,那么法古、循礼就不是什么规律,也不是先王的要求。同时,今人效先王而变法当然是合理的。这就涉及法的时代性问题。法的时代性表现为稳定性和变动性的统一。

(四)稳定性

韩非强调法的统一和相对稳定性。他批评申不害在韩国执政时法令繁乱,前后相悖,新旧法抵触。他说:

> 晋之故法未息,而韩之新法又生,先君之令未收,而后君之令天下。申不害不擅其法,不一其宪令,则奸多。故利在故法前令则道之,利在新法后令则道之;利在故新相反、前后相悖,则申不害虽十使昭侯用术,而奸臣犹有所谲

---

① 《南面》。

② 《五蠹》。

其辞矣。故托万乘之劲韩,七十年而不至于霸王者,虽用术于上,法不勤饰于官之患也。①

法不统一,奸臣上下其法,得售其奸。他认为,变法之后,法律应有一个相对稳定的时期。法律不能朝令夕改,使臣民无所适从。他说:

> 故以理观之,事大众而数摇之则少成功,藏大器而数徙之则多败伤,烹小鲜而数挠之则贼其宰,治大国而数变法则民苦之。是以有道之君贵虚静而重变法。故曰:"治大国者,若烹小鲜。"②

> 是以赏莫如厚而信,使民利之;罚莫如重而必,使民畏之;法莫如一而固,使民知之。故主施赏不迁,行诛无赦,誉辅其赏,毁随其罚,则贤不肖俱尽其力矣。③

> 故镜执清而无事,美恶从而比焉;衡执正而无事,轻重从而载焉。夫摇镜则不得为明,摇衡则不得为正,法之谓也。故先王以道为常,以法为本。本治者名尊,本乱者名绝。凡智能明通,有以则行,无以则止。故智能单道,不可传于人;而道法万全,智能多失。④

他认为,秤锤放得平正才能称得准确,镜面平才能照得清晰。如果总是把它们晃来晃去,就达不到目的。同样,如果法律总是变来变去,就会造成很大的混乱。因此,法要保持相对的稳定性。

第三章 韩非的法思想

---

① 《定法》。
② 《解老》。
③ 《五蠹》。
④ 《饰邪》。

（五）变动性

韩非还强调法的变动性。他主张"法"须与"时"变易，因为法是达到治国目的的手段，法应与目的相应，服从目的的要求。在立法上，韩非发挥了"法与世宜"的思想。如商鞅、吴起等人，适应社会变革需要，提出了变法革新的路线。针对保守势力守旧复古的主张，商鞅指出，各代帝王都是"各当时而立法，因事而制礼，礼法以时而定，制令各顺其宜"①。因此，"治世不一道，便国不必法古"②。韩非继续从理论上阐述了变法的必要性。他批判了那种"无变古，毋易常"的思想，指出法是用以治世的，必须依据时代的需要来制定和实施。

> 故治民无常，唯治为法法与时转则治，治与世宜则有功。故民朴而禁之以名则治，世知维之以刑则从；时移而治不易者乱，能治众而禁不变者削。故圣人之治民也，法与时移而禁与能变。③

时代变了，固守旧法是守株待兔，难以为治。韩非认为当时的时代和以往的时代已发生根本变化，旧的秩序已不能适应新的社会关系，"常古"已不适应当世。他说：

> 夫古今异俗，新故，易备，如欲以宽缓之政治急世之民。犹无辔策而御駻马，此不知之患也。今儒、墨皆称先王兼爱天下，则视民如父母。何以明其然也？曰："司寇行刑，君为之不举乐；闻死刑之报，君为流涕。"此所举先

① 《商君书·更法》。
② 《商君书·更法》。
③ 《心度》。

188

王也。夫以君臣为如父子则必治，推是言之，是无乱父子也。人之情性莫先于父母，父母皆见爱而未必治也；虽厚爱矣，奚遽不乱？今先王之爱民不过父母之爱子，子未必不乱也，则民奚遽治哉？且夫以法行刑而君为之流涕，此以效仁，非以为治也。夫垂泣不欲刑者仁也，然而不可不刑者法也。先王胜其法，不听其泣，则仁之不可以为治亦明矣。①

　　是以圣人不期修古，不法常可，论世之事，因为之备。宋人有耕者，田中有株，兔走触株，折颈而死，因释其耒而守株，冀复得兔。兔不可复得，而身为宋国笑。今欲以先王之政治当世之民，皆守株之类也。②

因此，君主要适应"今世"的需要，就不能抱守旧法，而要因时而立法，使法与世宜，不但在当时具有直接的革新作用，而且解决了法与时代关系的难题。韩非认为，一定的法是一定的时代的产物，主张不因"理"而立法，而因时而立法。因世变法不仅是可为的，而且是必需的，因为治法是为致治服务的，治法只有与治国的任务相适应，才能发挥作用，达到治的目的。这同他朴素的发展观相一致。韩非认为，时代向前推移了，客观条件改变了，适应一定情势的法也要跟着改变。这就叫作"法与时转"。只有这样，才能使社会安定，国家富强。如果不顾实际情况，死抱住祖宗的成法不放，那就会引起社会的动乱以致民贫国弱。

①　《五蠹》。
②　《五蠹》。

总之，"法与时转则治，治与世宜则有功"。

综上所述，韩非尽管在著作中没有直接论述法的公开性、公正性、规范性、稳定性和变动性，但从其思想中仍能解读出现代法的某些特点。但他的思想中也存在着夸大法的作用，并将其推向极端，忽视了调整行为的多样性。

三、法的效用

法的效用就是指法的作用。从法是一种社会规范来看，法具有规范作用；从法的本质和目的来看，法又有社会作用。这两种作用是手段和目的的关系，即法通过规范作用(作为手段)来实现社会作用(作为目的)，法的性质与法的作用是相互联系的。事实上，韩非的法思想主要体现在法的社会效用。他认为，严明的法度是国家富强的关键。他讲：

明法者强，慢法者弱。强弱如是其明矣，而世主弗为，国亡宜矣。语曰："家有常业，虽饥不饿；国有常法，虽危不亡。"夫舍常法而从私意，则臣下饰于智能；臣下饰于智能，则法禁不立矣。是妄意之道行，治国之道废也。①

韩非用秦国变法的成功经验说明法的效用。他讲："秦孝公任用商鞅以变法易俗而明公道"，在较短的时间内成效显著，达到了"国治而兵强，地广而主尊"的目的。②他的结论是："彼法明忠臣劝，罚必则邪臣止。"③他认为，

① 《饰邪》。
② 《奸劫弑臣》。
③ 《饰邪》。

190

奉法是国家的一项基础性建设："法者，王之本者也。"①
"以道为常，以法为本。"②他认为国家兴衰等问题需要通过法来解决。对此，他从如下方面论述了法思想的社会效用。

（一）生力生强

在韩非看来，法的作用不只在于维护、恢复，还在于创造。也就是说，法不仅可以把现存的社会关系固定下来，还可以为达到某种目标而人为设定某种要求。法可以帮助君王更多占有民力，帮助诸侯国实现富强。正如商鞅所说："国之所以重，主之所以尊者，力也。"③而刑就有生力的效用。商鞅曾多次阐述"刑生力，力生强"④的道理。韩非继承并发展了商鞅的这一思想，他认为"严其境内之治，明其法禁，必其赏罚，尽其地力以多其积，致其民死以坚其城守"⑤。就是讲，他同商鞅一样主张用法治作为富国强兵的手段。

在韩非看来，刑赏二柄固然是"明主之所导制其臣"⑥的有力武器，但没有法规定的刑不足以禁奸，"释法制而妄怒，虽杀戮而奸人不恐。罪生甲，祸归乙，伏怨乃结"⑦。同时没有法规定的赏也不足以"劝善"，"主过予则臣偷幸，臣徒取则功不尊。无功者受赏则财匮而民望（怨），财

———————————

① 《心度》。
② 《饰邪》。
③ 《商君书·慎法》。
④ 《商君书·去强》。
⑤ 《五蠹》。
⑥ 《二柄》。
⑦ 《用人》。

匮而民望则民不尽力矣"①。只有按照法度赏所当赏,罚所当罚,才能胜暴劝善,使人民齐心协力为封建国家卖命。他讲:

善之生如春,恶之死如秋,故民劝极力而乐尽情。此之谓上下相得。上下相得,故能使用力者自极于权衡而务至于任鄙,战士出死而愿为贲、育,守道者皆怀金石之心以死子胥之节。用力者为任鄙,战如贲、育,中为金石,则君人者高枕而守已完矣。②

故先王明赏以劝之,严刑以威之。赏刑明则民尽死,民尽死则兵强主尊。刑赏不察,则民无功而求得,有罪而幸免,则兵弱主卑。故先王贤佐,尽力竭智。故曰:公私不可不明,法禁不可不审,先王知之矣。③

设法度以齐民,信赏罚以尽民能,明诽誉以劝沮:名号、赏罚、法令三隅。故大臣有行则尊君,百姓有功则利上,此之谓有道之国也。④

因此,韩非把法看成齐民尽能的关键。一般说来,对于法的评价不只看立法者的主观动机、目的,还要看法产生的实际效果。这种客观效果归根到底表现在法对社会生产和经济进程所起的作用上。他认为,只有实行法治,才能够整齐民心,竭尽民能,调动人民的主动性,并可提高国家的政治效能,从而促进社会进步。

---

① 《饰邪》。
② 《守道》。
③ 《饰邪》。
④ 《八经》。

（二）禁奸止邪

社会上始终存在着危害社会、危害他人的恶势力或奸邪行为,禁奸止邪是国家一项非常重要的任务。统治者可以采取许多措施来遏制这一行为。然而在韩非看来,用法规定赏罚、惩治奸邪是维护君臣秩序的重要手段。他讲:

> 服虎而不以柙,禁奸而不以法,塞伪而不以符,此贲、育之所患,尧、舜之所难也。故设柙,非所以备鼠也,所以使怯弱能服虎也;立法,非所以避曾、史也,所以使庸主能止盗跖也;为符,非所以豫尾生也,所以使众人不相谩也。不恃比干之死节,不幸乱臣之无诈也;恃怯之所能服,握庸主之所易守。当今之世,为人主忠计,为天下结德者,利莫长于如此。故君人者无亡国之图,而忠臣无失身之画。明于尊位必赏,故能使人尽力于权衡,死节于官职;通贲、育之情,不以死易生;惑于盗跖之贪,不以财易身——则守国之道毕备矣。①

韩非强调通过法治"塞伪""禁奸",认为法是打击豪强和奸臣的有力武器。因此,他不断说明不能"释法禁",更不能"废法禁",强调法对统治阶级内部同样具有效力。韩非认为,公布成文法还可以限制官吏的私威,使人民免遭荼毒。他说:

> 势(君势)足以行法,奉(官俸)足以给事,而私无所生,故民劳苦而轻官。任事者毋重使,其宠必在爵;外官者毋私使,其利必在禄;故民尊爵而重禄。爵禄所以赏也,民

---

① 《守道》。

重所以赏也则国治;刑之烦也名之缪也,赏誉不当则民疑。民之重名与其重赏也均,赏者有诽焉不足以劝,罚者有誉焉不足以禁。①

就是说,法得到施行,则官吏不敢因私"擅为",人民只要按法行事,便可安心于耕作劳苦,而不惧怕官吏。就是说,统治阶级内部成员的违法犯罪行为同样必须依法追究。他认为不制裁臣僚,尤其是奸臣的违法犯罪行为就"无道得小人之信","民无尽力事主之心"。总之,不用法手段抑制豪强势就会损害以君主为代表的地主阶级的基石。

（三）防止变乱

法是圣人为定纷止争而创设,当然具有定纷止争、防止生乱的效用。正如韩非所讲:"法明则内无变乱之患。"②变乱是政局不稳定的表现,造成政局不稳的因素很多,其中当然包含着法制上的因素。严明法纪会给政治生活带来良好的秩序,法制的成败和无序往往会造成"变乱之患",这是被许多历史事件证明了的。因此,"法明则内无变乱之患"是经过历史检验的真理。

韩非还进一步强调法对维护社会秩序的重要作用,他讲:

夫立名号所以为尊也,今有贱名轻实者,世谓之"高";设爵位所以为贱贵基也,而简上不求见者,世谓之"贤";威、利所以行令也,而无利轻威者,世谓之"重";法

---

① 《八经》。
② 《八奸》。

令所以为治也，而不从法令、为私善者，世谓之"忠"；官爵所以劝民也，而好名义、不进仕者，世谓之"烈士"。刑罚所以擅威也，而轻法、不避刑戮死亡之罪者，世谓之"勇夫"。①

寄治乱于法术，托是非于赏罚，属轻重于权衡，不逆天理，不伤情性，不吹毛而求小疵，不洗垢而察难知；不引绳之外，不推绳之内，不急法之外，不缓法之内；守成理，因自然，祸福生乎道法而不出乎爱恶，荣辱之责在乎己而不在乎人。②

故有道之主远仁义，去智能，服之以法。是以誉广而名威，民治而国安，知用民之法也。③

这些不同的说法无非体现了一种思想：法是良好的社会秩序的保障。韩非还援引商鞅的话："行法曲（乡曲）断（可决断），以五里断者王，以九里断者强，宿（留宿不行）治者削。"④意思是，如果实行法治，有了详明的法令和必信的赏罚，即使是穷乡僻壤的吏民也能据法判断事情的是非、可否。进而如果方圆五里、九里的行政基层都能及时作出决断，甚至"人断于心""事断于家"，而不必遇事皆坐待上级的指令，这就必能发挥吏民的主动性并提高国家的行政效能。于是富强可致，王业可兴。反之，如果不是事断于法，而是事断于君，则政事必然延迟不行，国家也必将

---

① 《诡使》。
② 《大体》。
③ 《说疑》。
④ 《饰令》。

被削弱。我们知道,韩非所主张的法是维护封建君主专制秩序的。从这个意义上讲,此法绝不可能消除"变乱之患",达到"民治而国安"的目的。然而,在战国时代变乱之祸严重成灾,韩非诉求法治来解决社会矛盾,结束封建割据,实现君主专制的一统天下,这是难能可贵的。

一般来说,任何法对社会有积极作用的同时,其本身也存在着一定的局限性,其局限性表现在:法只是社会调整许多方法中的一种,法并不能有效干预或解决所有的社会问题;法具有保守性、僵化性和限制性;法运作成本巨大;法的作用的充分发挥依赖一系列社会条件等。韩非在论述法的作用时不乏真知灼见。然而,他把法的地位和作用夸大到了不适当的地步,没有考虑到法的上述局限性。他讲:

> 令者,言最贵者也;法者,事最适者也。言无二贵,法不两适,故言行而不轨于法者必禁。若其无法令而可以接诈应变、生利揣事者,上必采其言而责其实,言当则有大利,不当则有重罪。是以愚者畏罪而不敢言,智者无以讼,此所以无辩之故也。①

他认为一切言行要以法律为准绳,违法的言行都要禁止,这当然是正确的。不过,他说,令是一切语言中最高贵的东西,法是一切事物中最合适、最完美的东西,这就忽视了法的局限性,过度夸大了法的作用。他说:

> 故有道之主远仁义,去智能,服之以法。是以誉广而

---

① 《问辩》。

名威,民治而国安,知用民之法也。①

故明主之道,一法而不求智,固术而不慕信,故法不败而群官无奸诈矣。②

夫治法之至明者,任数不任人。是以有术之国不用誉则毋适,境内必治,任数也;亡国使兵公行乎其地而弗能圉禁者,任人而无数也。自攻者人也,攻人者数也,故有术之国去言而任法。③

事实上,作为维护社会秩序和调整社会成员行为的两种主要手段,法和道德既相对独立,又在一定程度上于不同的层面交叉、融合、互相配合、互相补充、共同作用,不可或缺。单纯强调仁义道德和智能的作用而不要法,固然是一种片面性,单纯强调法的作用而不要仁义道德和智能也是一种片面性。韩非之所以表现出后一种片面性,很可能是基于这样一种认识:以为只有这样做才算是以法为尊,突出了法的地位和作用。实际情况恰恰相反。任何正确的、适时的法律,如果不辅以道德、智慧等,那么它的作用就不可能充分发挥,它的地位也不可能真正得到巩固。

总之,韩非的法治思想体现在对君主专制政体的一种改良,是新兴地主阶级革新势力同旧的腐朽势力进行政治斗争的武器,有利于封建国家增强国力、兼并天下,是符合当时历史发展趋势的,同时也包含着一定的民主因素。从这个意义上讲,韩非的法治思想有进步性。然而他的法思

① 《说疑》。
② 《五蠹》。
③ 《制分》

想错误之处在于:其一,法思想不是发展工商业,反而主张"重农抑商"的手段。进而使自然经济在土地私有制上呈现反刍现象,使宗法家族式的社会得到喘息,从而唤回古老的礼治与法治分庭抗礼。其二,新兴的地主阶级尚无足够的力量颠覆社会旧基础,而韩非作为新兴的地主阶级的代表其法思想反古过烈、过猛、过急,从而使大多数人传统感情受到伤害,引起社会的普遍抵触。因此,韩非将法治与德治对立起来,强调暴力统治,反对仁德教化,表现了对人的价值的忽视。这种唯暴力论只能应急于一时,不能应于一世。

◆第三节 法制

法制在春秋前期已被统治者重视。单襄公受周定王派遣,出使楚国。他路过陈国时,看到当地衰败的景象,便讲:"今陈国,道路不可知,田在草间,功成而不收,民罢于逸乐,是弃先王之法制也。"①可见,周代的"先王"是有法制的。《礼记·月令》也讲:"命有司,修法制,缮囹圄。"史书记载"古之王者"曾"予之法制,告之训典"。其目的在于"使无失其土宜,众隶赖之而后即命"②。春秋中期出现了健全法制的思想萌芽。蔡声子在同楚国令尹子木的一

---

① 《国语·周语中》。
② 《左传》,文公六年。

席话中涉及了法制。他说："善为国者赏不僭而刑不滥。赏僭则惧及淫人，刑滥则惧及善人。若不幸而过，宁僭无滥。与其失善，宁其利淫。"①认为赏与刑都要适当，其中用刑一项更须谨慎。这实际上涉及健全法制的一个根本性的问题。到了战国，健全法制的思想有了进一步的发展。

商鞅便论及过法制：

明主慎法制。言不中法者，不听也；行不中法者，不高也；事不中法者，不为也。言中法则辩之；行中法则高之，事中法则为之。故国治而地广，兵强而主尊，此治之至也。②

管子和慎到同样阐述过法制：

法制有常，则民不散而上合，竭情以纳其忠。③

法制礼籍，所以立公义也。凡立公所以弃私也。④

这些议论集中到一点，就是君主立法不能随心所欲，必须遵循、反映自然和社会关系的必然性，充分考察，法制制定要慎重，还要严格执法，臣民必须守法。这是法制观念上的重要进步。韩非继承了先哲们的法制思想，阐述了自己的法制观，即有法可依、有法必依、执法必严和违法必究的法思想。

---

① 《左传》，襄公二十六年。
② 《商鞅·君臣》。
③ 《管子·君臣上》。
④ 《慎子·威德》。

一、有法可依

韩非晚商鞅、慎到、申不害等一百多年。在商鞅等去世到韩非为学时期的一个多世纪里,秦、齐、韩等国的法治实践已经对中期法家的法制理论做了实践性的检验,已辨出优劣。同时,法治的实践者和思想家不得不根据实际需要对法家最初提出的一些主张进行反思。韩非生在战国末,熟谙法家学说,又长在君王之家,对法治实践有充分的了解,因而有条件对以前的法家思想进行批判和继承。因此,有人称韩非是法家的"集大成者"①。

韩非认为,必须有法可遵循。

古之全大体者:望天地,观江海,因山谷,日月所照,四时所行,云布风动;不以智累心,不以私累己;寄治乱于法术,是非于赏罚,属轻重于权衡;不逆天理,不伤情性;不吹毛而求小疵,不洗垢而察难知;不引绳之外,不推绳之内;不急法之外,不缓法之内;守成理,因自然;祸福生乎道法,而不出乎爱恶;荣辱之责,在乎己而不在乎人。②

从韩非这段话可以看出:首先,一切国家举措都依据客观的标准,不管这种标准叫作权衡还是法术,而无须劳累自己的心智去做取舍的认定。其次,一切福祸、赏罚都是有关当事者行为的自然结果;行为是因,赏罚是果;有因便有果,无因便无果。有关当事者受赏还是受罚,是在他做出

---

① 杨鸿烈:《中国法制思想史》,中国政法大学出版社,2004 年版,第112 页。
② 《大体》。

某种行为时就已经确定下的,任何事后的评价、裁量都不能带来也不能免去罚。君主和大臣要做的只是"守"而已。再次,在赏罚的使用上,一切执行者的任务只是"守"或"因",一切赏罚都以法的明文规定为准绳。因此,在法的准绳之外既没有赏,也没有罚,准绳之外的不能"引"、不能"急",准绳之内的不能"推"、不能"缓"。最后,赏罚是行为人的行为造成的,因此这里除行为人,既无来自他人的恩德,也无他人的仇怨,相应的,执法者既不要希望获赏者对自己感恩戴德,也无须担心受罚者记恨寻仇。

　　韩非主张各方面都要有法,以便"服之以法"①。比如,处理君臣关系要有法可依:"明主之蓄其臣也,尽之以法"②,臣也要"以法事君"③。此外,还要有"官法"④"用民之法"⑤和"禁奸之法"等。从个人的言论和行动来说,功不能"外于法",名不能"外于法"⑥。言谈不能外于法:"故言行而不轨于法令者必禁"⑦,"法之所外,虽有难行不以显焉"⑧。总之,"不引绳之外,不推绳之内;不急法之外,不缓法之内"⑨。这种关于全面立法的主张,当然是为从各个方面强化和巩固专制主义统治。但从健全法制的

---

① 《说疑》。
② 《爱臣》。
③ 《奸劫弑臣》。
④ 《八经》。
⑤ 《说疑》。
⑥ 《外储说左上》。
⑦ 《问辩》。
⑧ 《八经》。
⑨ 《大体》。

观点来看,这种主张却有合理的因素。

有法可依就是要制定法。韩非认为,要使法顺利实行,充分发挥法治的优越性,在立法时必须遵循一条根本原则,那就是"因道全法",即根据客观规律制定法令。就是说,只有遵循客观规律而立法,才能使善人拥护、恶人畏惧,势不可当,行令无穷。他说:

故曰:古之牧天下者,不使匠石极巧以败太山之体,不使贲、育尽威以伤万民之性,因道全法,君子乐而大奸止;澹然闲静,因天命,持大体,故使人无离法之罪,鱼无失水之祸。如此,故天下少不可。[①]

故得天时则不务而自生,得人心则不趣而自劝,因技能则不急而自疾,得势位则不推进而名成。若水之流,若船之浮,守自然之道,行毋穷之令,故曰明主。[②]

要做到"因道全法"必须遵循以下三条原则。

第一,循天顺人原则。所谓循天顺人,即顺乎天时、人心,合乎天理、性情,也就是合乎大自然的规律,以及人类体现自然规律的性情和要求。韩非说:

闻古之善用人者,必循天顺人而明赏罚,循天则用力寡而功立,顺人则刑罚省而令行,明赏罚则伯夷、盗跖不乱。如此则白黑分矣。治国之臣效功于国以履位,见能于官以受职,尽力于权衡以任事。人臣皆宜其能,胜其官,轻其任,而莫怀余力于心,莫负兼官之责于君,故内无伏怨之

---

① 《大体》。
② 《功名》。

乱,外无马服之患。明君使事不相干,故莫讼;使士不兼官,故技长;使人不同功,故莫争。争讼止,技长立,则强弱不觳力,冰炭不合形,天下莫得相伤,治之至也。①

明主所以立功成名者四:一曰天时,二曰人心,三曰技能,四曰势位。②

古之全大体者:望天地,观江海,因山谷,日月所照,四时所行,云布风动;不以智累心,不以私累己;寄治乱于法术,是非于赏罚,属轻重于权衡;不逆天理,不伤情性。③

第二,因时制宜原则。按照时势制定相宜的法令,也符合其历史观。韩非指出:

故治民无常,唯治为法,法与时转则治,治与世宜则有功。④

故民朴而禁之以名则治,世知维之以刑则从;时移而治不易者乱,能治众而禁不变者削。故圣人之治民也,治法与时移而禁与能变。⑤

他认为,法不是从来就有的,是圣人为了治乱而制定的。时代变了,圣人因时而立法,因此法也随时而变。法要建立在现实的基础之上,只有这样,法才能切实可行。

第三,立法详明。韩非说:

书约而弟子辩,法省而民讼简。是以圣人之书必著论,明主之法必详事。尽思虑,揣得失,智者之所难也;无

① 《用人》。
② 《功名》。
③ 《大体》。
④ 《心度》。
⑤ 《心度》。

思无虑,挈前言而责后功,愚者之所易也。明主虑愚者之所易,以责智者之所难,故智虑不用而国治也。①

就是说,书太简约则弟子辩论不休,法太简略则人民争讼不止,所以圣人之书必定说理清楚,明主之法必定论事详细。可见,在法的形式方面,韩非要求立法详细而明确。

韩非也认为,法规定的只是人们可以得到的赏赐和可以避免的刑罚,以促使人们竭力去建立功名而不敢犯罪。由于人们不都是"贤者",只有"贤者"才能做到的规定不能被制定为法律。事实上,民之"所能为"和"所不能为"之间的"度量线"是由生产水平和人的体力决定的。因此,君主立法不能超越一定的度量界线。否则,统治将岌岌可危。这个度量界线就是既不要使民富裕,又不要使民穷困致死,使民能维持简单生产的条件就恰到好处。所谓条明易,即指法要通俗易懂、简便易行。商鞅指出:"民愚则易治"②,即法律的对象是愚蠢的民众,如果太"微妙",连聪明的人都看不懂,怎能让民众遵守? 因此,"圣人为法,必使明白易知"。韩非则提出了"三易"的标准:"易见",即容易使人看到;"易知",即容易使人懂得;"易为",即容易使人执行、遵守。只要做到了"三易",就能确立起君主的威信,使法得到贯彻执行。韩非的"三易"法思想对我们今天的立法仍具有借鉴意义。

---

① 《八说》。
② 《商君书·定分》。

二、有法必依

韩非认为,要做到有法必依,必须明法。所谓明法,即要求公布法,使法"显""明"。法制是关系国家治乱的重大举措。明法制以便做到令行禁止,这是韩非在法制问题上的基本主张。他说:

> 禁主之道,必明于公私之分,明法制,去私恩。夫令必行,禁必止,人主之公义也;必行其私,信于朋友,不可为赏劝,不可为罚诅,人臣之私义也。私义行则乱,公义行则治,故公私有分。人臣有私心,有公义。修身洁白而行公行正,居官无私,人臣之公义也;污行从欲,安身利家,人臣之私心也。明主在上,则人臣去私心、行公义;乱主在上,则人臣去公义、行私心。①

"明法制"就是健全法制的意思,就是要做到有法可以遵循。他说:

> "故法莫如显,而术不欲见。是以明主言法,则境内卑贱莫不闻知也,不独满于堂;用术,则亲爱近习莫之得闻也,不得满室。"②

韩非明法的目的就是从两个层面做到有法必依。

第一,使万民能够以法自戒,知道不能做什么。正如商鞅所讲:

> 故圣人为法,必使之明白易知。……为置法官,置主

---

① 《饰邪》。
② 《难三》。

法之吏，以为天下师。令万民无陷于险危。①

吏不敢以非法遇民，民不敢犯法以干法官。②

第二，防止司法官吏徇私枉法或罪刑擅断，同时防止罪犯法外求情。韩非指出了任法，他认为"任智"则必然导致"下不听上，不从法"。他说：

道私者乱，道法者治。上无其道，则智者有私词，贤者有私意。上有私惠，下有私欲，圣智成群，造言作辞，以非法措于上。上不禁塞，又从而尊之，是教下不听上、不从法也。是以贤者显名而居，奸人赖赏而富。贤者显名而居，奸人赖赏而富，是以上不胜下也。③

他在《五蠹》中把儒家（"学者"）、纵横家（"言谈者"）、游侠（"带剑者"）、逃避兵役者（"患御者"）、商人工匠（"商工之民"）比作国家法的五种蛀虫，主张坚决铲除。要做到任法，一方面，君主要牢牢掌握法律，把法作为察言、观色、考功、任事的标准，凡是不符合法律规定的，都要不听、不说、不做；另一方面，要突出"信"字，强调"必"字要求有法必依，执法必信。"赏莫如厚而言，法莫如刑而必。"④

韩非主张："行赏不失疏远，刑罚不避亲贵，行赏不僭，行罚不滥。"他认为法律是衡量人们行为的唯一标准，反对用道德的标准来评价人们的行为。因为道德的标准同法标准不一致时，依据这种标准所进行的诽誉有时便同

---

① 《商君书·定分》。
② 《商君书·定分》。
③ 《诡使》。
④ 《五蠹》。

赏罚不一致。而这种不一致会妨碍赏罚的劝禁作用的发挥,同时也就降低了法治的效果,就不能做到有法必依。他讲"民之重名,与其重赏也均"①,甚至"急名也,甚其求利也"②,当国家的奖赏与社会的赞誉不一致时,慕"名"的人就会顺从国家的奖赏和引导去做。同样,当国家惩罚与社会的诽谤不同时,避社会的毁而求"名"的人就会不避国家的惩罚,就可能违法犯禁,所以韩非认为"赏者有诽焉不足以劝,罚者有誉焉则不足以禁"。为了充分发挥赏罚的劝禁作用,他主张"赏誉同轨,非诛俱行"③,也就是使法的赏罚与道德的诽誉相一致,使被诛者受诽,受赏者获誉。这样"誉辅其赏,毁随其罚"④,使名与功相应,恶与罚相随,道德评价与法评价一致,就能充分发挥法对全社会的规范作用。依德也就是依法。

韩非发现,在法治实践中为法所赞扬的却为道德所贬斥,为法所禁止的却为道德所宣扬。他把这类情况归纳为"六反"。他讲:

畏死远难,降北之民也,而世尊之曰"贵生之士";学道立方,离法之民也,而世尊之曰"文学之士";游居厚养,牟食之民也,而世尊之曰"有能之士";语曲牟知,伪诈之民也,而世尊之曰"辩智之士";行剑攻杀,暴之民也,而世尊之曰"勇之士";活贼匿奸,当死之民也,而世尊之曰"任

---

① 《八经》。
② 《诡使》。
③ 《八经》。
④ 《五蠹》。

誉之士";此六民者,世之所誉也。赴险殉诚,死节之民,而世少之曰"失计之民"也;寡闻从令,全法之民也,而世少之曰"朴随之民"也;力作而食,生利之民也,而世少之曰"寡能之民"也;嘉厚纯粹,整谷之民也,而世少之曰"愚憨之民"也;重命畏事,尊上之民也,而世少之曰"怯慑之民"也;挫贼遏奸,明上之民也,而世少之曰"谄谗之民"也;此六民者,世之所毁也。奸伪无益之民六而世誉之如彼;耕战有益之民六,而世毁之如此;此之谓六反。①

道德的褒贬与法的赏罚上的差异反映了社会和国家不同的价值取向。这属于意识领域中的问题,然而韩非把它上升为国家公利与个人私利之间的矛盾。他讲:

> 为故人行私谓之不弃,以公财分施谓之仁人,轻禄重身谓之君子,枉法曲亲谓之有行,弃官宠交谓之有侠,离世遁上谓之高傲,交争逆令谓之刚材,行惠取众谓之得民。不弃者,吏有奸也;仁人者,公财损也;君子者,民难使也;有行者法制毁也;有侠者,官职旷也;高傲者,民不使也;刚材者,令不行也;得民者,君上孤也。此八者匹夫之私誉,人主之大败也,反此八者,匹夫之私毁,人主之公利也。反此八者,匹夫之私毁,人主之公利也。人主不察社稷之利害,而用匹夫之私誉,索国之无危乱,不可得矣。②

无论是对"有行""有侠"的肯定,还是对"不弃""仁人""刚材""得民"的认可,都包含着与国家利益相对立的个

---

① 《六反》。
② 《八说》。

人利益,"私毁""私誉"的背后是"私"的利益。因为私誉与公利是矛盾的,所以,国家如果从私誉而施赏罚,其结果就不仅是使"法制毁""令不行"的状况进一步加剧,而且必然给国家的利益带来更大的危害。因此,要使道德与法一致,韩非认为君王必须依法行赏,在赏罚的使用上不顺从百姓的私欲,使国家所褒、所贬、所抑、所扬都与法相统一。

三、执法必严

首先,执法必严,君主要严格执法。韩非认为,法制定之后,必须严格执行,方能产生效果。君主玩忽法,法便逐渐演成一纸具文,大臣就会擅权自重,威逼君主。他说:

官之重也,毋法也;法之息也,上暗也,上暗无度则官擅为,官擅为故奉重无前。奉重无前则征多,征多故富。官之富重也,乱功之所生也。明主之道,取于任,贤于官,赏于功。[1]

针对君主"以智乱法"和"刑不上大夫"等时弊,韩非反复强调,君主在处理政务时必须严格执法。其思想的内容如下。

第一,君主要严格监督官吏执法,使百官有常、群臣守法,堵塞"尊贵之臣"法外行私的缝隙。执法必严,有利于防止"尊贵之臣"采用败法乱法的方式制造社会混乱,乘机售奸牟私。他说:

---

① 《八经》。

夫人臣之侵其主也，如地形焉，即渐以往，使人主失端，东西易面而不自知。故先王立司南以端朝夕。明主使其群臣，不游意于法之外，不为惠于法之内，动无非法。①

第二，鉴于"法之不行，自上犯之"的历史教训，韩非要求君主在适用法律上，不论贫贱亲贵，一体对待。他指出：

未尝不从尊贵之臣也；而法令之所以备，刑罚之所以诛，常于卑贱。是以其民绝望，无所告诉，大臣比周，蔽上为一。②

法不阿贵，绳不挠曲。法之所加，智者弗能辞，勇者弗敢争。刑过不避大夫，赏善不遗匹夫刑过不辟大臣，赏善不遗匹夫。故矫上之失，诘下之邪，治乱决缪，绌羡齐非，一民之轨，莫如法；厉官威民，退淫殆，止诈伪，莫如刑。③
历来犯法为逆以成大奸者，皆为"尊贵之臣"在法律适用上的特权，掩护了他们的奸行，又使老百姓对法律的"治下不治上"深感失望。韩非从加强中央集权和有利推行法出发，坚决要求君主破除贵族的特权，打破了旧的贵族特权。

第三，更重要的，韩非强调君主本人要严格守法，君主断事、择人、量功都有一个客观的尺度，而不能以私意左右出入法。他要求君主做到：

不以智累心，不以私累己；寄治乱于法术，论是非于赏罚,属轻重于权衡,不逆天理,不伤情性,不吹毛而求小疵,不洗垢而察难知;不引绳之外,不推绳之内,不急法之外,不缓法之内;守成理,因自然,祸福生乎道法而不出乎爱恶,荣辱之责在乎己而不在乎人。故至安之世,法如朝露,纯朴不散,心无结怨,口无烦言。故车马不疲弊于远路,旌旗不乱乎大泽,万民不失命于寇戎,雄骏不创寿于旗幢;豪杰不著名于图书,不录功于盘盂,记年之牒空虚。故曰:利莫长乎简,福莫久于安。

使匠石以千岁之寿操钩、视规矩、举绳墨而正太山,使贲、育带干将而齐万民,虽尽力于巧,极盛于寿,太山不正,民不能齐。故曰:古之牧天下者,不使匠石极巧以败太山之体,不使贲、育尽威以伤万民之性,因道全法,君子乐而大奸止;澹然闲静,因天命,持大体,故使人无离法之罪。①

故明主使法择人,不自举也,使法量功,不自度也。能者不可弊,败者不可饰;誉者不能进,非者弗能退。则君臣之间明辩而易治,故主雠法则可也。②

释规而任巧,释法而任智,惑乱之道也。乱主使民饰于智,不知道之故,故劳而无功。释法禁而听请谒,群臣卖官于上,取赏于下,是以利在私家而威在群臣。故民无尽力事主之心,而务为交于上;民好上交,则货财上流而巧说者用。③

释仪的而妄发,虽中小,不巧;释法制而妄怒,虽杀戮,

---

① 《大体》。
② 《有度》。
③ 《饰邪》。

而奸人不恐。罪生甲，祸归乙，伏怨乃结。故至治之国，有赏罚而无喜怒。①

归纳起来，韩非从树立社会权威、要求君主守法、监督官吏执法和一体适用法等方面阐述了执法必严的必要性。

其次，执法必严，官吏起着关键作用。官吏直接关系到能否严格执法，其职业操守的高低是法治建设中的关键环节，必须严格要求官吏守正不阿。他说：

摇木者——摄其叶则劳而不遍，左右拊其本而叶遍摇矣。临渊而摇木，鸟惊而高，鱼恐而下。善张网者引其纲，若——摄万目而后得；——摄万目而后得，则是劳而难。引其纲，而鱼已囊矣。故吏者，民之本、纲者也，故圣人治吏不治民。②

明主之国。官不敢枉法，吏不敢为私，货赂不行，是境内之事尽如衡石也。此其臣有奸者必知，知者必诛。是以有道之主不求清洁之吏，而务必知之术也。③

这就是说，官吏如果都像衡石这种标准物一样正直不阿，不枉法为私，那么行贿受贿的行为便无由发生，一切事情都严格依法办理，就像人们对待衡石这种标准物一样没有也不可能任意索求漏洞。

韩非主张各级司法官吏都要尽力严格执法，做到赏罚分明。他说：

闻古之善用人者，必循天、顺人而明赏罚。循天则用

---

① 《用人》。
② 《外储说右下》。
③ 《八说》。

韩非子刑名思想研究

力寡而功立,顺人则刑罚省而令行,明赏罚则伯夷、盗跖不乱。如此则白黑分矣。治国之臣效功于国以履位,见能于官以受职,尽力于权衡以任事。[①]

赏无功之人,罚不辜之民,非所谓明也;赏有功、罚有罪而不失其人,方在于人者也,非能生功止过者也。是故禁奸之法,太上禁其心,其次禁其言,其次禁其事。[②]

圣人之治也,审于法禁,法禁明著即官法;必于赏罚,赏罚不阿则民用。官治则国富,国富则兵强,而霸王之业成矣。霸王者,人主之大利也;人主挟大利以听治,故其任官者当能,其赏罚无私,使士民明焉尽力致死则功伐可立而爵禄可致,爵禄致而富贵之业成矣。富贵者,人臣之大利也;人臣挟大利以从事,故其行危至死,其力尽而不望。此谓君不仁、臣不忠,则可以霸王矣。[③]

再次,执法必严,要做到执法准确无误。韩非主张执法要像射箭一样准确。他说:

释仪的而妄发,虽中小不巧;释法制而妄怒,虽杀戮而奸人不恐。罪生甲,祸归乙,伏怨乃结。故至治之国,有赏罚而无喜怒。故圣人极有刑法而死无螫毒,故奸人服;发矢中的,赏罚当符,故尧复生,羿复立。如此,则上无殷、夏之患,下无比干之祸,君高枕而臣乐业,道蔽天地,德极万世矣。[④]

① 《用人》。
② 《说疑》。
③ 《六反》。
④ 《用人》。

他的这段论述主要体现两点：第一，执法必严，反对"妄怒"和感情用事，仅凭对个人的主观情感实施刑罚；第二，要求"发矢中的，赏罚当符"。不论赏或罚都必须严格依照法制，实事求是，尤其在用刑方面，要反对无根据的株连，或把罪责转嫁给无辜者。因为"罪生甲，祸归乙，伏怨乃结"，执法的严格性是健全法制的重要环节。如果妄怒、妄杀、妄罚，一句话，如果执法不严，那事实上是对法律的严重破坏。破坏法制会招致一系列危险的政治后果。韩非关于执法必严的思想是他的整个法制理论中的重要组成部分。

最后，执法必严，要反对在执法中有"仁"和"暴"两种倾向。他讲：

仁者，慈惠而轻财者也；暴者，心毅而易诛者也。慈惠则不忍，轻财则好与，心毅则憎心见于下，易诛则妄杀加于人。不忍则罚多宥赦，好与则赏多无功；憎心见则下怨其上，妄诛则民将背叛。故仁人在位，下肆而轻犯禁法，偷幸而望于上；暴人在位，则法令妄而臣主乖，民怨而乱心生。故曰：仁暴者皆亡国者也。[1]

惠之为政，无功者受赏，则有罪者免，此法之所以败也。法败而政乱，以乱政治败民，未见其可也。且民有倍心者，君上之明有所不及也。不绍叶公之明，而使之悦近而来远，是舍吾势之所能禁，而使与不行惠以争民，非能持

① 《八说》。

势者也。①

韩非认为,慈惠和执法必严是对立的。一讲慈惠就不忍诛罚,即使惩罚一下也往往很快就把受罚者赦免了。此外,一讲慈惠就会看轻财物而好赏赐。滥赏的结果是使许多无功的人得到实惠。所以,如果一个仁慈充斥头脑的人当权,行为放肆而违法的人就会增多。残暴同样如此,也是践踏了执法必严的法制,因为执法中的残暴就意味着滥施淫威,乱罚乱杀。这会引起民众的怨恨以至于发生反抗和背叛的行动。

在反对"仁"和"暴"两种倾向问题上,韩非认为有罪者一定要追究,无罪者不应受罚。他说:

韩子之所斩也,若罪人,则不可救,救罪人,法之所以败也,法败则国乱;若非罪人,则劝之以徇,劝之以徇,是重不辜也,重不辜,民所以起怨者也,民怨则国危。②

民犯法令之谓民伤上,上刑戮民之谓上伤民。民不犯法则上亦不行刑,上不行刑之谓上不伤人,故曰:"圣人亦不伤民。"③

夫未立有罪,即位之后宿罪而诛,齐胡之所以灭也。君行之臣犹有后患,况为臣而行之君乎? 诛既不当,而以尽为心,是与天下为仇也。则虽为戮,不亦可乎?④

重不辜(即给无辜者施重刑),民所以起怨者也,民怨

①《难三》。
②《难一》。
③《解老》。
④《难四》。

则国危。①

　　总之，严格执法思想就是既不放过一个坏人，也不冤枉一个好人。要做到这一点，一方面，要防止和反对专讲仁慈而放弃对罪犯的必要惩治；另一方面，也要防止和反对专制残暴手段而滥施刑罚，伤害好人。所以，韩非反对"仁"和"暴"两种倾向对于当今社会健全法制具有重大的借鉴意义。

四、违法必究

　　首先，享有特权的人违法必究。韩非认为特权是破坏法制的主要原因。他说：

　　犯法为逆以成大奸者，未尝不从尊贵之臣也；然而法令之所以备，刑罚之所以诛，常于卑贱。是以其民绝望，无所告诉。大臣比周，蔽上为一，阴相善而阳相恶以示无私，相为耳目以候主隙。人主掩蔽，无道得闻，有主名而无实，臣专法而行之，周天子是也。偏借其权势，则上下易位矣。此言人臣之不可借权势。②

尊贵的大臣犯法为逆，逃之夭夭；卑贱的无辜民众备受诛罚，哭诉无门。不仅尊贵的大臣犯法为逆，就是一般的大臣也以背法为威。他说：

　　人臣者，非名誉清谒无以进取，非背法专制无以为威，非假于忠信无以不禁，三者惛主犯法之资也。人主使人臣

---

① 《难一》。
② 《备内》。

虽有智能不得背法而专制,虽有贤行不得逾功而先劳,虽有忠信不得释法而不禁,此之谓明法。①

意思是说,大臣们不走后门就得不到提拔,不违法乱纪就成不了威势,不依靠忠信的伪装就不能通行无阻。

其次,君主违法必究。因为君主的个人独裁是同健全法制的目标不相容的。韩非讲:

儒以文乱法,侠以武犯禁,而人主兼礼之,此所以乱也。夫离法者罪,而诸先生以文学取;犯禁者诛,而群侠以私剑养。故法之所非,君之所取;吏之所诛,上之所养也。法趣上下,四相反也,而无所定,虽有十黄帝不能治也。②

最后,官吏违法必究。韩非认为,官吏是执法的重要环节,官吏违法必究才能使国家强盛,否则国家则变弱。他讲:

国无常强,无常弱,奉法者强则国强,奉法者弱则国弱。③

真正做到违法必究,必须督责官吏。这也是韩非"明主治吏不治民"思想的体现。他讲:

人主者,守法责成以立功者也。闻有吏虽乱,而有独善之民,不闻有乱民而有独善之吏。故明主治吏不治民。说在摇木之本与引网之纲。故失火之啬夫,不可不论也。救火者,吏操壶走火则一人之用也,操鞭使人则役万夫。④

在法治建设方面,韩非还主张普法教育,让知道法的官吏充当百姓的老师,让全国老百姓都知道法律,使他们遵纪守法。他说:

> 故明主之国无书简之闻,以法为教,无先王之语,以吏为师,无私剑之捍,以斩首为勇。是境内之民,其言谈者必轨于法,动作者归之于功,为勇者尽之于军。是故无事则国富,有事则兵强,此之谓王资。既畜王资,而承敌国之衅,超五帝、侔三王者,必此法也。①

总之,尽管韩非的法制理论包含着许多精华,但还是存在着糟粕。他主张在任何环境下法制与仁慈都如同水火,互不兼容;反对赈济饥民,认为赈济饥民就等于无功者受赏,从而导致法制遭到破坏;反对仁慈,主张用残酷的手段对付老百姓,以维护封建地主阶级的统治。这些从他的重刑论中就可见一斑。

第四节 重刑思想

重刑思想是韩非法治思想的核心,韩非的全部思想都是围绕重刑而展开的。术是实施重刑的手段,势是实施重刑的后盾。下面就他重刑的渊源、内容和作用进行阐述。

---

① 《五蠹》。

一、重刑思想的渊源

在我国古代,刑罚最初源于军法。军法对本部落成员的束缚十分严厉,而对敌或被征服的部落成员更是充满了血腥气味。早先的人类社会处于蒙昧状态,这时的人同动物区别不大,对自身的价值缺乏认识。人是不被尊重,完全"物"化的。胜利者把战败的俘虏当作"物",对他们的处罚往往呈现出野蛮性和残酷性:当作食物吃掉、活埋、族诛……国家建立以后,军法中血腥、残酷的处罚被国家制定的刑罚继承。统治者动不动就对被统治者处以酷刑,如炮烙、脯、醢、劓、刖、宫、大辟,不仅是己身甚至全族的人都会受到牵连。从本质上来说,奴隶主阶级也是以重刑重罚为特点的。比如,殷周统治者动不动就动用死刑,而且广泛株连。

尔不从誓言,予则孥戮汝,罔有攸赦。①

乃有不吉不迪,颠越不恭,暂遇奸宄;我乃劓,殄灭之,无遗育,无俾易种于兹新邑。②

尔所弗勖,其于尔躬有戮。③

群饮,汝勿佚,尽执拘以归于周,予其杀。④

其中"孥戮"之诛,就是一人有罪连同其妻子、儿女一并处死。所谓"我乃劓,殄灭之,无遗育",意思是说,对不善不

---

① 《尚书·汤誓》。
② 《尚书·酒诰》。
③ 《尚书·牧誓》。
④ 《尚书·酒诰》。

道之人或有某种过失的人,小则加以剕刑,大者全家斩尽杀绝。

春秋战国时期,族刑、连坐和其他酷刑已很普遍的,并且以刑事立法的形式固定下来。

秦国,"文公二十年,法初有三族之罪"。"武公三年,族三父等而夷其族。"①"守法守职之吏,有不行王法者,罪死不赦,刑及三族。"②

楚国,"楚多淫刑"③。"灵王三年,囚庆封,灭其族。""灵王二十年春,绢人曰:'新王下法,有敢襄王从王者,罪及三族'。"④

在齐国,管仲为了制止厚葬之风,竟下令:"棺椁过度者戮其尸,罪夫当丧者。"⑤齐景公更以"厚赋重刑"而闻名。⑥

子产临终时给后人留下的遗训不是别的,恰恰是重刑论的开端。他认为:"夫火烈,民望而畏之,故鲜死焉。水懦弱,民狎而玩之,则多死焉。故宽难。"孔子称赞子产宽猛相济、以猛为主的方针。⑦

重刑思想的首推者,莫过于商鞅,他在秦国变法主张重刑并形成了理论。他的重刑思想基础是性恶论,他讲:

① 《史记·秦本纪》。
② 《商君书·赏刑》。
③ 《左传》,襄公五年。
④ 《史记·楚世家》。
⑤ 《内储说上七术》。
⑥ 参看《史记·齐太公世家》。
⑦ 《左传》,昭公二十年。

"人情者有好恶,故赏罚可用。"①因而只能用赏罚的手段,而不能用仁义德教来进行统治。他主张以刑去刑,反对以德去刑的儒家思想。他认为如果像儒家那样主张轻刑和德治,势必助长奸邪而"以刑去刑",只有轻罪重罚,才能"民莫敢非","一国皆善"。正是"重刑反于德"的逻辑,商鞅把"以刑去刑""以杀去杀"的重刑思想发展到极致。②他认为法的任务在于"治奸人",而不是"治善人",对付"奸民"的手段只能是重刑。刑法重,民众就不敢犯法,这样便不敢做坏事,就使全国民众变"善"了。商鞅始终崇尚重刑,他认为重刑是力量的源泉,是禁奸止恶的根本。因此,商鞅的重刑主义是韩非重刑思想的源泉之一。

统治者常常以重刑重罚的手段驱使民众参战或为战争服劳役。他们为慑服民众甚至故意把老百姓驱赶到罹难受刑的苦难深渊。正如庄子讲:

> 古之君人者,以得为在民,以失为在己,以正为在民,以枉为在己。……今则不然。匿为物而过不识,大为难而罪不敢,重为任而罚不胜,远其途而诛不至。③

大意是说,统治者故意把真相隐藏起来,反而责怪罪民众不识真相;他们大出难题而不承担责任,反而民众被判有罪;他们任意加重劳役,却反过来给力不胜任的民众以惩罚;他们任意把服劳役的地点弄得很远却,反过来把那些

---

① 《商鞅·错法》。
② 马小红主编:《中国法律发展简史》,中国政法大学出版社,1995 年版,第 89 - 91 页。
③ 《庄子·则阳》。

无法按期应役的民众处斩。庄子这段话比许多长篇大论更具有说服力,表明了当时加在劳动人民身上的劳役是多么繁重,加在民众身上的刑罚是多么惨重!这是严刑重诛肆虐的时代,也是重刑盛行的时代。因此说韩非的重刑思想具有时代根源。

二、重刑思想内容

韩非的重刑思想有三项,即加轻罪以重刑、同里相坐和滥用死刑。

(一)加轻罪以重刑

加轻罪以重刑就是"重轻罪"的思想。所谓"重轻罪"就是轻罪重判,或者对犯有轻微过失的人施以残酷的刑罚。"重轻罪"的思想来自商鞅。他认为,刑罚是对已经完成的犯罪行为的一种惩罚,能预防犯罪,而重的犯罪通常是从轻的犯罪演化而来,人们之所以犯罪,是"好利恶害"本性的驱使,而这种本性是无法改变的。因此,要预防犯罪,只有在刑罚上想办法。而最有效的办法是对轻微的犯罪施以重的刑罚,从而使人们出于利害得失的考虑而不敢犯罪。他讲:

夫过有厚薄,则刑有轻重;善有大小,则赏有多少。此二者,世之常用也。刑加于罪所终,则奸不去。赏施于民所义,则过不止。刑不能去奸,而赏不能止过者,必乱。故王者用刑于将过,则大邪不生;赏施于告奸,则细过不失。……此吾以杀刑之反于德，而义合于暴也。①

夫利天下之民者莫大于治，而治莫康于立君。立君之道莫广于胜法。胜法之务莫急于去奸。去奸之本莫深于严刑。②

韩非继承和发展了商鞅的"重刑"思想，并进一步理论化，提出了"轻刑伤民"的重刑说。他讲：

公孙鞅之法也，重轻罪。重罪者，人之所难犯也；而小过者，人之所易去也。使人去其所易，无离其所难，此治之道。夫小过不生，大罪不至，是人无罪而乱不生也。

一曰：公孙鞅曰："行刑重其轻者，轻者不至，重者不来，是谓以刑去刑也。"③

然后，韩非又总结了商鞅"重轻罪"的社会效果。他讲：

商君说秦孝公以变法易俗，而明公道，赏告奸，困末作而利本事。当此之时，秦民习故俗之有罪可以得免、无功可以得尊显也，故轻犯新法。于是犯之者其诛重而必，告之者其赏厚而信，故奸莫不得而被刑者众，民疾怨而众过日闻。孝公不听，遂行商君之法。民后知有罪之必诛，而私奸者众也，故民莫犯，其刑无所加。是以国治而兵强，地广而主尊。此其所以然者，匿罪之罚重，而告奸之赏厚也。④

不仅如此，韩非还批判了当时流行的"轻刑"说，从而

---

① 《商君书·开塞》。
② 《商君书·开塞》。
③ 《内储说上》。
④ 《奸劫弑臣》。

把"重刑"理论化。他认为，"重刑"是不以德治国而以法治国的必然结果。他讲：

今有不才之子，父母怒之弗为改，乡人谯之弗为动，师长教之弗为变。夫以父母之爱、乡人之行、师长之智，三美加焉，而终不动，其胫毛不改。州部之吏，操官兵，推公法，而求索奸人，然后恐惧，变其节，易其行矣。故父母之爱不足以教子，必待州部之严刑者，民固骄于爱，听于威矣。故十仞之城，楼季弗能逾者，峭也；千仞之山，跛牂易牧者，夷也。故明王峭其法而严其刑也。布帛寻常，庸人不释；铄金百镒，盗跖不掇。不必害则不释寻常，必害手则不掇百溢。故明主必其诛也。是以赏莫如厚而信，使民利之；罚莫如重而必，使民畏之；法莫如一而故，使民知之。故主施赏不迁，行诛无赦。誉辅其赏，毁随其罚，则贤、不肖俱尽其力矣。①

韩非认为，"重刑"符合人们"好利恶害"的心理状态。在他看来，人们对待周围的事物总是以利害相权衡。如果犯罪行为所获得的利大，而因犯罪所受到的刑罚轻，那么就无异于鼓励人们冒险犯法；如果犯罪所受到的刑罚大大超过所获得的利益，那么人们就不轻易犯法。他讲：

夫以重止者，未必以轻止也；以轻止者，必以重止矣。是以上设重刑者而奸尽止，奸尽止，则此奚伤于民也！所谓重刑者，奸之所利者细，而上之所加者焉者大也。民不以小利加大罪，故奸必止者也。所谓轻刑者，奸之所利者

---

① 《五蠹》。

大,上之所加焉者小也。民慕其利而傲其罪,故奸不止也。故先圣有言曰:"不蹶于山而蹶于垤。"山者大,故人顺之;垤微小,故人易之也。今轻刑罚,民必易之。犯而不诛,是驱国而弃之也;犯而诛之,是为民设陷也。是故轻罪者,民之垤也。是以轻罪之为民道也,非乱国也,则设民陷也,此者可谓伤民矣。[1]

总之,韩非同商鞅一样,把"重刑"建立在抽象的"好利害恶"的人性论的基础上,没有认识到犯罪是一个复杂的社会问题,同时又基本上否认了"德"教的作用,从而把重刑作为治国的唯一有效的手段。这就是从理论上把自己作为法家而变成实践的"刑罚家"。

(二)同里相坐

所谓同里相坐,就是一个人有罪,他的全家、邻里或有关者同受刑罚。这种刑罚有其渊源。马端临说:"秦人所行什伍之法,与成周一也。"[2]他认为从西周一直到秦王朝都有同里相坐的刑罚。商鞅曾极力推行这种刑罚是不争的事实。"(商鞅)令民为什伍,而相收司连坐;不告奸者腰斩,告奸者与斩敌首同赏,匿奸者与降敌同罚。"[3]"秦用商鞅,连相坐之法,造参夷之诛。"[4]

韩非全面承袭了商鞅的什伍连坐法并有所发展。他讲:"告过者免罪受赏,失奸者必诛连刑。如此,则奸类发

① 《六反》。
② 《文献通考·职役考一》。
③ 《史记·商君列传》。
④ 《汉书·刑法志》。

矣。奸不容细，私告任坐使然也。"①韩非较商鞅有所发展的地方至少有两点：第一，他提倡"发奸之密"，就是把所谓作"奸"的隐情、可疑的线索统统加以揭发；第二，他强调"奸不容细"，要求把一切琐碎的事情统统作为奸情进行罗织。一细一密，诛求无已，株连一片。实行同里相坐，是为了加强区域性的封建统治。这种刑罚的执行情况在商鞅以后的秦国有较多记载，在战国时期的其他各国及秦汉以后记载不多。这也许是因为同里之中人员情况复杂，执行起来较为困难。

总的讲来，在我国古代，夷族（夷三族或夷九族）是比同里相坐更易行也更常见的酷刑。韩非尽管强调实行同里相坐，然而没有明确提及夷族，这可能是韩非的重刑理论在于禁奸的缘故，而禁奸在于加强区域的封建统治。韩非认为，物众而智寡，下众。而上寡，依靠君主的力量是不可能掌握各级官吏和大臣作奸的情节的，必须"因物以治物""因人以治人"，把整个国家搞成一个大网罗。② 在这种情况下，韩非便理所当然地把同里相坐而不是把夷族作为他的重刑内容了。

（三）滥用死刑

在古代中国人的观念中"身体发肤，受之父母"，所以人们把自己的身体、生命看得很重：生命不仅是自己的，更是生养父母、祖先的。在这种背景下，韩非坚持"必罚明

① 《制分》。
② 《难三》。

威"的杀无赦观点,把死刑看作强大的威胁力。他讲:

> 今有人于此,曰:"予汝天下而杀汝身、庸人不为也。"夫有天下,大利也,犹不为者,知必死也。故不必得也,则虽辜磔,窃金不止;知必死,虽予天下不为也。①

> 吾能治矣!使吾法之无赦,犹入涧之必死,则人莫之敢犯也,何为不治?②

这样,在韩非的法治思想中死刑被提到刑事立法的首位,被视为治国最重要的手段。众所周知,死刑是刑罚中最残酷的一种。它确实有效惩罚已然之重罪,防范于未然之罪。但韩非把国家治理单纯地依靠死刑是错误的。死刑是一种酷刑,使用起来必须慎用,不得滥用。清代著名的思想家王船山在论及死刑时指出:

> 夫刑极于死而止矣。其不得不有死刑者,以止恶,以惩恶,不得已而用也。大恶者,不杀而不止。故杀之以绝其恶;大恶者,相袭而无所惩,故杀此以戒其余;故先王之于此也,以生道杀人也,非以恶恶之甚而欲快其怒也。极于死而止矣,枭之、磔之、轘之,于死者又何恤焉,徒以逞其扼腕啮龂之忿而怖人已耳,司刑者快之,其仇雠快之,于死者何加焉,徒使罪人之子孙,或有能知仁孝者,无以自容于天地之间。一怒之伸,惨至于斯,无裨于风化,而祗(只)令腥闻上彻于天……③

> 死刑在止恶、惩恶这一点上是必要的,但只能是在

---

① 《内储说上》。
② 《内储说上》。
③ 《读通鉴论》卷十九《隋文帝三》。

"不得已"的情况下才能使用,更不可感情用事,以杀人为快。在死刑的执行上,更不得采用枭之、磔之、镮之等残暴方法。采取这些残暴方法只能使亲者痛、仇者快,且有伤于风化。我想王船山的深刻见解有助于我们认识韩非滥用死刑的思想。

如果我们把韩非关于健全法制的观点统一起来,就不难发现,其观点有矛盾的地方:一方面,他主张"发失中的,赏罚当符",反对"重不辜",反对妄怒妄杀;另一方面,他的重刑原则恰恰要求重轻罪、重不辜(如同里连坐)和妄杀。韩非法治思想的这种矛盾如同他思想中其他方面的矛盾一样,有着复杂的原因。原因之一在于他是一个有远见的思想家。他明白"用刑过者民不畏"[1]和"罪生甲,祸归乙,伏怨乃结"的道理,懂得"赏罚当符"的重要性。但是,他又轻视民众。他不仅认为民众"喜其乱",而且断定"为政而斯适民"是"乱之端"[2]。他处处感觉到民众的力量是对地主阶级尤其是对封建君主的最大威胁。他反复阐明,统治者特别是封建帝王的宝座必须依靠酷刑镇压来维持。

三、重刑的作用

韩非提倡的法治,实质上是重刑治。他讲:

夫奸,必知则备,必诛则止;不知则肆,不诛则行。夫

---

① 《饰邪》。
② 《显学》。

陈轻货于幽隐,虽曾、史可疑也;悬百金于市,虽大盗不取也。不知则曾、史可疑于幽隐,必知则大盗不取悬金于市。故明主之治国也,众其守而重其罪。①

凡上可以治者,刑罚也。今有私行义者尊;社稷之所以立者,安静也,而谋险谀谍者任;四封之内所以听从者,信与德也,而陂知倾覆者使;令之所以行、威之所以立者,恭俭听上,而岩居非世者显。②

故善为重者,明赏设利以劝之,使民以功赏而不以仁义赐;严刑重罚以禁之,使民以罪诛而不以爱惠免。是以无功者不望,而有罪者不幸矣。托于犀车良马之上,则可以陆犯阪阻之患;乘舟之安,持楫之利,则可以水绝江河之难;操法术之数,行重罚严诛,则可以致霸王之功。③

这些话归结到一点,就是治国必须重刑,重刑足可以治国。应当说明的是,刑罚,包括重刑在内,是治国的条件之一。在社会受到严重侵害下,重刑是完全必要的。一方面,通过对犯罪人适用重刑,使他们不再犯罪,并起着特殊的预防效果;另一方面,通过对犯人适用重刑,使社会上那些不稳定、有可能犯罪的人看到犯罪的必然结果是重刑的惩罚,因而不敢以身试法、不敢犯罪,收到了一般预防的效果。"鞭扑不可弛于家,刑罚不可废于国,征伐不可偃于天下。用之有本末,行之有逆顺耳。"④

---

① 《六反》。
② 《诡使》。
③ 《奸劫弑臣》。
④ 《汉书·刑法志》。

（一）重刑是胜民、制民、弱民的重要工具

这一思想最早由商鞅提出来。

> 昔之能制天下者，必先制其民者也；能胜强敌者，必先胜其民者也。故胜民之本在制民，若冶于金，陶于土也。本不坚，则民如飞鸟禽兽，其孰能制之？民本，法也。故善治者塞民以法。①

这是说，国家政权必须牢牢控制人民，制约他们的行动。在"国"与"民"的关系上，二者彼消此长，陷入势不两立中。正如商鞅讲：

> 民弱国强，国强民弱。故有道之国，务在弱民。②

如何"强国"，又如何"弱民"？商鞅认为有两条原则："政作民之所恶，民弱"和"政作民之所乐，民强"。韩非则全面继承了商鞅的观点，用"太上禁其心，其次禁其言，其次禁其事"③。重刑，一方面要加强赏罚，"赏则必多，威则必严"④，使"民见战赏之多则忘死，见不战之辱则苦生"⑤，实行厚赏重罚。厚赏用来劝诱，重刑用来威逼，都是为了克服民畏惧"难于战"的心理，属于"作民之所恶"的"弱民"范畴，部分合于韩非的最下"禁其事"。另一方面，要使"辩知者不贵，游宦者不任，文学私名不显"⑥，这是思想统治，合于韩非的"其次禁其言"。

① 《商君书·画策》。
② 《商君书·弱民》。
③ 《说疑》。
④ 《说疑》。
⑤ 《说疑》。
⑥ 《说疑》。

韩非重刑的实质就在于用残暴的手段镇压民众。他讲：

夫民之性，喜其乱而不亲其法。故明主之治国也，明赏则民劝功，严刑则民亲法，劝功则公事不犯，亲法则奸无所萌。①

封建法律同民众的根本利益存在着矛盾，甚至是尖锐对立，因此，它很难得到民众的真诚拥护。韩非认为"严刑则民亲法"，企图通过严刑重罚使民众就范，这也难以达到目的。刑罚固然是惩罚犯罪的必要手段，但是只靠严刑来维护统治，专靠酷刑来治国，往往会走向事情的反面。这种思想在韩非以前就已为人们接受。正如老子所讲："民不畏死，奈何以死惧之。"②尹文子也讲："凡民不畏死，由刑罚过。刑罚过则民不聊生。生无所赖，视君威未如也。""贫则无畏刑罚"③，这是对重刑思想的谴责。

（二）重刑是士气的保证

在春秋战国时期军队是国家的重要堡垒，兵强则国强，兵弱则国弱。因而韩非说："重刑而必，人不北矣。"④他认为实施重刑而且毫不宽赦，士卒就会有进无退。这同战国中期尉缭子的思想是一脉相承的。尉缭子说："使将士们对内畏惧重刑，那么对外就轻蔑敌人了。所以，前代有作为的国君都明确法制于前，注重威刑慑服于后。重刑

① 《心度》。
② 《老子》第 47 章
③ 《尹文子·大道下》。
④ 《难二》。

罚,那么将士们就会对内畏惧,对内畏惧那么就会对外敌坚强了。""我听说古时候会用兵的人执行纪律,能诛杀所谓士兵的一半,其次能杀掉十分之三,再其次杀掉十分之一。能杀掉一半的威行天下,能杀十分之三的称霸诸侯,能杀掉十分之一的士兵听从命令。"①军队需要有军纪、军法,当然也需要刑罚。严明的法纪的确是保持士气的重要条件。但是保持士气不能单纯依靠重刑。韩非主张单纯用重刑来保持士气,这反映了当时军队的本质。当时的军队是君主掌握的,其官兵关系是压迫与被压迫的关系。因而不得不依靠重刑来维持士气。

（三）重刑是社会教育的基础

韩非认为,一个不听话的孩子,经过父母、邻居和师长的教育无济于事,只有用刑罚进行教育,并把重刑作为教育的基础。② 这种见解肯定是错误的。因为孩子的错误,只要不是犯罪就根本不用动用刑罚。韩非没能把犯罪与一般的错误区别开来。犯罪是严重侵害了社会关系即社会生存条件,危害社会的行为才叫作犯罪,刑罚是犯罪所承担刑事责任的一种手段。没有犯罪就不能用刑罚来教育。"州部之吏,操官兵"③,威刑交加,如临大敌,用这样的手段对付一个无辜的孩子,这是一种什么行为? 这是一种地地道道的犯罪行为,用刑罚手段来教育改造一个无辜

———————————

① 华陆综:《尉缭子注译》,中华书局,1979 年版,第 53、83 - 84 页。
② 参见《五蠹》。
③ 《五蠹》。

者,强迫其"变其节,易其行"①,这是残酷的迫害,同一般的教育有根本的区别。一般来讲,刑罚是有教育作用,但只是一种广义的教育,只能对犯罪分子进行教育,使其不再犯罪,也就是特别预防。刑罚绝非一般的教育,因此韩非以刑代教,混淆了刑、教之间的界限。

（四）重刑可以消灭犯罪

韩非认为重刑可以消灭犯罪。他讲：

重一奸之罪而止境内之邪,此所以为治也。重罚者盗贼也,而悼惧者良民也。欲治者奚疑于重刑？若夫厚赏者,非独赏功也,又劝一国。受赏者甘利,未赏者慕业,是报一人之功而劝境内之众也,欲治者何疑于厚赏？今不知治者皆曰："重刑伤民,轻刑可以止奸,何必于重哉！"此不察于治者也。夫以重止者未必以轻止也,以轻止者必以重止矣。是以上设重刑而奸尽止,奸尽止则此奚伤于民！②

一般说来,对犯罪行为给予坚决打击,确实对预防犯罪起到重要作用。不论哪个时代、哪个国家,我们都不能设想,如果对于奸人所处的刑罚,比起奸人犯罪所获得的利要小,法和刑罚却能有效防治犯罪。相反,这样的法和刑罚只能助长甚至鼓励犯罪。只有对奸人所处的刑罚,比起奸人犯罪获得的利要大,罪犯不能从犯罪中获利,只会赔本甚至倾家荡产,法和刑罚才能有效防治犯罪。但能不能说"上设重刑而治奸"？ 当然不能这样认为。治罪要求

---

① 《五蠹》。
② 《六反》。

正确运用刑罚,使罪与刑相适应。也就是说,定罪、量刑必须严格按照法的规定,依据其犯罪事实。只有正确运用刑罚,才能有效打击犯罪分子,同时警戒社会上的危险分子,使他们不敢以身试法,并教育群众知法、守法,积极同违法犯罪行为作斗争,这就是刑罚的一般预防功能。但是,惩罚犯罪与消灭犯罪是既有联系又有区别的两个不同的过程。犯罪具有深厚的社会基础。消灭犯罪是一项长期而复杂的历史任务。认为一次治罪就一劳永逸,这是幼稚者的幻想。韩非断言"上设重刑而奸尽止",只不过用"奸尽止"这个预想的结果作为幌子而为实行严刑重罚的残酷手段进行辩护罢了。轻罪重判,特别给有点过失的无辜者施以重刑,这不但不能消灭犯罪,反而恰恰成为激化矛盾、诱发犯罪的因素。《淮南子》说:"刑罚不足以移风,杀戮不足以禁奸。"①单纯依靠刑罚和杀戮,无论如何都不能解决消灭犯罪的历史任务。

（五）重刑是道德的基础

在韩非的法思想中存在重刑是道德的基础的观点。他讲:

古之善守者,以其所重禁其所轻,以其所难止其所易。故君子与小人俱正,盗跖与曾史俱廉。何以知之? 夫贪盗不赴溪而拾金,赴溪而拾金则身不全;贲育不量敌则无勇名,盗跖不计可则利不成。

明主之守禁也,贲育见侵于其所不能胜,盗跖见害于

---

① 《淮南子·主术训》。

其所不能取。故能禁贲育之所不能犯,守盗跖之所不能取,则暴者守愿,邪者反正。大勇愿,巨盗贞,则天下公平而齐民之情正矣。①

盗跖是古代的大盗。曾史即曾参与史鳅,是古代道德的典范。贲、育即孟贲、夏育,是古代的大力士。韩非认为,施用重刑的结果,社会上那些品德不好的"小人"会成为品德优秀的君子,因而不存在君子与小人的区别,即便是那些赫赫有名的江洋大盗也会具有纯洁清廉的操守。强不会凌弱,众不会暴寡,凶残者会变成老实人,邪恶者会养成端正无瑕的品行。总之,有了重刑这个法宝,所有人都会变得纯洁、高尚,整个社会也就成了名副其实的道德之邦。这种社会观把本来应当通过政治的、经济的、文化的、思想的各条渠道、各种形式解决的复杂社会问题简化为重刑问题。这样做的弊端是显而易见的。当然,刑罚作为阶级专制的手段,能够有效维护统治阶级的利益,也能够维护和加强统治阶级的道德。但是,如果随心所欲实施重刑,草菅人命,那就是血腥的、恐怖的和令人发指的暴行,与真正的道德没有共同点。

从以上的分析可知,韩非把重刑作为治国安邦的主要条件。从刑法学和犯罪学的角度分析,法家韩非的重刑有明显的合理性。因为刑罚作为同犯罪作斗争的手段,必须与犯罪的性质与情节相适应。犯罪的性质和情节有重有轻,刑罚也必须有重有轻。犯罪毕竟是一种极端的恶行,

第三章　韩非的法思想

---

① 《守道》。

社会有必要利用刑罚对其进行否定,但是如果只着眼于此,那么刑罚适用的目的就会落脚于报复,这与人性本善的思想是相违背的。①。当认可刑罚对于人性具有支撑作用时,刑罚的存在就是理智的,其不应以单纯的犯罪惩罚为目的,还应该协调对人的改造。这样,刑罚的适用就避免了泛滥的用刑方式,也否定了对人而非对犯罪行为进行批判的死刑,刑罚的建设也就与人性的进步统一起来,并随着人性的自觉逐渐减弱刑罚的控制力度,以保证刑罚是法治进步的动力,而非阻碍。因此,一味强调重刑是错误的,把重刑看作治国的唯一条件更是错误的。这是韩非重刑思想的偏误所在。

---

① 崔磊:《儒家性本思想注释下的刑罚价值解读》,《南开大学学报(哲学社会科学版)》2017 年第 3 期。

第四章 韩非的法与术、势的关系

韩非思想的精华部分是法、术、势。这也是韩非思想与其他诸子思想差异的地方。因此,首先要解读法、术、势的内容与功能,以避免人为的主观意识掺入其中,而歪曲了韩非思想的本来面貌。故笔者在前面已经阐述了法,下面仅就术、势的内容加以分析,然后论述三者的关系。

第一节 韩非的术思想

在实功实利的争夺中,道术不足以除患争功,故申慎二子舍道而入法。战国的法术政治,就像一股汹涌的巨浪,支配着整个时局的兴衰成败,以及社会生活的荣枯和生民的寿夭。它是人间操有生杀予夺最锋利的武器。在

天下暴君自肥自甘的统治下,生民长期辗转于贫穷流离痛苦深渊中。如孟子云:"今也不然,师行而粮食,饥者弗食,劳者弗自睊睊胥谗,民乃作慝。方命虐民,饮食若流,流连荒亡,为诸侯忧。"① 军队走到哪儿吃到哪儿,百姓有劳无食,当然就要说坏话做坏事了。如此便形成了一片战乱的流亡图。孟子对齐宣王说:"生民之入于水火者未有甚于此时者也。"② 生民流亡为诸侯带来了不少麻烦,但诸侯好货好色、声色犬马如故。不知息兵救难,反以强权加于生民。

正当此时,道术之士,随风转舵,申商之法起自西方,东方援道入法者有慎到,引名入法者有尹文。均由齐国"稷下派"引出。他们的论调,含有"形上学"韵调,罕闻杀伐之声。此其所长,和管商之法,刁斗森严,视人命如草芥者自不相同。自形式观之,申慎两家具有缓和功利相攘的作用,但自客观时势的趋向言,他们亦不无"同流合污"之嫌。尹文言"大道"、慎到言"德立"、申子言"大体",为法学开立了哲学景色,此持论究兵战当先不同,在形、名、术、势概念系统上,申慎与尹文有"和光同尘"之特性,不与管商同系。慎子晚于尹文,其学与齐、楚、鲁关系至多,故染有地方性之色彩。其申不害的术和慎到的势应运而生,并对韩非法思想产生巨大影响。

① 《孟子·梁惠王下》。
② 《孟子·梁惠王下》。

一、申不害的术思想

（一）申不害学说与"术"

申不害,郑国京邑人,生年不详,卒于周显王三十二年(前 337 年),据《史记》载:"申不害者,京人也(今河南京县)。故郑之贱臣,学术以干韩昭侯,昭侯用为相,内修政教,外应诸侯,十五年终申子身,国治兵强,无侵韩者。"该书还云:"申子之学,本于黄老,而主刑名。著书二篇,号曰申子。"《汉书·志》(汉班固撰)列申子入法家,有书六篇,今无存。韩非子云:"今申不害言术,而公孙鞅为法"①。淮南子云:"申子者,韩昭厘之佐。韩,晋别国也。地墝民险,而于大国之间,晋国之故礼未灭,韩国之新法重出,先君之令未收,后君之令又下。新故相反,前后相缪,百官背乱不知所用。故刑名之书生焉。"②其学出自阴阳家,由礼而法,又为儒家之转变。有术有法,多见于《韩非子》,由术,势,法三者,构为谋略性的学派。有书三篇,今存《大体》一篇,见于唐道士魏征《群书治要》。③

（二）申子从刑名以言势术的思想背景

申子生当战国法家得势之秋,此时所流行的"权术""法术"已脱开"道术"而应合于诸侯之自存除患需要。以故,西方之韩国,继东方齐人尹文的形名主义,而大张法术之帜。申慎之学虽源于黄老道术,而此正阴阳家者流也。

---

① 《定法》篇。
② 《要略》。
③ 《四部丛刊》。

上本于阴阳是有天也。下垂为法术是有法也。申子言
"大体"，其在思想上与尹文言"大道"可谓"认同"于道。
亦归同于形名。此形上学派言"五官""五音"，其数用
"五"可示其本自黄帝五行，而非伏羲之八卦。春秋时老
子用五行，孔子用八卦，其分为儒道两途。而管子用五行，
又为法道同源，儒法异流之所本。自形上学派以观申子之
"术"，则在天为道术，在人为"法术"，在政为"权术"，在法
为"势术"。是天人关系为"形名"之沟通，为政治之用
"法"，又为相用之贯穿。故无申子之学，则商鞅、韩非之
法无所本，无申子之"术"，则慎子言"势"，将无天道。是
以在"法术"之士中，申子占有带动法学活用的地位。充
实了法术的活力，而免僵化之弊。战国末期韩非认同诸家
之法归于"刑法"，又刑名之变也。"时势"决定了势术的
大用，然后有权威刑的君权专政。此又申子学说另一影
响也。

（三）申不害言"术"的综合观

申子言"大体"多由"名""道"以言"君道"，申子之学
说多见于《韩非子》，其说可由法、术、权来代表。所谓用
"术"，即"不擅其法，不一其宪令"，随时制宜，操纵百官、
使之效命的手段。韩非子《定法篇》云："术者，因任而授
官，循名责实，操生杀之权，课群臣之能者也。此人主之所
执也。"所谓用"权"，即君主专制，不能无权。所谓"独视
者谓明，独听者谓聪，能独断者故可以为天下王。"[①]所谓

---

① 《韩非子·外储说右》篇引。

用"法",申子之法即所谓"数"(如他说"失之数而求之信,则疑矣"),亦即多方面的法。如申子主名实相应,云:"治不逾官,虽知不言。"①司马迁称"施之名实",淮南子称"刑名之书",即指此而言。综此术、权、法三者,不外以"无为"思想为本据,以"刑名"为总的手段而已。故司马迁称:"申子之学,本于黄老而主刑名。"法的起源是自然,自然无为,而名实有定。凡事以名求实,则术乃得用。权乃操于君,法乃不致虚设,天下国家岂不因以获致太平(无为)? 申子将管子的法加以"术"化,予以哲学的意义。此申子学说的特点。

荀子批评说:"申子弊于势而不知智。"②即以申子但知以刑法权势驭下而不能用智、持权势以为智术,此其缺点。韩非云"申不害言术",司马迁云"本于黄老而主刑名",当以司马迁说为当,在申子遗文中,只见其"名""道",而不见其"术",荀子责其"弊于势而不知智庶亦近之"。申子出于西方之"郑",为七国法学之早出者,与韩非子同乡,故为韩非学说所重,又与商鞅出于卫相近,故曰"申商""申韩",司马迁列"申韩"与"老庄"同传,又视道法同源,而以法出于"道"也。申子言"权术"即法的活用,其结果即为权势。观其《大体》一章可知矣。刘向《别录》云:"其尊君卑臣、崇上抑下合于六经。"故在《大体》篇之外,尚有《君臣》《三符》二篇。六篇之中,三篇可征。③

---

① 《韩非子·难三》篇引。
② 《解弊篇》。
③ 见班志,顾实疏。

总之,申不害的学术渊源于道家而偏重刑名,是以重术著称的"道法家"。他从道家的"君人南面之术"受到启迪,提出君主要独揽行政、立法、司法大权,使群臣听由自己摆布,必须重视"术"。申不害的术有两大方面:一是"循名责实"之术,即君主先按臣下的才能授予官职,然后考察臣下所做工作(实)是否符合其职责的要求(名),并据此进行赏罚,是一种公开用来任免、监督、考核臣下的方法。二是"潜御群臣"之术。君主应"藏于无事,窜端匿疏(迹),示天下无为",就是要搞暗中驾驭臣下的阴谋术,国君只有装作"无为",才会使臣下莫测高深,并能窥视群臣的言行举止、识别忠奸。与申不害同时的法家,商鞅重法,慎到重势,他却大张旗鼓地宣扬"术",其术治理论为韩非继承与发扬,但各具特色,故刑名法术之学又被称为"申韩之术"。

二、韩非的术思想

术治主义,成于申子,与尊君有关,而尤与世卿制度废除后的政治需要相适应。大概自"弃亲用羁"之后,国少世臣;人有一材一技之长,不问国籍门阀,每得仕进,以致游说炫技者日众。然皆争投人主所好而钓权势,且其心多不可测;若无控驭权的术,则国危位替。申子论君道,因而引发而为术论的学说,并成为此派最著名的代表,韩非将申子的思想发扬光大,并形成自己的术治观点。

在韩非的思想中,法以定赏罚,顺人情的好恶,使人们易知易行,从而引导君国公利。惟法仍有待君势的强国,执柄操权,其强制力,始得贯彻执行。然而法的标准性,与势的强制力,皆必须通过一套法术的运作,才能得以实现。故术成为韩非思想最重要的一环。

韩非讲:"人主者,守法责成以立功者也。闻有吏虽乱而有独善之民,不闻有民乱而有独治之吏。故明主治吏不治民。"此即其术论的中心思想所在。一般来说,君主不可能直接治理人民,君权的行使靠传递来实现,最初仅及于大臣左右,再由其辗转传递,扩散于官吏,下达人民。因此,君主治理国家,目的在于督责其臣僚遵行绩效。只是臣僚良莠不齐,才智各异,欲其贤不尚,才不才,俱能尽力以赴公功而无陵越之虞,显非有切实可行的法,查核其有无壅主及比周的奸私不可,至于必须严防大臣专擅,则更不用说了。故治吏不可无术,而术之所以为术,则需兼有"责效"与"防奸"的功能。在韩非思想中,术的含义,有时偏于形名,有时偏于权术,有时则又与讲求效率及决定赏罚混同而言。

术者,因任而授官,循名而责实,操生杀之柄,而课群臣之能者也。此人主之所执也。法者,宪令著于官府,刑罚必于民心,赏存乎慎法,而罚加乎奸令者也。此臣之所师也。君无术,则蔽于上。①

术者,藏之胸中,以偶众端,而潜御群臣者也。故法莫如显,而术不欲见。是以明主言法,则境内卑贱莫不闻知

① 《定法》。

也,不独满于堂;用术,则亲爱近习莫之得闻也。①

任人以事,存亡治乱之机也。无术以任人,无所任而不败。人君之所任非辩智则修洁也。任人者,使有势也。智士者,未必信业;为多其智,因惑其信也;以智士之计,处乘势之资,而为其私急,则君必欺焉。为智者之不可信也。故任修士。任人者,使断事也,修士者未必智也;为洁其身,因惑其智也;以愚人之惛,处治事之官,而为其所然,则是必乱矣。故无术以用人,任智则君欺,任修则事乱。此无术之患也。②

明主之道,一法而不求智,固术而不慕信,故法不败而群官无奸诈矣。

今人主之于言也,说其辩而不求其当焉;其用于行也,美其声而不责其功焉。是以天下之众,其谈言者务为辩而不周于用,故举先王、言仁义者盈廷而政不免于乱;行身者竞于为高而不合于功,故智士退处岩穴、归禄不受而兵不免于弱。兵不免于弱,政不免于乱,此其故何也? 民之所誉,上之所礼,乱国之术也。今境内之民皆言治,藏商、管之法者家有之而国愈贫,言耕者众、执耒者寡也;境内皆言兵,藏孙、吴之书者家有之而兵愈弱,言战者多,被甲者少也。故明主用其力不听其言,赏其功必禁无用。③

明主听其言必责其用,观其行必求其功,然则虚旧之

---

①　《难三》。
②　《八经》。
③　《五蠹》。

学不谈、矜诬之行不饰矣。①

人主谁使人，必以度量准之，以形名参之；以事遇于法则行，不遇于法则止；功当其言则赏，不当则诛；以形名收臣，以度量准下，此不可释也。②

从以上引文中可以看出，有的偏在形名，所以责效；有的偏在权术，所以防奸；有的则与讲求效率及决定赏罚等混同而言。因此韩非所述的"术"，乃指君主用人行政及增进实效的一切方法，虽其中亦包括权术之术在内，但其最重要的术，仍为权术以外的各种用人行政方法。大至犹今所谓领导统驭学及人事管理学的混合物。惟一般学者每以"术不欲见"③"用人也鬼"④二语，为其立论之基础，并以"七术""八奸""参伍之道"等为据，相互印证发挥；将韩非倡言之"术"，断定为深藏不露、诡谲多端的"权术"，虽非厚诬古人，终属于偏执。⑤

韩非的术论，着眼于责效与防奸的双重功能，因此以前者为君主用人行政的积极目的，后者为其消极目的。而积极目的的达成，以消极目的的实现为基础，否则徒国家无以治强，而君主仅有劫夺篡弑的危险。所以韩非书中不厌其详地分析人臣所以成奸的法，及君主用以防奸的法。至于责效的道，因系散见在若干篇目中，反而不甚引人注

---

① 《六反》。
② 《难二》。
③ 《难三》。
④ 《八经》。
⑤ 熊十力：《韩非评论》，台北学生书局，1984年版。熊十力力主此说。其言："韩非之书，千言万语一归于任术而严法，虽法术兼持，而究以术为先。术之神变无穷也，揭其宗要则'术不欲见'一语尽之矣。"

意。其最重要的观点是，为明察臣下的奸，从根本上防止侵夺；消灭私门的势，对权臣以直接的打击。设官分职，为事择人的含义，以健全任使、升迁、考核、奖惩的功能。归纳其全部论旨，可以分为五类，即"执要术""用人术""形名术""听言术"与"参伍术"。"执要术"为各术的中心，旨在论君之所以为君。用人、形名二术，旨在责效；参伍术，旨在防奸。听言术则兼二者而有之。行术的成败，决于君主，关键在于大臣与近习，五术皆具备，若仅仅对一般人臣执行，而不能忍痛以去其擅断的大臣、卖重的近习，则臣下朋比、障距、壅蔽的患仍存，五壅、八奸的祸害，难以杜绝，则一切责效与防奸的术，均成画饼充饥。

1. 执要术

要是指纲领。执要，即掌握治国纲领。实际上，执要是道家"无为术"的一种应用，因此也称此术为"无为术"。申子取材道家无为的思想，用以论君道，认为君不专制，臣必擅主，为了严防大臣的篡夺，而提倡驭臣的术。此乃无为之极，转而为有为，有为之极，转而为君，亦即意在先求有为，而后无为。申子取材于道家自然主义，化而为任法任势的理论，取材于道家无为主义，化而为"臣事事，而君无事"的主张，则又回归于"道常无为而无不为"的宗旨。韩非优化二子的学说，用"处虚执要"为君道，用"守法责成"为君职，而重在君主以"无为为心"，以期臣下依法有为。因此他讲：

　　事在四方，要在中央。圣人执要，四方来效。虚而待之，彼自以之。四海既藏，道阴见阳。左右既立，开门而当；勿变勿易，与二俱行。行之不已，是谓履理也。夫物者有所宜，材者有所施，各处其宜，故上下无为。使鸡司晨，令狸执鼠，皆用其能，上乃无事。上有所长，事乃不方。矜而好能，下之所欺。辩惠好生，下因其材。上下易用。国故不治。①

可见韩非所谓无为，并不是君主一切不为。而上文中"圣人执要，四方来效，虚而待之，彼自以之"十六字，则为最正确的解释。故君人者能以"无为为心"，掌握治国的纲领，以法为本，而无私意私行，则不难责成臣下为所应为，然则君主又何以"无为"不可否？根据韩非的解释，一是政事太多，非君主一人之力可能全作，尚事必躬亲，必然发生作不了或作不好的结果；二是君主为臣下所环伺，一有作为，易为臣下因缘以成奸，即无由窥知臣下真相，因此能不为即以不为为宜。他说：

夫为人主而身察百官，则日不足、力不给。且上用目则下饰观，上用耳则下饰声，上用虑则下繁辞。先王以三者为不足，故舍己能而因法数、审赏罚。先王之所守要，故法省而不侵，独制四海之内，聪智不得用其诈，险躁不得关其佞，奸邪无所依。远在千里外，不敢易其辞；势在郎中，不敢蔽善饰非。朝廷群下，直凑单微，不敢相逾越。故治不足而日有余，上之任势使然之。②

尽思虑，揣得失，智者之所难也。无思无虑，絜前言而

---

① 《扬权》。
② 《有度》。

责后功,愚者之所易也。明主操愚者之所易,不责智者之所难,故智虑不用而国治也。①

明君之道,使智者尽其虑,而君因以断事,故君不穷于智。贤者赖其材,君因而任之,故君不穷于能。有功则君有其贤,有过则臣任其罪,故君不穷于名。是故不贤而为贤者师,不智而为智者正。臣有其劳,君有其成功,此之谓贤主之经也。②

此即韩非针对第一种原因,以为只有君主自己无为,而臣下有为,乃可不穷于智能名誉,而收到治国的效能。他讲:

人主者,利害之招燮也,射者众,故人主共矣。是以好恶见,则下有因,而人主惑矣,辞言通,则臣难言,而主不神矣。说在申子之言“六慎”与唐易之言弋也。患在国羊之请变与宣王之太息也。明之以靖郭氏之献十珥也与犀首、甘茂之道穴闻也。堂谿公知术,故问玉卮;昭候能术,故以听独寝。明主之道,在申子之劝“独断”也。③

故君先见所赏,则臣鬻之以为德;君先见所罚,则臣鬻之以为威。故曰:“国之利器,不可以示人。”④

故君见恶,则群臣匿端;君见好,则群臣诬能。人主欲见,则群臣之情态得其资矣。故子之,托于贤以夺其君者也;竖刁、易牙,因君之欲以侵其君者也。其卒,子哈以乱死,桓公虫流出户而不葬。此其故何也? 人君以情借臣之

---

① 《八说》。

② 《主道》。

③ 《外储说右上》。

④ 《内储说下》。

患也。人臣之情非必能爱其君也,为重利之故也。今人主不掩其情,不匿其端,而使人臣有缘以侵其主,则群臣为子之、田常不难矣。故曰:去好去恶,群臣见素。①

此即韩非针对第二种原因,认为只有君主谨言慎行,以静制动,乃可察知臣的真相,否则臣将视君主的好恶智巧与意向,而因缘以成奸。概而言之,韩非主张君主"处虚执要",不仅符合政治原理,也多少含有分层负责的用意。盖君主的职位,犹舟之掌舵者,但高处深居略举手足,而舟自能是随其意而行驶。道家所谓"以一驭万""以静制动"之道,大约不过如是而已。尚君人者不明上无为下必有为之旨,而欲以己之有为而求有所为,则无以使臣下"彼自以之",亦无以使"群臣见素"。则其他各术的实行,必难收到理想的结果,这是毫无疑问的。

2. 用人术

韩非用人,极端重视"试之官职"②,以其为官人之始也。惟就其全部主张而言,则有七种:第一,划分职权,避免争诿;第二,因材器使,各称其官;第三,专任责成,俾展所长;第四,以攻伐定进退,使无幸用与枉废;第五,迁官袭级,以资磨练;第六,体制分明,以免政出多门,甚或并敌争权,僭拟作乱;第七,人事任免,必出于人君的自主决定,严防外为敌国所废置,内为奸臣所挟制③论其基本精神,在

① 《二柄》。
② 《显学》。
③ 分别见《用人》《二柄》《定法》《主道》《八奸》《八说》《八经》《难一》《说疑》《七征》《内储说下》及《显学》等篇。

于健全组织、为事择人、专长任职、分层负责、循序晋升,以及实施在职训练,所以与近代标榜的人才主义与功绩主义,大体无异。大多为实体上的规定或说明,因此不详细阐述。

3. 形名术

形名也作"刑名",此为名家刑名论的一种运用;以君主督责群臣的术,重在综核名实,故也有人称为综核术。形名学虽为各家所共同认可,其实仍有差别。就一般来讲,察其名实是否相应,以求智识的精神,是名学的思想。操是术以论政治,综核名实则为法家的思想。法家求名实相应的原理,如以官称为名,则职事为形;依照官称,督责职事,即为"形名参同""循名责实"。如以言论为名,则事功为形;就其言论,考核事功则即为"审合形名""综核名实"。以此推理,运用于法条与事件的审合关系上也是这样。所以此术的应用最为广泛,实效亦最大。大凡考核臣下,促进功效,推行法令,整饬官吏,几无一不依赖它。商鞅把它运用到"法"上,申不害把它运用到"术"上,韩非则将其运用到"法"和"术"上。其法治中所谓"仇法""明法"者,即法家形名学的运用,然终不如其在法治上尤为重视。大概政出于法,而法贵果行;非力使人与事的名实相符,及督责司不得不好自为之不可。韩非书中论及此术之处颇多。

> 有言者自为名,有事者自为形,形名参同,君乃无事焉,归之其情。故曰:君无见其所欲,君见其所欲,臣自将雕琢;君无见其意,君见其意,臣将自表异。……人主之

道,静退以为宝。不自操事而知拙与巧,不自计虑而知福与咎。是以不言而善应,不约而善增。言已应,则执其契;事已合,则操其符。符契之所合,赏罚之所生也。①

人主将欲禁奸,则审合形名;形名者,言与事也。为人臣者陈而言,君以其言授之事,事以其事责其功。功当其事,事当其言,则赏;功不当其事,事不当其言,则罚。故群臣其言大而功小者则罚,非罚小功也,罚不当名也。群臣其言小而功大者亦罚,非不说于大功也,以为不当名之害,甚于大功,故罚。②

用一之道,以名为首。名正物定,各倚物徙。故圣人执一以静,使名自命,令事自定;不见其采,下故素正。因而任之,使自事之;因而予之,彼将自举之。正与处之,使皆自定之,上以名举之。不知其名,复修其形,形名参同,用其所生。二者诚信,下乃贡情。③

夫有术者之为人臣也,得效度数之言,上明主法,下困奸臣,以尊主安国者也。是以度数之言得效于前,则赏罚必用于后矣。人主诚明于圣人之术,而不苟于世俗之言,循名实而定是非,因参验而审言辞。④

4. 听言术

该术的运用,不仅在于有利于君主察奸,更在于结智、结能以谋国事。故严禁人臣的"众谏"与"副言",必须确

---

① 《主道》。
② 《二柄》。
③ 《扬权》。
④ 《奸劫弑臣》。

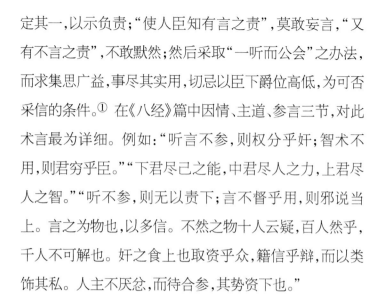

定其一,以示负责;"使人臣知有言之责",莫敢妄言,"又有不言之责",不敢默然;然后采取"一听而公会"之办法,而求集思广益,事尽其实用,切忌以臣下爵位高低,为可否采信的条件。[1] 在《八经》篇中因情、主道、参言三节,对此术言最为详细。例如:"听言不参,则权分乎奸;智术不用,则君穷乎臣。""下君尽己之能,中君尽人之力,上君尽人之智。""听不参,则无以责下;言不督乎用,则邪说当上。言之为物也,以多信。不然之物十人云疑,百人然乎,千人不可解也。奸之食上也取资乎众,籍信乎辩,而以类饰其私。人主不厌忿,而待合参,其势资下也。"

5. 参伍术

参伍术,亦称参验术,也叫参伍之道。该术旨在多方考察臣下真情,审其言辞,审其功过。其本身也含有循名责实与参言督用的功能,但实施此术的目的在于察奸,且其采用的方法难免存有权术与秘术的意味,所以不能同形名、听言二术混同。该术在韩非书中以《八经》篇参伍之道一节阐述最为详细。同篇起乱一节所言除阴奸的方法最为残忍;至于《内储说上》篇有关疑诏诡使、挟知而问、倒言反事各部分,及《八说》篇之所谓贱得议贵、下必坐上等,同为此术的运用。参伍之道一节,首论错综考核的基本原则,语言极为精当,足以辅成循名责实与参言督用的功能;只有后半段提出的具体办法二十六种,大都混合以权术、秘术,而成为深藏不露、诡计多端的阴险手段。此在

---

① 分别见《八经》《问辩》《南面》《扬权》《内外储说》等篇。

当时政治环境下无可厚非,然在当今时代已无关注的必要。

综上所述,我们可以看出韩非所讲的术与法是有别的,正如萧公权所言,法术区别有三:"法治对象为民,术则专为臣设,此其一。法者君臣所共守,术则君主所独用,此其二。法者公布众知之律文,术则中心暗运之机智,此其三。"①因此,韩非的术是一种由近至远、由上到下、层层督察官吏的策略,体现了韩非"明主治吏不治民"的精神,对于今天无不有借鉴意义。

第二节　韩非的势思想

一、慎子的势思想

慎列,赵人,齐宣王时游稷下,不治而议,命曰列大夫。《史记》云其学黄老道德之术,因发明序其指意,著十二论。《汉志·法家》列有慎子四十二篇。书传至唐宋,渐有散佚。王应麟亦仅见《威德》《因循》《民杂》《德立》《君人》五篇。今传辑佚,出之于明人之捃拾残剩。清人钱熙祚校本,据群书治要补《知忠》《君臣》两篇,并将旧本所附慎子逸文,并为之校,然亦有数条无从考之,更有系见之他

---

①　萧公权:《中国政治思想史》,辽宁出版社,1998 年版,第 242 页。

人之书者。惟按慎到之学，在当日必甚流行，故庄子《天下》篇、荀子非十二子篇及《天论解蔽》等篇，均尝论及其人学术。此外，《吕氏春秋·慎势》篇引有慎子之言，韩非子难势篇更就慎子所言之势，反复讨论之。即可知其学术影响之巨也。①

《四库全书提要》云："今考其书，大旨欲因物理之所当然，各定一法而守之。不求于法之外，亦不宽于法之中，则上下相安，可以清净而治。然法所不行，势必以刑齐之，道德之为刑名，此其转关，所以申韩多称之也。"惟汇参以庄荀等书对慎子之述评，则慎子思想实源于道家，其政治哲学亦为道家思想之发展，以弃知去己为中心，主张任法而不任贤之法治主义；着眼于以一人治天下，而非以天下奉一人，故又主张因人之情以势服众之因势主义。更进而认定法之所以能行，乃为政治权力（势）之运用，不全在君主，且与君主之贤愚仁暴无关。君主与政治权力两者，经其截然区分之后，政治遂脱离伦理而独立。法家论政之得脱离人治而专言法治者以此。故慎子之学术思想，为法家尚势派之所推崇。

势治之起，基于尊君，尊君观念，则源于东周初期之藉此以裁抑贵族。时代发展至战国，中央集权已成为事实，则君之受尊，在所当然。惟法家之尊君与儒家异。儒家之尊君，意在矫臣强之失；法家则以尊君为政治之目的。故法家之尊君，非尊其人，而尊其所处之权位。势之一词，则

① 姚蒸民：《法家哲学》，台北东大图书公司，1986年版，第68页。

又为君主位分权力之代称。其实管子已经提及。管子《法法》篇云:"凡人君之所以为君者,势也。故人君失势,则臣制之矣。"《明法解》云:"故明主操必胜之数,以治必用之民;处必尊之势,以制必服之臣。故令行禁止,主尊而臣卑。故明法曰:尊君卑臣,非计亲也,以势胜也。"然此仅言及人君有势,乃可驱使臣下而已。迨至慎子飞龙腾蛇之言,始奠定势治之理论,而为法家韩非尚势派之所宗。

慎到在思想领域影响最大的当数其"重势"理论,被公认为先秦法家中的"尚势"派,主张在"尚法"的同时重视"势",运用君主的权力和威势来推动法在政治实践中的运行。慎到认为,法是治国之"大道","有法度者,不可巧以诈伪"①,要保证法的准确实施,须以势为依托。首先,君主必须做到"权重位尊",无君主之势,即无君主之法,"贤而屈于不肖者,权轻也;不肖而服于贤者,位尊也。尧为匹夫,不能使其邻家;至南面而王,则令行禁止。由此观之,贤不足服不肖,而势位足以屈贤矣"②。其次,权势须以御"众",即驱使臣民为基础,"身不肖而令行者,得助于众也……得助则成,释助则废矣"③。最后,须做到"立天子以为天下,非立天下以为天子也",这种说法将权势的来源视为天下大众的共同授予,具有历史进步性。

---

① 《慎子·逸文》。
② 《慎子·威德》。
③ 《慎子·威德》。

二、韩非的势思想

势的观念，肇始于管子所提倡的"人君有势，乃可驱使臣下"，至慎子则将势演化为"任势"与"任贤"。其宗旨在于颠覆人治思想。虽然慎子也讲法，但终究重势，自然难免有人将其思想视为暴君专制的理论。韩非接纳慎子的思想，认为国之所以治者，在于法的实施，而法之所以能实施，确为统治权力运作的结果，与君主本人的贤愚仁暴并无必然关系。但其秉承慎子的势治思想，于"势"之所以为"势"，及如何善用此"势"始不致流于苛暴，均没有论及。韩非"势"的思想如下。

（一）势的内涵

"势"，谓君主驱使臣民的工具，具有普遍的强制力与唯一的最高性。势为国家实现统治目的而具有的最高权威。韩非讲：

凡治天下，必因人情。人情者有好恶，故赏罚可用；赏罚可用则禁令可立，而治道具矣。君执柄以处势，故令行禁止。柄者，杀生之制也；势者，胜众之资也。①

夫贤之为势不可禁，而势之为道也无不禁，以不可禁之势，此矛楯之说也。夫贤、势之不相容，亦明矣。②

万物莫如身之至贵也，位之至尊也，主威之重，主势之隆也。③

---

① 《八经》。
② 《难势》。
③ 《爱臣》。

与上述观点相似,他说:"万乘之主,千乘之君,所以制天下而征诸侯者,以其威势也。威势者,人主之筋力也。"①他还讲:"吾以此知威势之足以禁暴,而德厚之不足以止乱也。""民者,固服于势,势诚易以服人。故以义,则仲尼不服于哀公;乘势,则哀公臣仲尼。"②他又讲:"主之所以尊者,权也。故明君有权有政,乱君亦有权有政,积而不同,其所以立异也。故明君操权而上重,一政而国治。"③"势重者,人君之渊也。君人者,势重于人臣之间,失则不可复得也。"④在韩非的思想中,凡所谓"权""重""柄",皆与"势"有关。而势必有位,势必有威,韩非亦有时称之为"势位""威势"及"权势",且推测其"胜众之资","无不禁"及"威重势隆"思想,如果同西国家的政治学思想相比较,如就国家而言,"势"权相当于今天所说的"主权",如就君主而言,则"势"相当于今天所说的"统治权"。只是当时的政治思潮尚停在国君合一时期,主权与统治权之观念亦合而为一。故韩子的势论,在今日观之,始终为均君主政治权力论也。⑤

(二)自然之势与人设之势

韩非既认定"势"为治国不可或缺的工具,故极端重视其正面效果。这里以中材的君主为讨论对象,使势的运

---

① 《人主》。
② 《五蠹》。
③ 《心度》。
④ 《喻老》。
⑤ 姚蒸民:《韩非通论》,第五章节第一节以及第二节,台北三民书局,1978 年版。

用纳于一定的范围,而求其必然发生令行禁止的效力。基于此,乃提出"势"的思想,并且演化为许多的观点,用慎子的主张,乃质疑慎子的观点,皆无非"自然之势"而已。他讲:

> 夫尧舜生而在上位,虽有十桀纣不能乱者,则势治也。桀纣亦生而在上位,虽有十尧舜而亦不能治者,则势乱也。故曰:"势治者则不可乱,而势乱者则不可治也。此自然之势也,非人之所得设也。"①

此种基于承袭而取得的统治权力,原本出于自然,已经确定。而任由其人用它,则治乱的结果,必因其人的贤智愚暴而存在差异。故韩非在同篇中用儒家的观点来质疑:"夫势者,非必能使贤者用已,而不肖者不用已也。贤者用之,则天下治;不肖者用之,则天下乱。人之情性,贤者寡而不肖者众。而以威势之利,济乱世之不肖人,则是以势乱天下者多矣,以势治天下者寡矣。"②韩非认为"势必于自然,则无为言于势";慎子认为"势为足恃",质难者之言"势必恃贤乃治",大概均为"两未之议",实则古今人君类皆中材之主,上不及尧舜,而下亦不为桀纣。如何能使此中材之主善于运用其势以治其国?则唯有用"庆赏之劝""刑罚之威""抱法处势",而形成之一种"无不禁"的政治权力,用以维护君主统治。因此说"人设之势"。韩非讲:

吾所为言势者,言人之所设也。今曰:尧舜得势而治,桀纣得势而乱,吾非以尧舜为不然也。虽然,非人之所得设也。夫尧、舜生而在上位,虽有十桀、纣不能乱者,则势治也;桀、纣亦生而在上位,虽有十尧、舜而亦不能治者,则势乱也。故曰:"势治者则不可乱,而势乱者则不可治也。"此自然之势也,非人之所得设也。若吾所言,谓人之所得设也;若吾所言,谓人之所得势也而已矣,贤何事焉。何以明其然也? 客曰:人有鬻矛与楯者,誉其楯之坚:"物莫能陷也。"俄而又誉其矛曰:"吾矛之利,物无不陷也。"人应之曰:"以子之矛,陷子之楯,何如?"其人弗能应也。以为不可陷之楯与无不陷之矛为名,不可两立也。夫贤之为势不可禁,而势之为道也无不禁;以不可禁之贤与无不禁之势,此矛楯之说也。夫贤势之不相容,亦明矣。且夫尧舜桀纣千世而一出,是比肩随踵而生也。世之治者,不绝于中;吾所以为言势者,中也。中者,上不及尧舜,下亦不为桀纣,抱法处势则治,背法处势则乱。今废势背法而待尧舜,尧舜至乃治,是千世乱而一治也。抱法处势而待桀纣,桀纣至乃乱,是千世治而一乱也。且夫治千而乱一,与治一而乱千也,是犹乘骥駬而分驰也,相去亦远矣。夫弃隐栝之法,去度量之数,使奚仲为车,不能成一轮;无庆赏之劝,刑罚之威,释势委法,尧舜户说而人辩之,不能治三家。夫势之足用,亦明矣。①

势本身即含有强制性,尤其在运用时最为明显。韩非的思

① 《难势》。

想专为中材的君主设计,使其亦有以形成一种"无不禁"的势,而得以驱使臣下,令则行,禁则止。倘若不幸而遇见像桀纣这样的君主,要亦为治千而乱一也。此种以法术配合势位而形成的政治权力,自有异于因承袭君位而来的"自然之势",因此韩非主张"人设之势"。

(三)任势与集权

国家统治必须依靠权力的运用,尚贤不如尚势。这原本是慎子的思想,而韩非对此深信而不疑。韩非以"抱法处势"为任势的前提,提出"善任势者国安,不知因其势者国危",以及"利、威、名"并用的思想①。法家论政,大都重在国家的一统与政令的贯彻,不这样,无以使国家长治久安。慎子的思想容易走向极端,韩非所倡导"人设之势",足以弥补其缺失。近代国家无不力主维护其统治权或主权,而民主国家选举的元首,亦无不凭权力与法制来治理国家。推其理论,则与韩非的任势思想并无两样。所差异者,近代国家主张分权,而韩非力主"集权"。如他讲:

夫国之所以强者,政也。主之所以尊者,权也。故明君有权有政,乱君亦有权有政。积而不同,其所以立异也。故明君操权而上重,一政而国治。故法者,王之本也;刑者,爱之自也。②

人主掩蔽,无道得闻,有主名而无实,臣专法而行之,周天子是也。偏借其权势,则上下易位矣。此言人臣之不

---

① 参见《奸劫弑臣》《诡使》。
② 《心度》。

韩非子刑名思想研究

可借权势也。①

夫马之所以能任重引车致远道者,以筋力也;万乘之主、千乘之君所以制天下而征诸侯者,以其威势也。威势者,人主之筋力也。今大臣得威,左右擅势,是人主失力。人主失力而有国者,千无一人。②

韩非在《三守》《喻老》《内外储说》及《亡征》等篇都有势必操在君主手中的主张。按封建制度行分权政治,而法家力倡君主政治。该主张在商鞅时代已经形成。如"权者、君之所独制也……权制独断于君则威"③。韩非继承了商、慎二人的思想,将"集权"同任势合二为一,而力主任势必先集权,且集中于君主手中。此思想与西方国家主权在君的思想具有相似性,但同近代民主政治国家的任势而分权的思想大相径庭。

(四)赏罚权及其运用

在古代政治中赏罚权的运用最能表现统治者的权威。法家兴起后,对赏罚权的运用极为重视。因此管子主张用公法的刑,改革从前贵族的"法而议";子产铸刑书,以公布刑律;商鞅主张刑九而赏一,并有信赏必罚及厚赏重刑的思想。韩非秉承前人思想,力主"抱法处势"及"集权任势"的基本思想,进一步阐述了君主如何运用"势"。从韩非思想中可以看出,有以下几种措施。

首先,君主固握赏罚。所谓君固握赏罚,就是说赏罚

---

① 《备内》。
② 《人主》。
③ 《商君书·修权》。

权必须操控在君主手中。韩非列举了春秋战国以来臣下演变成奸的种种事例,究其原因,都是君主未能掌握赏罚大权。小则为权奸所蒙蔽劫持,大则遭受亡国杀身之祸。为了革除弊端,必须君主固握赏罚。如韩非讲:

夫赏罚之为道,利器也;君固握之,不可以示人。若如臣者,犹兽鹿也,唯荐草而就。①

废置无度则权渎,赏罚下共则威分,是以明主不怀爱而听,不留说而计。故听言不参则权分乎奸,智力不用则君穷乎臣。故明主之行制也天,其用人也鬼;天则不非,鬼则不困。势行教严,逆而不违,毁誉一行而不议。故赏贤罚暴,誉善之至者也;赏暴罚贤,举恶之至者也:是谓赏同罚异。②

赏罚者,邦之利器也。在君则制臣,在臣则胜君。君见赏,臣则损之以为德;君见罚,臣则益之以为威。人君见赏则人臣用其势,人君见罚而人臣乘其威。故曰:"邦之利器,不可以示人。"③

其次,信赏必罚。韩非特别重视信赏必罚,他提出从三个方面进行赏罚:第一,"刑过不避大臣,赏善不遗匹夫"④的平等思想,以应赏即赏,应罚即罚;第二,不可滥赏滥罚,不可偷赏赦罚;第三,依法赏罚。韩非持此思想略举如下。

---

① 《内储说上》。
② 《八经》。
③ 《喻老》。
④ 《有度》。

圣人之治国也，赏不加于无功，而诛必行于有罪者也。有术数者之为人也，固左右奸臣之所害，非明主弗能听也。世之学术者说人主，不曰乘威严之势以困奸邪之臣，而皆曰仁义惠爱而已矣。①

主以是过予，而臣以此徒取矣。主过予则臣偷幸，臣徒取则功不尊。无功者受赏则财匮而民望，财匮而民望则民不尽力矣。故用赏过者失民，用刑过者民不畏。有赏不足以劝，有刑不足以禁，则国虽大，必危。②

小信成则大信立，故明主积于信。赏罚不信则禁令不行，说在文公之攻原与箕郑救饿也。是以吴起须故人而食，文侯会虞人而猎。故明主信如曾子杀彘也，患在尊厉王击警鼓与李悝谩两和也。③

明君无偷赏，无赦罚。偷赏则功臣堕其业，赦罚则奸臣易为非。是故诚有功则虽疏贱必赏，诚有过则虽近爱必诛。疏贱必赏，近爱必诛，则疏贱者不怠，而近爱者不骄也。④

喜淫刑而不周于法者，可亡也。⑤

释法制而妄怒，虽杀戮而奸人不恐。罪生甲、祸归乙，伏怨乃结。故至治之国，有赏罚而无喜怒。故圣人极有刑法而死无螫毒，故奸人服；发矢中的，赏罚当符，故尧复生，羿复立。如此则上无殷、夏之患，下无比干之祸，君高枕而

① 《奸劫弑臣》。
② 《饰邪》。
③ 《外储说左上》。
④ 《主道》。
⑤ 《亡征》。

臣乐业,道蔽天地,德极万世矣。①

　　再次,厚赏重罚。此亦是法家针对人类趋利避害心理,而采用的方法。但他们的思想仍然具有差异性,商子主张厚赏,仅限于军功与告奸方面,刑赏的比重则为刑九而赏一;韩非则主张赏罚的作用在于使贤、不肖都能为国事而尽力,只要不违反国策政令而尽力的,都应奖赏,否则即应予以惩罚。赏罚为一事物的两个方面,必须相辅而行,且应等量齐观。例如,韩非言:"明主立可为之赏,设可避之刑。"②"民主之治国也,明赏则民劝功,严刑则民亲法。"③因此韩非思想中处处设有赏罚前提,而就一事的功过程度以为断,未有反赏告奸者的思想。此即其在精神上与商鞅思想的不同。至于厚赏重罚的理论根据,韩非在这方面的阐述更系统,并且多有创造。他讲:

　　夫严刑重罚者,民之所恶也,而国之所以治也;哀怜百姓,轻刑罚者,民之所喜也,而国之所以危也。圣人为法于国者,必逆于世,而顺于道德。知之者,同于义而异于俗;弗知之者,异于义而同于俗。天下知之者少,则义非矣。

　　故圣人陈其所畏,以禁其邪;设其所恶,以防其奸。是以国安而暴乱不起。

　　故善为主者,明赏设利以劝之,使民以功赏而不以仁义赐;严刑重罚以禁之,使民以罪诛而不以爱惠免。④

---

① 《用人》。
② 《用人》。
③ 《心度》。
④ 《奸劫弑臣》。

赏莫如厚而信,使民利之;罚莫如重而必,使民畏之;法莫如一而固,使民知之。故主施赏不迁,行诛无赦,誉辅其赏,毁随其罚,则贤不肖俱尽其力矣。①

凡赏罚之必者,劝禁也。赏厚则所欲之得也疾,罚重则所恶之禁也急。夫欲利者必恶害,害者利之反也,反于所欲,焉得无恶。欲治者必恶乱,乱者治之反也。是故欲治甚者,其赏必厚矣,其恶乱甚者,其罚必重矣。今取于轻刑者,其恶乱 不甚也,其欲治又不甚也,此非特无术也,又乃无行。是故决贤不肖愚知之美,在赏罚之轻重。且夫重刑者,非为罪人也。明主之法揆也。治贼,非治所揆也;所揆也者,是治死人也。刑盗,非治所刑也;治所刑也者,是治胥靡也。故曰:重一奸之罪而止境内之邪,此所以为治也。重罚者,盗贼也;而悼惧者,良民也;欲治者奚疑于重刑! 若夫厚赏者,非独赏功也,又劝一国。受赏者甘利,未赏者慕业,是报一人之功而劝境内之众也,欲治者何疑于厚赏! 今不知治者,皆曰:重刑伤民,轻刑可以止奸,何必于重哉? 此不察于治者也。夫以重止者,未必以轻止也;以轻止者,必以重止矣。是以上设重刑者而奸尽止,奸尽止则此奚伤于民也? 所谓重刑者,奸之所利者细,而上之所加焉者大也;民不以小利蒙大罪,故奸必止者也。所谓轻刑者,奸之所利者大,上之所加焉者小也;民慕其利而傲其罪,故奸不止也。故先圣有谚曰:"不踬于山,而踬於垤。"山者大,故人顺之,垤微小,故人易之也。今轻刑罚,

① 《五蠹》。

民必易之。犯而不诛，是驱国而弃之也；犯而诛之，是为民设陷也。是故轻罪者，民之坯也。是以轻罪之为民道也，非乱国也则设民陷也，此则可谓伤民矣！①

最后，依法赏罚。法家的思想重要在如何完成国家政令及维护群体秩序，所以主张赏罚以功罪为断，一准于法。韩非以此为根据，从理论上论证赏罚的目的，即在于劝与禁，则必须讲求实效，尤其是在扩大其影响作用；从事实上来认定赏罚的依据，即在于事的功过，则赏罚的对象非"人"，而是"有功之人"或"犯罪之人"。且刑的轻重是犯罪人心理上的感受。"以重止者，未必以轻止也；以轻止者，必以重止矣。"推及赏劝的道理亦是一样。此外，韩非更有慨于"无利轻威者，世谓之重"，"凡人之取重罚，固已足之之后"，从而认定厚赏重罚是治国家所必需的。

总之，韩非的势思想归结起来有三个方面：第一，为政用众而舍寡，民着固服于势，寡能怀于义，故任贤不如任势；第二，抱法处势，即中主可治，贤圣不可待亦不必待，是仁治不如势治；第三，君执柄以处势，操权而上重，由赏罚二柄的运用，势的威权才能确定。因而才能构成强固的统治权力，足以君临天下，制群臣而统万民。然而，其厚赏的思想可济商鞅之穷，而重罚的思想又兼采今天所谓罪刑法定主义与刑事政策的威吓主义。在此还要指出的是，韩非万万没有料到过分扩张势治的思想，会使法在君王强大也就是势面前而无能为力，结果极易形成暴政。

---

① 《六反》。

266

第三节　法、术、势的互动关系

韩非思想的精髓不仅在于对法、术、势的继承、发展和充实,还在于提出了法、术、势相互统合、相互作用、集为一体的法治思想。

对于韩非的这种融法、术、势为一体的法治思想,有学者认为在法、术、势的组合中以"术"为主,如熊十力先生和唐端正先生[①];也有学者认为,韩非法治思想的核心是"势",以"势"为主,如高柏园先生和林耀曾先生[②];更多学者则认为韩非哲学的重心是"法",如王邦雄先生[③]。这些观点见仁见智,在本书前面综述中已经论及,在此无须重复。这里试用中国哲学逻辑结构论来分析法、术、势三个重要范畴的关系。

张立文教授提出了中国哲学逻辑结构论。所谓中国哲学逻辑结构论,是指研究中国哲学范畴的逻辑发展及诸范畴间的内在联系,是中国哲学范畴在一定社会经济、政治、思维结构背景下所构筑的相对稳定的体系或

---

　　① 熊十力:《韩非评论》,《学原》第 3 卷第 1 期,台北学生书局,1984 年版;唐端正:《先秦诸子论丛》,第 230、238 页。

　　② 高柏园:《韩非哲学研究》,台北文津出版社,1994 年版,第 97 页;林耀曾:《论法家思想之派别与慎到之重势》,《国文学报》第 3 期。

　　③ 王邦雄:《韩非的哲学》,台北东大图书公司,1997 年版,第 220、222 页。

结合方式。① 依据此理论，可以从"法的性能结构系统"即法、术、势的结构理论来解析韩非思想的本质属性和价值取向。

要弄清"法的性能结构系统"，首先必须了解实性范畴和虚性范畴两个概念。所谓实性范畴，是指反映某类事物本质关系的实体性或本体性的范畴；所谓虚性范畴，是指以凝缩的形式把握事物一般规定性的思维模型。虚性范畴揭示了事物间的直接作用和间接作用、内在作用与外在作用的统一。因此，"法的性能结构系统"是指实性范畴"法"对虚性范畴"术"和"势"的作用以及"术"和"势"对"法"的反作用的关系。

根据上述理论和本书前半部分对韩非法、术、势的阐述，应该说"法"是韩非思想的实质，也是韩非思想的基础，韩非所有的思想都是围绕"法"展开的。因此，"法"位于"术"和"势"的范畴之上，具有规范"术"和"势"的作用，属于实性范畴。相反，作为虚性范畴的"术"和"势"，在"法的性能结构系统"中，是"法"对"术"和"势"的直接作用与"术""势"对"法"的反作用的对立统一，也是"法"对"术""势"的规范作用，即内在作用与"术""势"对"法"的辅助作用，即外在作用的统一。因此，"法的规范作用系统"凸显了韩非思想是以"法"为中轴，"势"和"术"围绕"法"旋转的结构体系。

---

① 张立文：《中国哲学逻辑结构论》，中国社会科学出版社，1989 年版，第 5、57 - 59 页。

"法"对"术"的作用可分两方面,即法对术的操作和规范。所谓"法"对"术"的操作,是说术的运作、实施,不管是"循名而责实"的"刑名术"①,还是"因任而授官"的"参验术"②,都是依照法的标准运行,这样才有其依据和目标。"因任而授官"的"因任","循名而责实"的"循名",都是以法为尺度。根据法的标准,考核官吏才能,而授予官职;依据法的标准,审查官吏名与实是否相符,而责其实。这足可以看出,术的整个运作过程,完全服务于法。所谓"法"对"术"的规范,是说术只是君主进行统治的一种手段、方法,其本身不可能具有明确的方向和目标,术必须依托于法。换句话讲,术的规定和目的只能是法,术按法规定运作,就可达到其目的。相反,背法而用术,术就会变成一种无目的、无方向、无价值的东西。

　　"法"对"势"的作用也可分两方面,即法对势的制约和规范。"法"对"势"的制约作用体现在"抱"与"处"的不同含义中。"抱"就是控制,"处"就是被动受控。可见,"抱法"是说法处于主动控制的地位,而"处势"是说势处于受控的地位。"抱法处势"③体现了韩非企图限定君权的重法抑人思想。故韩非言:"夫治国之至明者,任数不任人。"④韩非所讲的"抱法处势"⑤充分体现了"法"对"势"的制约和规范作用。君主必须牢牢操控住"法",才

---

① 《定法》。
② 《定法》。
③ 《难势》。
④ 《制分》。
⑤ 《难势》。

能处于"势"位;反之,丧失"法",则丢掉"势"。由此可见,"势"存在的前提条件是"法"。有"法"才有"势",无"法"便无"势"。这就是韩非所讲的"背法处势"①。"法"对"势"的规范作用还表现在韩非对"人设之势"②的论述。韩非不谈"自然之势"③,而主张"人设之势",因为"人设之势"必须是以"法"为主的"势"。"人设之势"充分体现了"法"对"势"的规范作用。

至于"术"对于"法"的反作用,表现在"术"是"法"的手段。君主通过法治实现其对国家的统治。这里便有一个统治手段问题,即统治手段运用得好,则国家治理得好,否则就治理不好。这个统治手段,就叫作"术"。术的基本功能主要表现为君主通过"因任而授官"④和"循名而责实"⑤的参验、督责、考察、选拔官吏,使臣下能做到官名与职务相称。术的特殊功能为君主所独有。君主运用"术"这一手段,可以辨奸识忠,由此保证法的执行和操作。

至于"势"对"法"的反作用,表现在"势"是"法"的凭借。势是统治的权力,具体表现为可以操执赏罚、生杀二柄,有胜众抑下、无所不可禁的威权。因此,"势"便成为君主执法不可缺少的凭借。"君执柄以处势,故令

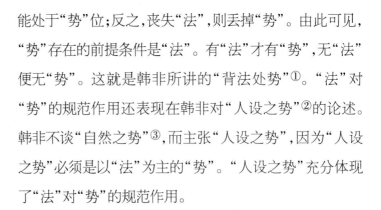

---

① 《难势》。
② 《难势》。
③ 《难势》。
④ 《定法》。
⑤ 《定法》。

行禁止。柄者,杀生之制也;势者,胜众之资也。"①君主凭借"势"的权威,实行法治,可以做到令行禁止。相反,如果君主"去势",失去了势的权力和威严,则法无所凭借,其结果是败坏法制。"民以制畏上,而上以势卑下,故下肆很触而荣于轻君之俗,则主威分。"②君主就是凭借着"制"即"势"使民得以畏上,如果君主压低自己的权威过于谦卑地对待臣下,臣下则敢于放肆地触犯法令,那么君主的威势也就不存在了。所以,韩非特意在《八经》篇中设了"主威"一节,意在强调"势"对于法治的必要性。

根据中国哲学逻辑结构论分析了韩非思想的三个基本范畴"法""术""势"的结构关系。这结构关系中,既有"法"对"术""势"的正向作用,又有"术""势"对"法"的逆向作用(反作用)。其正向作用表现在:韩非思想中,"法"既是基本要素又是中心要素,它对于"术"和"势"具有操作、制约、规范、驾驭的作用。其逆向作用(反作用)表现在韩非思想虽然以"法"为中心,但"法"又不能脱离"术"和"势"。也就是说,"术"和"势"亦具有重要的辅助作用。无术之智,则法不能执行,甚至被奸臣篡权;无势之力,则法失去了威,如同白纸虚文。因此,在法的性能结构系统中,"法"对"术""势"的正向作用与"术"和"势"对"法"的逆向作用(反作用)是相互渗透、互相交织的。由于三者的渗透和交织,才使三者融

①　《难三》。
②　《难三》。

为一体,形成一个有机体。这个有机体揭示了韩非思想的主要内容:通过法、术、势的有机运作,达到以法治国、国富兵强的目的①。

---

① 李甦平:《论韩非的"法势术"的哲学逻辑结构》,《齐鲁学刊》2000 年第 1 期。

第五章　名学与法思想的互动关系

　　"名"是一种重要的法治工具,如何把握它、管理它,由谁来把握它、管理它,就成为一个重要的课题。这种重要性,甚至一度到了"名者,圣人所以纪万物也"①,"有名则治,无名则乱,治者以其名"②,"名者,天地之纲,圣人之符"③,"名正则治,名丧则乱"④,"至治之务,在于正名"⑤的高度,成为确立是非、制定法秩序的根本法则。这表明名与法之间紧密联系着。韩非的名学与法思想之间的关系也不例外。其刑名思想就是名与法思想相互作用、相互结合的产物。韩非的名与法尤如车的两轮,只有两轮互相转动,才使其思想的马车为历代封建君主所用,服务于封

----

　　①　《管子·心术上》。
　　②　《管子·枢言》。
　　③　《吕氏春秋·大体》。
　　④　《吕氏春秋·正名》。
　　⑤　《吕氏春秋·审分》。

建君主专制统治。这一思想因而成为封建帝王安邦治国的法宝。尽管有人认为，韩非的刑名思想使秦王朝走向覆灭，以至于遭受诟病，但历代的封建帝王对该思想进行变通即在治国安邦中采用阳儒阴法，儒以正名，法以捍名，无儒无以立足，无法无以成行。

第一节　名学对韩非法思想的影响

韩非将名家抽象的"名"运用到法治实践中，使其具体化，最终落实为法律秩序的"名"、帝王统治工具的"名"。因此，他的名学是法思想的重要组成部分，也是他贯彻法思想不可缺少的工具。

一、名实关系是法治的基础

每一事物都有一个特定的名称，用来称呼此事物的名称就不能再用来称呼彼事物，用来称呼彼事物的名称就不能用来称呼此事物。正如公孙龙所说："天地与其所产焉，物也。物以物其所物而不过焉，实也。实以实其所实而不旷焉，位也。"①天地及其所生都是物，天下之物名相其形色而命之，名没有差错就是实，实正确反映它应当反映的形色，而位不空旷就是位。他还说："其'名'正，则唯

———————

① 谭介甫：《公孙龙子形名发微》，中华书局，1963年版，第57－58页。

乎其彼焉。谓彼而彼,不唯乎彼,则彼谓不行。谓此而此,不唯乎此,则此谓不行。其以当,不当也;不当而当,乱也。故彼彼当乎彼,则唯乎彼,其谓行彼。此此当乎此,则唯乎此,其谓行此。其以当而当也;以当而当,正也。"①也就是说,一个名对应一个事物就是"当",反之则不当。名实相当就是正名,不当就是乱名。如果一个名同时称呼两个事物(实),那么这个名就不能使用。所以定名时要注意"彼此","夫名实,谓也。知此之非此也,知此之不在此,则不谓也。知彼之非彼也,知彼之不在彼也,则不谓也"②。知道这个事物已不是这个事物,并且它已不在它的位置,就不能再用原本的名称呼它,否则同样是不当,仍会导致混乱。因此,古之明王"审其名实,所慎其谓"③。从公孙龙的阐述可知:名与实必须吻合,当一事物发生改变时,它的名也必须相应改变,名实相当才能保证人们正确认识事物,名实不当则产生混乱。

先秦诸子单纯阐述名实关系的甚少,都是借名实关系原理来论证自己的治国思想。从这一方面来说名实关系是法治的基础。《吕氏春秋·正名》记载了尹文和齐王的一段对话:

齐王谓尹文曰:"寡人甚好士。"尹文曰:"愿闻何谓士?"王未有以应。尹文曰:"今有人于此,事亲则孝,事君则忠,交友则信,居乡则悌,有此四行者可谓士乎?"齐王

---

① 谭介甫:《公孙龙子形名发微》,中华书局,1963 年版,第 60 页。
② 谭介甫:《公孙龙子形名发微》,中华书局,1963 年版,第 61 页。
③ 谭介甫:《公孙龙子形名发微》,中华书局,1963 年版,第 57-58、62 页。

曰："此真所谓士已。"尹文曰："王得若人，宜以为臣乎？"王曰："所愿而不能得也。"尹文曰："使若人于庙朝中，深见侮而不斗，王将以为臣乎？"王曰："否。大夫见侮而不斗，则是辱也。辱则寡人弗以为臣矣。"尹文曰："虽见侮而不斗，未失其四行也。未失其四行者，是未失其所以为士一矣。未失其所以为士一，而王以为臣，失其所以为士一，而王不以为臣，则向之所谓士者乃士乎？"王无以应。尹文曰："今有人于此，将治其国，民有非则非之，民无非则非之，民有罪则罚之，民无罪责罚之，而恶民之难治乎？"王曰："不可。"尹文曰："窃观下吏之治齐也，方若此也。"王曰："使寡人治信若是，则民虽不治，寡人弗怨也。意者未至然乎。"尹文曰："言之不敢无说。请言其说。王之令曰：'杀人者死，伤人者刑。'民有畏王之令，深见侮而不敢斗者，是全王之令也，而王曰'见侮而不敢斗，是辱也'。夫谓之辱者，非此之谓也，以为臣不以为臣者罪之也，此无罪而王罚之也。"齐王无以应。①

尹文之所以能让齐王无以应，用的就是以名责实的方法，由何谓士而引出以法治国中法与社会舆论、习俗的关系。国家法令规定杀人者死、伤人者刑，但齐王又提倡见侮而斗，即争斗则必有死伤，必然违法。所求于所好悖反，名实不符，以此治国不治反乱。尹文所述正反映了战国这一过渡时期道德与法制的矛盾冲突，就是名与实相悖。韩非承袭了尹文的名实关系思想。他讲：

---

① 柳诒徵：《柳诒徵说文化》，上海古籍出版社，1999 年版，第 1030 页。

畏死难,降北之民也,而世尊之曰贵生之士;学道立方,离法之民也,而世尊之曰文学之士;游居厚养,牟食之民,而世尊之曰有能之士;语曲牟知,伪诈之民也,而世尊之曰辩智之士;行剑攻杀,暴憿之民也,而世尊之曰磏勇之士;活贼匿奸,当死之民也,而世尊之曰任誉之士。此六民者,世之所誉也。赴险殉诚,死节之民,而世少之曰失计于民也;寡闻从令,全法之民也,而世少之曰朴陋之民也;力作而食,生利之民也,而世少之曰寡能之民也;嘉厚纯粹,整毂之民也,而世少之曰愚戆之民也;重命畏事,尊上之民也,而世少之曰怯慑之民也;挫贼遏奸,明上之民也,而世少之曰谄谗之民也。此六民者,世之所毁也。奸伪无益之民六,而世誉之如彼;耕战有益之民六,而世毁之如此。此之谓六反。①

正因在现实生活中存在着诸多名不符实、名实背离的行为。因此《尹文子》一再强调名不可不辨,不可不察。《大道上》说,名是用来称形的,形是应名的。如果名不能正形,形不能正名,那么名和形就截然分离了。名不能乱,也不能没有。没有名,大道就没法儿称呼了。有了名,就可以正形。世间存在万物,如果没有一一对应之名就乱了,就没有秩序。世间有众多的名,如不能以形分别与之对应就背离了名的作用。好名用来命名好的事物的,恶名用来命恶的事物。所以好的事物有好的名称,恶的事物有恶的名称。事物之名一定要清楚。名分清楚则国家治,名

---

① 《六反》。

分混乱则国家乱。治国要亲贤人远不肖,要赏善罚恶,贤、不肖、善、恶是对那些人或行为的称呼,而亲、疏、赏、罚是我这一方行为的名称,我这一方与哪一方以名相应,这就是清楚的名。如果把贤、不肖称为亲、疏,把善、恶称为赏、罚,这就是名称混乱。名称混乱则导致国家混乱。[①] 因而法治秩序遭到破坏。所以名实关系决定了法治秩序,从这一层面也证实了名实关系是法治的基础。

法家一般受名家名实论的启迪,把其理论用于治国,形成了法家的法治理论。

申不害就是这样的思想。他讲:

> 名自正也,事自定也,是以有道者自名而正之,随事而定之也。鼓不与于五音,而为五音主,有道者不为五官之事,而为治主。君知其道也,臣知其事也。十言十当,百为百当者,人臣之事也,非君人之道也。昔者尧之治天下也以名,其名正则天下治。桀之治天下也亦以名,其名倚而天下乱。是以圣人贵名之正也。[②]

申不害认为,以名治天下最主要的是正名,也即名和实相当,名符其实,这样天下就能得到治理。名实不符,有名而无实,就是名不正,名不正意味着君主不能驾驭臣下,国家则乱。因此,从申不害的法治思想中可以看出,名实关系是其法治理论的基石。

---

① 国学整理社编:《尹文子·大道上》,载《诸子集成》(第6册),中华书局,2006年版,第2页。

② (清)严可均校辑:《全上古三代秦汉三国六朝文》,中华书局,1958年版,第33页。

管子也持这样的思想。他说：

物固有形，形固有名，此言不得过实，实不得延名。姑形此形，以形务名，督言正名，故曰圣人，不言之言，应也。应也者，以其为之人者也。执其名，务其应，所以成之，应之道也。无为之道，因也。因也者，无益无损。以其形，因为之名，此因之术也。①

万物本有一定的形体，形体本有名称，这是说名称必须符合实际，"实"不能超出"名"本来包含的内容。以形体的实际说明形体，以形体的实际确定名，督察言论，辨正名称，这就是圣人。根据万物本来的名称使他们与形成的实际规律相吻合，这就是顺应实际。以实定名，就是顺应自然的方法。其反映着事物的本质和规律，所以可以标识、约束万物，君主只要用名来检验群臣所为（实），根据臣下的行为进行相应的赏罚，就是在执行法制。

韩非总结了名家公孙龙、尹文的名实思想，兼顾了法家管子、申子等人的法思想，系统论证了名实关系是法治基础。他讲：

用一之道，以名为首。名正物定，名倚物徙。故圣人执一以静。使名自命，令事自定。不见其采，下故素正。因而任之，使自事之。因而予之，彼将自举之。正与处之，使皆自定之。上以名举之。不知其名，复修其形，形名参同，用其所生。二者诚信，下乃贡情。②

---

① 黎翔凤：《管子校注》，中华书局，2004 年版，第 771 页。
② 《扬权》。

道无双，故曰一。是故明君贵独道之容。君臣不同道，下以名祷；君操其名，臣效其形，形名参同，上下和调也。①

韩非认为在君臣不同道这一前提下，君要做的事是执名，臣要做的事是"效其形"，也就是按君主的要求行事。臣下办事能力如何、对君主是否忠诚，君通过名(臣子的官能言语)去核对，自可得出结论。

韩非还将名实关系运用到赏罚中，如韩非讲："故虚静以待，令各自命也，令事自定也。虚则知实之情，静则知动者正。有言者自为名，有事者自为刑，形名参同，君乃无事焉，归之其情。"②他还说："人主将欲禁奸，则审合刑名；刑名者，言与事也。为人臣者陈而言，君以其言授之事，专以其事责功。功当其事，事当其言，则赏；功不当其事，事不当其言，则罚。"③也就是说，名实相当者赏，名实不当者罚。这正是韩非赏必须对应功、罚必须对应过的法制理论基础。纵观韩非的赏罚法治思想，无一不是以名实关系为基础。

由此可以得出，名实关系是韩非法思想的基础，其法治理论的根基是取之于名家的名实关系。

二、名实关系决定法治的统一

在名实关系中名与实是统一的，也就是说"名"与

---

① 《扬权》。
② 《主道》。
③ 《二柄》。

"形"是统一的。在韩非思想中体现"名"的就是法,"形"指的是按照法办理的具体事务。他认为"名"与"形"的关系是:"形"是由"名"来控制,"名"是由"形"来体现与实施,两者是统一的。在具体操作上,君主紧握其名,而臣效其形。因此,韩非名实关系的统一性也就决定其法治的统一。

韩非在方法论中秉承了老子"道"的理论,"用一之道"在他的法治理论中占有重要地位。"一"是道的别名。在某种程度上名就是道,也就是法。老子说:

万物得一以生。①

圣人抱一以为天下式。②

载营魄抱一,能无离乎。③

这里的"一"都是指道。黄老帛书《十大经·成法篇》说:"一者,道其本也。"《淮南子·诠言训》说:"一也者,万物之本也,无敌之道也。""一"作为道,既是指万物的本原和万物的总规律,又指根本的方法。从哲学方法论上说,所谓"用一""执一""抱一"几乎是同一个意思,即从全局上把握和处理各种事物。韩非也是赞成这一思想的,他说:"故圣人执一以静,使名自命,令事自定。"④

韩非指出,"圣人"(一般指君主)控制了道,就能使一切事情自然走上正道,使整个国家达到清静、安定和有秩

---

① 《老子》第三十九章。
② 《老子》第二十二章。
③ 《老子》第十章。
④ 《扬权》。

序的状态。在他看来,君主应该控制的道正是"用一之道"。他言:

> 用一之道,以名为首。名正物定,名倚物徙。故圣人执一以静,使名自命,令事自定;不见其采,下故素正。因而任之,使自事之;因而予之,彼将自举之。[①]

"用一之道"作为方法论,是按照封建政治的原则来认识世界和改造世界的根本方法。其中一个带有全局性的问题在于法治是不是可以统一,以及如何统一的问题。这一问题在由封建割据向封建统一过渡的战国时期具有迫切性和特殊性。但是,就维护封建统治而言,这个问题对于封建社会的各个历史时期都是必要的。因此,它又是一个共性的问题。

一般说来,有什么样的世界观就有什么样的方法论。韩非的世界观具有唯物主义倾向。他承认世界特别是社会上的各种事物是客观存在的。世界上的事物和现象千差万别,但是它们并不是杂乱无章、无法捉摸的。韩非当时已经认识到,在千差万别的事物或现象之间存在着同一性,这种同一性就是"用一之道"的基础。

韩非所提倡的"用一之道",其主要内涵是法治上的统一,即用某种法治原则使众多的不同质的事物统一起来,使法治生活达到尽可能地统一。其中主要是:人心的统一,"夫国事务先一而一民心"[②]。政事的统一,"一政而

韩非子刑名思想研究

---

① 《扬权》。
② 《心度》。

国治"①。法令的统一,"一行其法"②,"法莫如一而固"③,"不一其宪令,则奸多"④。赏罚的统一,"不作而养足,不仕而名显,此私便也;息文学而明法度,塞私便而一功劳,此公利也"⑤。

这种统一的过程实际上就是实行法治的过程,也是社会革新的过程。"用一之道"也重视行为的示范、引导作用。通过示范、引导等达到法治上的统一。

若夫厚赏者,非独赏功也,又劝一国。受赏者甘利,未赏者慕业,是报一人之功而劝境内之众也,欲治者何疑于厚赏? 今不知治者皆曰:"重刑伤民,轻刑可以止奸,何必于重哉?"此不察于治者也。夫以重止者,未必以轻止也;以轻止者,必以重止矣。⑥

奖赏某一有功人员,其意义和目的不在于表彰受奖者,而在于激励整个国民。因此,"报一人之功"与"劝境内为之众"是紧密联系的。这是"一"与"众"的辩证关系。这里的"一",不只是一个自然数,还包含着"众",它也要转化为"众"。示范、引导作用之所以必要和有力量,就在于个别包含着一般、共性包含于个性,又能转化为一般。韩非在当时不可能理解个别与一般,个性与共性的辩证关系,但是他已经在其法治实践了个别与一般之间关系,懂得了

第五章 名学与法思想的互动关系

---

① 《心度》。
② 《八经》。
③ 《五蠹》。
④ 《定法》。
⑤ 《八说》。
⑥ 《六反》。

这一方法。

韩非进一步运用老子名与法相关的思想,法治不仅统一,而且是名实关系制约法治,使封建的法思想统一在王权的名下。

"用一之道,以名为首。"名实关系问题,在"用一之道"中具有重大意义。在韩非的法思想里"名"有多种含义,如名号、名位、名声。其中一种意义是"道",或者是"道"的重要内容:"圣人之所以为治道者三:一曰利,二曰威,三曰名。"①韩非明确肯定了"名"是治道的组成部分之一。他还说:"名者,上下之所同道也。"②

《说文》言:"一达谓之道。"道的本意为众人必经的唯一道路,后引申为众人共同遵行的思想或规律。近人陈奇猷说:"上下之所同道,犹言上下共遵而行者也。"③可见,"名"就是指全国上下共同遵守的法则或规律,也就是法治。既然名即道,名也就是法。所谓"以名为首",是指把法放在治道的首位。韩非正是从这个意义上认为"用一之道"中应该"以名为首"的。

以名为首的"用一之道",固然表明韩非对法的强调,也体现了韩非保守的方法论,然作为他的方法论"用一之道"的基本目的在于维护君权的法治统一。因此,它所要求君主的只有两个字"操守"。

故曰:道不同于万物,德不同于阴阳,衡不同于轻重,

① 《诡使》。
② 《诡使》。
③ 陈奇猷:《韩非集释》,上海人民出版社,1974年版,第935页。

绳不同于出入,和不同于燥湿,君不同于群臣。凡此六者,道之出也。道无双,故曰一。是故明君贵独道之容。君臣不同道,下以名祷;君操其名,臣效其形,形名参同,上下和调也。①

圣人德若尧、舜,行若伯夷,而位不载于世,则功不立,名不遂。故古之能致功名者,众人助之以力,近者结之以成,远者誉之以名,尊者载之以势。如此,故太山之功长立于国家,而日月之名久著于天地。此尧之所以南面而守名,舜之所以北面而效功也。②

在韩非看来,君主只要紧紧把"名"作为操守,然后循名责实,督责臣下,使君权万无一失,全部目的也就达到了。"用一之道"借用名实关系来反映法治的统一。这就是法家韩非把名附在道统上,在阐述其封建法治统一的必要性。

三、名实关系决定法的功能

法的一个重要职能是"定纷"以"止争",这是法的基本职能。法家认为,法是适应确认"土地货则男女之分"需要而产生的,然而法这一重要的作用是由名实关系决定的。商鞅非常形象地用"百人逐兔"的例子来阐述说明。

一兔走,百人逐之,非以兔可分以为百也,由名分之未定也。夫卖兔者满市,而盗不敢取,由名分已定也。故名

---

① 《扬权》。
② 《功名》。

分未定,尧、舜、禹、汤且皆如鹜而逐之。名分已定,贫盗不取。今法令不明,其名不定,天下之人得之义之,其议人异而无定。人主为法于上,下民议之于下,是法令不定,以为上也。此所谓名分之不定也。夫名分不定,尧、舜犹将皆折而奸之,而况众人乎?……名分定,则大诈贞信,民皆愿悫而各自治也。夫名分定,势治之道也;名分不定,势乱之道也。①

也就是说,一物在没有确定所属之前,即使微不足道,人们也要争夺,因此确定所属之名是消除纷争的最佳途径。事物所属即其名分,名分定则治,名分不定则乱,把名分用法律形式确定下来就是最好的治道。就像每个事物都有相对应的名一样,法律规定了社会中人的行为范围及所属,超出了这一范围或所属就是名实相违,就是违法犯罪。

韩非全面承袭了商鞅这一观点,并且将其运用到自己的法制观中。

昔者韩昭侯醉而寝,典冠者见君之寒也,故加衣于君之上。觉寝而说,问左右曰:"谁加衣者?"左右对曰:"典冠"。君因兼罪典衣与典冠。其罪典衣,以为失其事也;其罪典冠,以为越其职也。非不恶寒也,以为侵官之害甚于寒。故明主之畜臣,臣不越官而有功,不得陈言而不当。越官则死,不当则罪。守业其官,所言者贞也,则群臣不得朋党相为矣。②

---

① 《商君书·定分》,蒋礼鸿:《商君书锥指》,中华书局,1986 年版,第145－146 页。
② 《二柄》。

韩昭侯之所以既罚"典衣"又处罚"典冠",是因为"典衣"和"典冠"的名分已定,因名守之职,不能去纷争。也就是"典冠"去争做了"典衣"所要做的事,拿我们现代的话来讲,就是越权。

韩非认为对名实关系的损害就是对法治功能的削弱。这从反面证明了名实对法治的制约。这在本书前面的害名即"不当名""名不称实""有名无实""不合参验"和"流行之辞"中已经阐述,这里就不重复了。

四、形名参同对法的作用

"形名参同"是韩非名学思想的核心,也是其术治的重要理论基础,因而对法的作用如下。

首先,"形名"概念的内涵包含法术。前面已经指出,韩非"形""名"的一个含义是"事"和"言"。有时他也把法叫作名(或言),依法所做的事叫作形(或事)。

其次,"形名参同"是明法的要求。他认为"法明则内无变乱之患"①。法要能表现统治阶级的意志,对国家权力管辖范围内的一切人都有约束力,法必须做到家喻户晓。"官之所以师"②,"境内卑贱莫不闻知"③。天下的人只有明法,才能守法。要明法,法律条文就必须有确定性,形名参同。要做到概念明确,就要审名和明分。韩非也正是运用审名和明分的逻辑方法使许许多多的法术之名得

---

① 《八说》。
② 《说疑》。
③ 《难三》。

以明确。笔者在本书第三章第二节中已经说明这一点,在此就不展开阐述了。

再次,形名参同是赏罚的根据。赏罚分明、厚赏重罚,是韩非法术思想的重要内容。他认为,"明赏则民劝功,严刑则民亲法"①。赏罚要得当,"功当其事,事当其言,则赏;功不当其事,事不当其言,则罚"②。可见,韩非由形名参同引出赏罚得当。罪刑相符、功赏相参,实质上也是韩非所说的形名参同。

最后,形名参同的同时也要运用术。韩非认为,"人主寡,不足以偏知臣",因此必须用术。所谓术者,"君操其名,臣效其形"③,"循名而责实"④,"循名实而定是非"⑤。名实相符者为是,名实相悖者为非。"人主将欲禁奸,则审合刑名者,言异事也。为人臣者陈而言,君以其言授之事,专以其事责其功。"⑥

综合以上各点,韩非再三申述形名参同对主安国治有重要作用。他说:"形名参同,用其所生。"⑦"形名参同,上下和调。"⑧"形名参同,民乃守职"。⑨"形名参同,君乃无事。"⑩相反,如果形名不参同,"有主名而无实,臣专法而行

---

① 《心度》。
② 《二柄》。
③ 《扬权》。
④ 《定法》。
⑤ 《奸劫弑臣》。
⑥ 《二柄》。
⑦ 《扬权》。
⑧ 《扬权》。
⑨ 《扬权》。
⑩ 《主道》。

之,周天子是也"①。比如,"齐万乘也,而名实不称,上空虚于国,内不充实于名实,故臣得夺主,杀夫子也"②。

我们从以上分析中可以看出,韩非相当自觉地把名实问题纳入法术的范围。他从社会政治、伦理、人事等方面提出名实关系,讨论形名参同以及审名与明分等问题。他把形名参同看作判断是非的原则,也是人主驾驭臣下的方术。这是韩非形名在其法思想中的突出特点。因此,我们可以这样讲,韩非的名学思想对其法治产生了重要的影响。

第二节 韩非法思想对其名学的作用

一、法规定立法之名

(一)君主之名

先秦诸子尽管思想各有差异,然而从终极目的上来讲,都是对人类社会秩序进行探索,深刻反映了春秋战国时期人们对于动荡不安秩序的强烈不满,表达了世人普遍渴求社会安定、有序的心理状态。他们追求秩序情结,正如许倬云讲:"司马谈的六家,选择甚为有道理,都为建立某种秩序,以统摄包容散乱的现象:阴阳家为了自然的秩

---

① 《备内》。
② 《安危》。

序,儒家为了人伦的秩序,墨家为了宗教的秩序,名家为了逻辑的秩序,法家为了统治的秩序,道家反秩序,却也有一种反秩序的秩序。"①金耀基也有同样的思想,中国文化存在一种"秩序情结",强调"秩序情结"也就是"动乱情结",秩序与动乱是一物之两面。诚然,追求秩序与趋避动乱是中国一个突出的文化取向。② 这表明,社会秩序恢复和重建是先秦诸子治国安邦的一个重要主题。美国学者史华兹认为先秦诸子共享的文化取向中包含了一种"秩序至上的观念(无论在宇宙领域还是在人类领域)",讨论的正是春秋战国时期一个非常显著的思想文化现象。③ "礼废乐坏"的春秋战国时期,亟须法治权威重构社会秩序,根本的立足点在于巩固君主的权势,提倡君尊臣卑的政治伦理。

基于这种背景,韩非主张用法来捍卫君主的名位。他讲:

> 用一之道,名以为首。名正物定,名倚物徙。故圣人执一以静。使名自命,令事自定,不见其采,下故素正。因而任之,使自事之。因而予之,彼将自举之。正与处之,使皆自定之。上以名举之。不知其名,复修其形。形名参同,用其所生。④

这段话尽管有多种含义,然而有一点是清楚的,那就是说

① 许倬云:《秦汉知识分子》,《求古编》,新星出版社,2006 年版,第 363 页。
② 金耀基:《金耀基自选集》,上海教育出版社,2002 年版,第 262 页。
③ 本杰明·史华兹:《古代中国的思想世界》,程钢译,江苏人民出版社,2004 年版,第 414 页。
④ 《扬权》。

君要做的事是执名。也就是用法确定君主的名位,其目的是"立天子以为天下"。"国无君不可以为治",法家对君主之名的重要性历来都很重视。管子将君主分为"上主""中主"和"危主"三类。

> 故主有三术,夫爱人不私赏也,恶人不私罚也,置仪设法以度量断者,上主也;爱人而私赏之,恶人而私罚之,倍大臣,离左右,专以心断者,中主也;臣有所爱而为私赏之,有所恶而为私罚之,倍公法,损其正心,专听其大臣者,危主也。①

管子虽然对于所谓"中主""危主"有不同的看法,但是其确定君主之名的立场是坚定不移的。管、商二子都讲:"安国在乎尊君。"②"治莫康于立君。"③

韩非在管子、商鞅等人的思想上进一步阐述了君主之名的主张,他将君主分为"下君""中君"及"上君"④,不论君主在统治手段、统治理念层面存在多大的差异,都要确定君主之名,即以肯定君主制度为理论前提。事实上,韩非甚至先秦其他诸子大都持"有君论"的态度,其法制思想大都围绕君主之名来展开。正如刘泽华所说:"在中国的历史上,除为数不多的人主张无君论以外,都是有君论者,在维护王权和王制这一点上大体是共同的,而政治理想几乎都是王道和圣王之治。"⑤

---

① 《管子·任法》。
② 《管子·重令》。
③ 《商君书·开塞》。
④ 《八经》。
⑤ 刘泽华:《中国的王权主义》,上海人民出版社,2000 年版,第 4 页。

韩非还从反面论证了君主之名被颠覆,导致"臣有弑君,子有弑其父"的历史事实。他说:

谚曰:"厉怜王"。此不恭之言也。虽然,古无虚言,不可不察也。此谓劫杀死亡之主言也。人主无法术以御其臣,虽长年而美材,大臣犹将得势擅事主断,而各为其私急。而恐父兄豪杰之士,借人主之力,以禁诛于己也,故弑贤长而立幼弱,废正的而立不义。故《春秋》记之曰:"楚王子围将聘于郑,未出境,闻王病而反,因入问病,以其冠缨绞王而杀之,遂自立也。齐崔抒,其妻美,而庄公通之,数如崔氏之室,及公往,崔子之徒贾举率崔子之徒而攻公,公入室,请与之分国,崔子不许,公请自刃于庙,崔子又不听,公乃走踰于北墙,贾举射公,中其股,公坠,崔子之徒以戈斫公而死之,而立其弟景公"近之所见:李兑之用赵也,饿主父百日而死;卓齿之用齐也,擢湣王之筋,悬之庙梁,宿昔而死。故厉虽痈肿疕疡,上比于春秋,未至于绞颈射股也;下比于近世,未至饿死擢筋也。故劫杀死亡之君,此其心之忧惧,形之苦痛也,必甚于厉矣。由此观之,虽"厉怜王"可也。①

上古之传言,《春秋》所记,犯法为逆以成大奸者,未尝不从尊贵之臣也。②

子夏曰:"《春秋》之记臣杀君,子杀父者,以十数矣。皆非一日之积也,有渐而以至矣。"凡奸者,行久而成积,

---

① 《奸劫弑臣》。
② 《备内》。

积成而力多，力多而能杀，故明主早绝之。①

且夫内以党与劫弑其君，外以诸侯之权矫易其国，隐敦适，持私曲，上禁君，下挠治者，不可胜数也。是何也？则不明于择臣也。记曰："周宣王以来，亡国数十，其臣弑君而取国者众矣。"然则难之从内起与从外作者相半也。能一尽其民力、破国杀身者，尚皆贤主也；若夫转身法易位、全众傅国，最其病也。②

通过"绞颈射股""饿死擢筋"等"劫杀死亡之君"的历史教训，分析"厉怜王"古谚的政治学寓意，足以证明"《春秋》之记臣杀君，子杀父者，以十数矣"，"周宣王以来，亡国数十，其臣弑其君而取国者众矣"等历史记载所论并非虚言，韩非旨在通过这些历史事实充分说明春秋战国时期政局动荡、秩序失范的根本原因在于君主之名被大臣、重臣、奸臣利用。因此，如何维护君主权势自然成为韩非思考的一个重要课题，同时也为重建法治秩序提供了一个有效途径。

事实上，在韩非以前就有人主张用法确立君主之名，如慎子强调君臣名分的重性，反对君臣易位、尊卑失序。他讲：

臣疑其君，无不危之国。孽疑其宗，无不危之家。③

商鞅同样强调确定"名分"的重要性。他讲：

夫名分不定，尧舜犹将皆折而奸之，而况众人乎？此

---

① 《外储说右上》。
② 《说疑》。
③ 《慎子·德立》。

令奸恶大起,人主夺威势,亡国灭社稷之道也。①

在韩非思想中"最为大逆不道"的,莫过于弑君了。因为法家以尊君为臣德第一要务,认为暴君亦是君,也要维护君主的名位,反对儒家的"暴君放伐论",不管国君如何无道,弑君均必死之罪。韩非在《说疑》篇中曾借奸臣之口,举了十个弑君的例子,而儒家的圣王如尧、舜、汤、武均在其列。可见韩非把君王之名提高到至高无上的地位,任何人不得染指君位之名。因此,他主张用法巩固君主之名是在情理之中的。

(二)壹法之名

所谓壹法之名,就是法律要统一在君主的名下,法要规定封建帝王是最高权威这一名分。其中壹法之名大致包括四个方面:立法统一之名、法具有权威之名、法内容统一之名和思想统一。

首先,法规定立法权由君主一人行使,这就确定了君主的立法之名。也就是说,只能在君主的名下立法,立法权只有君主享有,其余任何人不得染指。法家认为,立法权必须由君主集中行使,这样才能保证"政不二门",法律统一。商鞅说:

国之所以治者三:一曰法,二曰信,三曰权。法者君臣之所共操也,信者君臣之所共立也,权者君之所独制也。人主失守则危。②

---

① 《商君书·定分》。
② 《商君书·修权》。

韩非子刑名思想研究

管子也有同样的思想。他说：

明主之治天下也，威势独在于主，而不与臣共；法政独
制于主，而不从臣出。故明法曰：威不两错，政不二门。①
韩非正是基于商鞅、管仲等理论提出这一思想。他说：

圣人之所以为治道者三：一曰利，二曰威，三曰名。夫
利者，所以得民也；威者，所以行令也；名者，上下之所同道
也。非此三者，虽有不急矣。②
他认为，名的根本作用是使国家上下"同道"，只有名实相
符，才能把臣民的思想统一到统治阶级的思想上来，国家
才能治。

其次，法令具有权威之名。法家认为，要使法令成为
唯一的准则，就应使法令具有绝对权威。一方面，要使法
令高于一切。如韩非所说：

明主之国，令者，言最贵者也；法者，事最适者也。言
无二贵，法不两适。故言行而不轨于法令者必禁。若其无
法令而可以接诈应变、生利揣事者，上必采其言而责其实。
言当则有大利；不当则有重罪。是以愚者畏罪而不敢言，
智者无以讼，此所以无辩之故也。③
另一方面，法令一出，任何人都必须遵守。商鞅总结了
以往破坏法制的历史教训，一针见血地指出："法之不
行，自上犯之。"④不仅要求各级官吏守法，而且要求君主

---

① 《管子·明法解》。
② 《诡使》。
③ 《问辩》。
④ 《史记·商君列传》。

本人"慎法制",做到"言不中法者,不听也;行不中法者,不高也;事不中法者,不为也"①。甚至认为,君主更应"先民服",带头遵守。当然,法家打击的并不是君主,而是那些敢于坏法的贵族和大臣。为此,商鞅第一个提出了"壹刑"(在某种程度上就是壹法)的主张。他讲:

所谓壹刑者,刑无等级。自卿相、将军以至大夫、庶人,有不从王令、犯国禁、乱上制者,罪死不赦。②

有功于前,有败于后,不为损刑;有善于前,有过于后,不为亏法。③

后来韩非根据商君的思想主张树立法的权威之名。他指出:

故绳直而枉木斫,准夷而高科削,权衡县而重益轻,斗石设而多益少。故以法治国,举措而已矣。法不阿贵,绳不挠曲。法之所加,智者弗能辞,勇者弗敢争。④

刑过不避大夫,赏善不遗匹夫。故矫上之失,诘下之邪,治乱决缪,绌羡齐非,一民之轨,莫如法;属官威民,退淫殆,止诈伪,莫如刑。刑重则不敢以贵易贱,法审则上尊而不侵;上尊而不侵,则主强而守要,故先王贵之而传之。人主释法用私,则上下不别矣。⑤

再次,统一之名是指法的内容统一。韩非认为,要体现这一思想,必须保持法律内容的稳定性、协调性。他讲:

---

① 《商君书·君臣》。
② 《商君书·赏刑》。
③ 《商君书·赏刑》。
④ 《有度》。
⑤ 《有度》。

故明主必其诛也。是以赏莫如厚而信,使民利之;罚莫如重而必,使民畏之;法莫如一而固,使民知之。故主施赏不迁,行诛无赦,誉辅其赏,毁随其罚,则贤不肖俱尽其力矣。①

晋之故法未息,而韩之新法又生;先君之令未收,而后君之令又下。申不害不擅其法,不一其宪令,则奸多。故利在故法前令则道之,利在新法后令则道之;利在故新相反、前后相悖,则申不害虽十使昭侯用术,而奸臣犹有所谲其辞矣。故托万乘之劲韩,七十年而不至于霸王者,虽用术于上,法不勤饰于官之患也。②

可见,韩非坚决反对两种不同质的法律并存。韩非所谓的"固",就是法律内容的稳定。他还坚决反对朝令夕改。他说:

凡法令更则利害易,利害易则民务变,民务变谓之变业。故以理观之,事大众而数摇之则少成功,藏大器而数徙之则多败伤,烹小鲜而数挠之则贼其泽,治大国而数变法则民苦之。是以有道之君贵虚静而重变法。③

最后,统一思想。韩非主张,必须用法律统一人们的思想,以便统一规范人们的言行。也就是,整合人民的思想,使人民的思想统一到君主之名下。

故明主之治国也,明赏则民劝功,严刑则民亲法;劝功则公事不犯,亲法则奸无所萌。故治民者禁奸于未萌,而

---

① 《韩非·五蠹》。
② 《定法》。
③ 《解老》。

用兵者服战于民心。禁先其本者治,兵战其心者胜。①

凡治之大者,非谓其赏罚之当也。赏无功之人、罚不辜之民,非所谓明也;赏有功、罚有罪而不失其人,方在于人者也,非能生功止过者也。是故禁奸之法,太上禁其心,其次禁其言,其次禁其事。②

明主之国,令者,言最贵者也;法者,事最适者也。言无二贵,法不两适。故言行而不轨于法令者必禁。③
可见,韩非要求严惩任何反抗的想法或动机,主张镇压思想犯。

总之,以韩非为代表的"壹法"理论,就是用法的形式规定封建帝王之名的权威性,不允许有任何侵犯王权的行为,更不能觊觎王权之名。

二、法规定司法之名

不论制定得多么好的法律,如果不能正确实施终将是一张废纸。君主专制政权下,最高统治者虽然独揽立法大权,但法律的执行是由各级司法官吏来完成的。如果说法律体现了统治阶级的意志,那么这种意志能否贯彻下去,官吏起着关键作用。正如荀子所言:"法不能独立……得其人则存,失其人则亡。法者,治之端也;君子者,法之原也。故有君子则法虽省,足以遍矣;无君子则

① 《心度》。
② 《说疑》。
③ 《问辩》。

法虽具,失先后之施,不能应事之变,足以乱矣。"①虽然该观点有夸大人在以法治国中的作用之嫌,但也说出了法不能离开人独立存在的事实。在司法官吏中历来有良吏和恶吏,正如清道光二年(1822)进士徐栋"究心吏治,以为天下事莫不起于州县,州县理,则天下无不理"②。而"州县理"的关键不在其他,而在吏之清明与否。另一进士石家绍自白:"吏而良,民父母也;不良,则民贼也。"③良吏的表现之一通常说来是司法公正、公平。因此,在先秦诸子思想中不得不体现规范官吏的行为。要规定其行为,就必须规定其名分。正如申不害所讲:"名者,天地之纲,圣人之符。张天地之纲,用圣人之符,则万物之情无所逃之矣。"④韩非发展申子的观点认为:"君操其名,臣效其形。"他主张:"民用官治则国富,国富则兵强,而霸王之业成矣。"⑤"官治"和"民用"同被列为实现国富兵强的条件。因此,在韩非法思想中有许多都与吏治有关,下面阐述法规定名在选吏、治吏中的作用及参验形名的司法原则。

(一)选吏

战国时期,一些诸侯虽然求才心切,但对何谓"才"没有一个明确的标准,因此常常仅凭某些人的虚言浮词之"名"而非实际才能之"实"赐予其高官厚禄。有名而无

---

① 王先谦:《荀子集解·君道》,中华书局,1988 年版,第 230 页。
② 赵尔巽:《清史稿·循吏三》,中华书局,1977 年版,第 13058 页。
③ 《循吏三》,赵尔巽:《清史稿》,中华书局,1977 年版,第 13055 页。
④ 《申子·大体》。
⑤ 《六反》。

实,名实不符,韩非极为反对这一用人方式。他讲:

> 兒说,宋人,善辩者也。持"白马非马"也,服齐稷下之辩者;乘白马而过关,则顾白马之赋。故籍之虚辞,则能胜一国;考实按形,不能谩于一人。①

韩非主张用验名的方式即实践来验证所要选拔司法官吏的才能。他讲:

> 夫视锻锡而察青黄,区冶不能以必剑;水击鹄雁,陆断驹马,则臧获不疑钝利。发齿吻形容,伯乐不能以必马;授车就驾而观其末涂,则臧获不疑驽良。观容服,听辞言,仲尼不能以必士;试之官职,课其功伐,则庸人不疑于愚智。故明主之吏,宰相必起于州部,猛将必发于卒伍。夫有功者必赏,则爵禄厚而愈劝;迁官袭级,则官职大而愈治。夫爵禄大而官职治,王之道也。②

这也是主张用实践来验证选拔官吏的能力。韩非借徐渠和田鸠的对话批判"驱于声词,眩乎辩说,不试于毛伯,不关乎州部"③的用人方式。楚、魏两国国君不看实际本领,仅凭虚言浮词之名而任命宋觚做楚国的将军、冯离做魏国的相,其结果是失政亡国。所以韩非认为,如果"主有度,上有术",就从实践中审验名实关系,在实践中选择人才,"无毛伯之试,州部之关,岂明主之备哉!"④反之,如果主无术,上无度,就会仅凭处士的滔滔利口和三寸不烂之舌

---

① 《外储说左上》。
② 《显学》。
③ 陈奇猷:《韩非新校注》,上海古籍出版社,2000 年版,第 953 页。
④ 陈奇猷:《韩非新校注》,上海古籍出版社,2000 年版,第 953 页。

韩非子刑名思想研究

而赐予要职。他说：

人皆寐则盲者不知，皆黑则喑者不知，觉而使之视，问而使之对，则喑盲者穷矣。不听其言也，则无术者不知；不任其身也，则不肖者不知。听其言而求其当，任其身而责其功，则无术不肖者穷矣。夫欲得力士而听其自言，虽庸人与乌获不可别也，授之以鼎俎则罢健效矣。故官职者。能士之鼎俎也。任之以事，而愚智分矣。故无术者得于不用，不肖者得于不任。言不用而自文以为辩，身不任而自饰以为高，世主眩其辩、滥其高而尊贵之，是不须视而定明也，不待对而定辩也，喑盲者不得矣。①

言辞不能证明一个人的实际才能，那些貌似博学多才、言能旁征博引，但对社会实况一无所知，并诋毁主法治之人是尤要引起重视的。因此，他指出："听其言者危，用其计者乱"②，社会后果是十分严重的，是"患之至甚者也"。韩非认为，他们虽然"俱与有术之士有谈说之名，而实相去千万也。此夫名同而实异者也"③。表面上看，与主法治之人有共同的名声，实际上却相去甚远。

根据不同的名对应不同的实，以名实相符的原则来任用官吏。

首先，韩非把任人所长、用人所能看作君无为、臣无所不为的必要条件。他说：

夫物者有所宜，材者有所施，各处其宜，故上下无为。

① 《六反》。
② 《奸劫弑臣》。
③ 《奸劫弑臣》。

使鸡司夜，令狸执鼠，皆用其能，上乃无事。矜而好能，下之所欺；辩惠好生，下因其材。上下易用，国故不治。①

其次，韩非把用人所长视为大臣能够尽忠于君主的必要条件。他说：

人臣守所长，尽所能故忠以尊主，主御忠臣则长乐生而功名成。名实相持而成，形影相应而立，故臣主同欲而异使。人主之患在莫之应，故曰："一手独拍，虽疾无声。"人臣之忧在不得一，故曰："右手画圆，左手画方，不能两成。"故曰：至治之国，君若桴，臣若鼓，技若车，事若马。故人有余力易于应，而技有余巧便于事。立功者不足于力，亲近者不足于信，成名者不足于势，近者已亲而远者不结，则名不称实者也。②

最后，任人所长是国家消除内忧外患的必要条件。韩非说：

治国之臣效功于国以履位，见能于官以受职，尽力于权衡以任事。人臣皆宜其能，胜其官，轻其任，而莫怀余力于心，莫负兼官之责于君。故内无伏怨之乱，外无马服之患。明君使事不相干，故莫讼；使士不兼官，故技长；使人不同功，故莫争。争讼止，技长立，则强弱不觳力，冰炭不合形，天下莫得相伤，治之至也。③

相反，如果所用非所长，"人臣失所长而奉难给，则伏怨

---

① 《扬权》。
② 《功名》。
③ 《用人》。

结"①,又何谈忠心于主？物有所长,有所短,只有用其所长,用者与被用者才各得其所。这是选拔司法官吏的重要原则。

（二）治吏

用法规定不同的官名,然后必然有不同官职之实,明确官吏职责和管辖范围是法制制度完善的一种表现,"在国家早期发展时期,夏、商乃至西周时期,国家职能的划分尚不十分明确,官员的职责范围亦不十分确定。因此官爵与职责可以脱离"。② 韩非主张"官不兼职"。他说：

> 人臣之忧在不得一,故曰："右手画圆,左手画方,不能两成。"故曰：至治之国,君若桴,臣若鼓,技若车,事若马。③

一人如身兼数职,精力、才能则无法周全,难免顾此失彼。若因此受上级责难,则易产生怨怒之情,这些都不利于治国。所以,他说：

> 明君使事不相干,故莫讼；使士不兼官,故技长；使人不同功,故莫争。争讼止,技长立,则强弱不觳力,冰炭不合形,天下莫得相伤,治之至也。④

> 明主之道,一人不兼官,一人不兼事。⑤

韩非强调官吏分职,理由如下。

---

① 《用人》。
② 陈长琦：《中国古代国家与政治》,高等教育出版社,2001年版,第181页。
③ 《功名》。
④ 《用人》。
⑤ 《难一》。

首先，人非万能，只能在一种名下充当一种角色，不可能充当诸种角色。明于分职使官吏有所专，能够提高做事效率。长期做一件事，使官吏由不熟悉到熟悉，从而对自己的职任游刃有余。韩非讲：

人主乐乎使人以公尽力，而苦乎以私夺威；人臣安乎以能受职，而苦乎以一负二。故明主除人臣之所苦，而立人主之所乐，上下之利，莫长于此。不察私门之内，轻虑重事；厚诛薄罪，久怨细过，长侮偷快；数以德追祸，是断手而续以玉也。故世有易身之祸。①

其次，便于治吏。韩非主张用"形名参同"考核官吏，决定赏罚，其内容之一即把管理的职责与其实际所作所为对应，看是否名符其实。一人所兼之职越多，其职责范围就越模糊，也就无法考核。

最后，防止"越官""越职"。"越官""越职"都是"不当名"，韩非在《二柄》中讲了关于韩昭侯的一个故事，来说明这一思想。韩非强调分职是为了限制官吏权限，防止越官，要做到"功当其名"，如果"不当名"，就使君主地位受到威胁，官吏分职的核心就是要加强王权统治。

（三）参验刑名的司法原则

韩非主张用法规定参验刑（形）名的原则来考查官吏，从而奖惩官吏，达到治吏的目的。有学者曾讲："他（指亚里士多德）的法治概念以这样的观念为基础：法律必须与规范的价值联系，统治者必须作为法律的卫护者，

---

① 《用人》。

法律必须限制地方行政官吏的行为,法律是一种维护国家的机制,而国家的主要使命是改进被认为有能力参与政治的少数人的道德。……法律是指导和制衡地方行政官吏权力的必要机制,因为法律规定了界限,限定了特权和义务,并培育了良好习惯。"①现代法治不仅是依法管理民众,更重要的是依法管理执政者。同样,先秦诸子以法治国也不仅是以法治民,更重要的是以法治吏,将法作为治吏的有效工具。但怎样才能做到正确行使赏和罚,而不是奖无功,罚无辜,是以法治吏的关键所在。管子提出循名责实的司法原则。他说:

故明主之听也,言者责之以其实,誉人者试之以其官。言而无实者诛,吏而乱官者诛。是故虚言不敢进,不肖者不敢受官。乱主则不然,听言而不督其实,故群臣以虚誉进其党;任官而不责其功,故愚污之吏在庭②。

商鞅与管子的思想同出一辙。他讲:

故贵之不待其有功,诛之不待其有罪也;此其势正使污吏有资而成其奸险,小人有资而施其巧诈。③

韩非综述了管子、商君的思想,丰富和发展"循名责实"这一重要的司法原则。他讲:"不以功伐决智行,不以参伍审罪过,而听左右近习之言,则无能之士在廷,而愚污之吏

---

① 高道蕴:《中国早期的法治思想》,载高道蕴等编:《美国学者论中国法律传统》,中国政法大学出版社,1994 年版,第 228 页。
② 黎翔凤:《管子校注》,中华书局,2004 年版,第 1214 页。
③ 蒋礼鸿:《商君书锥指》,中华书局,1986 年版,第 137 页。

处官矣。"①"参伍",即参验刑名,错综事务。与之相近的还有参验、参同,均为检验形名是否相合的方法,韩非非常注重循名责实这一有效的治吏方法。他讲:

循名实而定是非,因参验而审言辞。是以左右近习之臣,知诈伪之不可以得安也,必曰:"我不去奸私之行尽力竭智以事主,而乃从相与比周妄毁誉以求安,是犹负千钧之重,陷于不测之渊而求生也,必不几矣"。百官之吏,亦知为奸利之不可以得安也,必曰:"我不以清廉方正奉法,乃以贪污之心,枉法以取私利,是犹上高陵之颠,堕峻溪之下而求生,必不几矣。"安危之道若此其明也,左右安能以虚言惑主,而百官安敢以贪渔下?是以臣得陈其忠而不弊,下得守其职而不怨。此管仲之所以治齐,而商君之所以强秦也。②

循名责实能够有效运用奖惩机制,控制官吏,使其兢兢业业效忠于君主。事实上,君主治理国家主要在治吏,正如韩非主张:"圣人治吏不治民","明主治吏不治民"③。他讲:

摇木者一一摄其叶则劳而不遍,左右拊其本而叶遍摇矣。临渊而摇木,鸟惊而高,鱼恐而下。善张网者引其纲,不一一摄万目而后得。则是劳而难,引其纲而鱼已囊矣。故吏者,民之本、纲者也,故圣人治吏不治民。④

① 《孤愤》,陈奇猷:《韩非新校注》,上海古籍出版社,2000 年版,第 249 页。
② 《奸劫弑臣》。
③ 《外储说右下》。
④ 《外储说右下》。

韩非认为,封建君主只要责督官吏,自然就安国定邦,正如熊士力所讲:"详韩子所言,盖谓圣人守法,而选用大臣。大臣则奉法而督责群吏,使各率其民,而举其职,则治本立。故曰明主治吏不治民者,非不治民也,治亲民之吏,而民已治矣。是摇木拊本、张网引纲之说也。……韩子重治吏,至今无可易也。"[1]君要治好吏,韩非认为,必须用法规定官位、官职的名,才能实现"君操其名,臣效其形"[2]。在韩非看来,实施君主专制必须解决君臣之间的"名形"关系,首要前提是君要把握"名","名"要由它所对应的事务来自定,而"事"也由其自身来定。这就是说,从名形关系的自然属性上看,物可自定;从名形的法律关系上看,形可自定。因此,"臣效其形"。这正是韩非运用法确定的名实关系来管理官吏的重要思想。

三、法规定君臣之名

韩非主张用法规范君臣的行为,也就是规定君臣各有名分。他讲:

名实相持而成,形影相应而立,故臣主同欲而异使。人主之患在莫之应,故曰:"一手独拍,虽疾无声。"人臣之忧在不得一,故曰:"右手画圆,左手画方,不能两成。"[3]

故曰:至治之国,君若桴,臣若鼓,技若车,事若马。故人有余力易于应,而技有余巧便于事。立功者不足于力,

---

① 熊十力:《韩非评论》,台北学生书局,1984 年版,第 49 页。
② 《扬权》。
③ 《功名》。

亲近者不足于信,成名者不足于势,近者已亲而远者不结,则名不称实者也。①

由此可以看出,他在强调君臣各有名分,各处其宜,是实现君主"无为而治"的重要前提。他反对君主用智显能,实际也是为了让君主固守君道,不要越职去做臣子该做的事。君守君道,才能实现循名责实,以法术御臣。强调君臣之分,对韩非而言也是确保臣不侵主、维护君主至尊地位的需要。因为保持君臣之间森严的等级之名,在他看来是保证君主人身安全和独尊地位的必要条件。

韩非认为君臣基于名分不同,他们之间绝对对立,即表现君臣之间利益相反、充满斗争和无情。他讲:

臣主之利与相异者也。何以明之哉? 曰:主利在有能而任官,臣利在无能而得事;主利在有劳而爵禄,臣利在无功而富贵;主利在豪杰使能,臣利在朋党用私。是以国地削而私家富,主上卑而大臣重。故主失势而臣得国,主更称蕃臣,而相室剖符。此人臣之所以谲主便私也。故当世之重臣主变势,而得固宠者十无二三。是其故何也? 人臣之罪大也。臣有大罪者,其行欺主也,其罪当死亡也。智士者远见而畏于死亡,必不从重人矣;贤士者修廉而羞与奸臣欺其主,必不从重臣矣。是当涂者徒属,非愚而不知患者,必污而不避奸者也。大臣挟愚污之人,上与之欺主,下与之收利,侵渔朋党,比周相与,一口惑主,败法以乱士民,使国家危削,主上劳辱,此大罪也。臣有大罪而主弗

———————
① 《功名》。

禁,此大失也。使其主有大失于上,臣有大罪于下,索国之不亡者,不可得也。①

下匿其私,用试其上;上操度量,以割其下。故度量之立,主之宝也;党与之具,臣之宝也。臣之所以不弑其君者,党与不具也。故上失扶寸,下得寻常。有国之君,不大其都;有道之君,不贵其家。有道之君,不贵其臣;贵之富之,备将代之。备危恐殆,急置太子,祸乃无从起。②

他认为,君主必须充分认识君臣因名分差异而利益相反的事实,"知臣主之异利者王,以为同者劫,与共事者杀,故明主审公私之分,审利害之地,奸乃无所乘"③。

韩非认为,因其法规定君臣的名分差异,君臣之间毫无感情可言,臣之事君不是因为亲君、爱君,而是"缚于势而不得不事也"④。君臣之间完全是一种买卖关系,"君以计畜臣,臣以计事君。君臣之交,计也"⑤。既然是交易,双方都要计算怎样才能获得最大利益。害身利国,于臣无益,故不为;害国利臣,于君无益,亦弗为。交易成败取决于君臣是否能够各得其所得。君臣各有所得通过赏罚实现。他说:

设民所欲以求其功,故为爵禄以劝之;设民所恶以禁其奸,故为刑罚以威之。庆赏信而刑罚必,故君举功于臣,而奸不用于上,虽有竖刁,其奈君何?且臣尽死力以与君市,君垂爵禄以与臣市,君臣之际,非父子之亲也,计数之

---

① 《孤愤》。
② 《扬权》。
③ 《八经》。
④ 《备内》。
⑤ 《饰邪》。

所出也。君有道，则臣尽力而奸不生；无道，则臣上塞明主而下成私。①

没有亲情，只有利害，所以君臣之间"一日百战"②；君主时刻都处在危险中，因为"为人臣者，窥觇见其君心也无须臾之休"③。基于对君臣关系的如此认识，提倡绝对君主专制的韩非自然要把名实关系落实在驾御臣之术上。正如熊十力所言："（韩非）虽然法术兼持，而其全书精神，毕竟归本于任术。稍有识者，细玩全书，当不疑于斯言。……韩非书，虽法术并言，而其全书所竭力阐明者，究在于术。"④韩非认为，有道之君不在于是否勤政爱民，而在于能否熟练运用御臣之"术"。善于御臣，虽然荒淫无度，国犹且成。不善于御臣，即使节俭勤劳，布衣恶食，国犹自亡。他举了正反两个例子来证明这一观点。

（赵敬侯）不修德行，而好纵欲，适身体之所安，耳目之所乐，冬日罼弋，夏浮淫，为长夜，数日不废御觞，不能饮者以筒灌其口，进退不肃，应对不恭者斩于前。故居处饮食如此其不节也，制刑杀戮如此其无度也，然敬侯享国数十年，兵不顿于敌国，地不亏于四邻，内无君臣百官之乱，外无诸侯邻国之患。⑤

（燕君子哙）地方数千里，持戟数十万，不安子女之乐，不听钟石之声，内不湮污池台榭，外不罼弋田猎，又亲

---

① 《难一》。
② 《扬权》。
③ 《备内》。
④ 熊十力：《韩非评论》，台北学生书局，1984 年版，第 3 页。
⑤ 《说疑》。

操未耨修畎亩。子哙之苦身以忧民如此其甚也,虽古之所谓圣王明君者,其勤身而忧世不甚于此矣。然而子哙身死国亡,夺于子亡,而天下笑之。①

赵敬侯与燕君子哙之所以有这样的差别是因为前者明确了君与臣的名分,即"明于所以任臣";后者混淆了君与臣的名分,即"不明乎所以任臣也"。"任臣"即御臣。"为君不能禁下而自禁者谓之劫,不能饰下而自饰者谓之乱,不节下而自节者谓之贫。"②韩非的这些思想体现了君主用定名实关系来规范臣的行为,使"忠臣尽忠于方公,民士竭力于家,百官精克于上"③。

用法律规定的赏罚,取决于名实关系,即名实相符则赏,名实不符则罚。赏罚是联系君臣的纽带。韩非讲:"君操其名,臣效其形,刑名参同,上下和调也。"④以法治国,君主用法规定名分,臣按照明白的名分去规范自己的行为,因此能使社会和谐。他说:

治世之臣,功多者位尊,力极者赏厚,情尽者名立。善之生如春,恶之死如秋,故民劝极力而乐尽情。此之谓上下相得。上下相得,故能使用力者自极于权衡而务至于任鄙,战士出死而愿为贲、育,守道者皆怀金石之心以死子胥之节。用力者为任鄙,战如贲、育,中为金石,则君人者高枕而守已完矣。⑤

---

① 《说疑》。
② 《难三》。
③ 《难三》。
④ 《扬权》。
⑤ 《守道》。

　　明主立可为之赏,设可避之罚。故贤者劝赏而不见子胥之祸,不肖者少罪而不见伛剖背,盲者处平而不遇深溪,愚者守静而不陷险危。如此,则上下之恩结矣。古之人曰:"其心难知,喜怒难中也。故以表示目,以鼓语耳,以法教心。"君人者释三易之数,而行一难知之心,如此则怒积于上而怨积于下;以积怒而御积怨,则两危矣。明主之表易见,故约立;其教易知,故言用;其法易为,故令行。三者立而上无私心,则下得循法而治,望表而动,随绳而斫,因攒而缝。如此则上无私威之毒而下无愚拙之诛,故上居明而少怒,下尽忠而少罪。①

以法治国,臣有功则赏,有过则罚,君臣凭法交易,各得所需,皆大欢喜。交易不能掺杂感情,因此君不必仁下、臣无须忠上,君不仁、臣不忠时,也就是国家称霸之时。所以韩非讲:

　　治强生于法,弱乱生于阿,君明于此,则正赏罚而非仁下也。爵禄生于功,诛罚生于罪,臣明于此,则尽死力而非忠君也。君通于不仁,臣通于不忠,则可以王矣。昭襄知主情,而不发五苑。田鲔知臣情,故教田章;而公仪休辞鱼。②

　　人主挟大利以听治,故其任官者当能,其赏罚无私。使士民明焉,尽力致死,则功伐可立而爵禄可致,爵禄致而富贵之业成矣。富贵者,人臣之大利也。人臣挟大利以从事,故其行危至死,其力尽而不望。此谓君不仁,臣不忠,

---

① 《用人》。
② 《外储说右下》。

则不可以霸王矣。①

交易应当是公平的,韩非根据名实关系设计君臣之间的交易却否认了公平和等价交换原则。依据市场规则,商品交易的前提是双方自愿,但在韩非看来,"普天之下,莫非王臣",所有人无论是愿意还是不愿意均要俯首称臣,也就是说必须参加这场交易,如有拒绝称臣者,"赏之誉之不劝,罚之毁之不畏"②。君主常用的刑、德二柄对他们均不起作用,因而无法驾驭之,格杀勿论就是唯一的办法,这就是韩非对齐太公杀狂矞、华士二人大加赞同的原因。使臣老老实实听命于君主,死心塌地服务于君主,就必须让他有求于君主。因此韩非的法术之名又称"阴术"。他讲:

夫驯乌者断其下翎焉。断其下翎则必恃人而食,焉得不驯乎?夫明主蓄臣亦然,令臣不得不利君之禄,不得无服上之名。夫利君之禄,服上之名,焉得不服?③

这场交易的不公平性是法规定君臣的名分差异所致。这从韩非对大臣的评价中也可以看出。韩非希望大臣没有独立的人格,像机器人一样执行君主的命令,只有这样才不会对君主构成威胁。他讲:

贤者之为人臣,北面委质,无有二心;朝廷不敢辞贱,军旅不敢辞难;顺上之为,从主之法,虚心以待令而无是非也。故有口不以私言,有目不以私视,而上尽制之。为人臣者,譬之若手,上以修头,下以修足,请暖寒热,不得不

---

① 《六反》。
② 《外储说右上》。
③ 《外储说右上》。

救，入，镆铘傅体，不敢弗搏。①

韩非认为，如后稷、皋陶、伊尹、周公旦、太公望、管仲、隰朋、百里溪、蹇叔、舅犯、赵衰、范蠡、大夫种、逢同、华登等方称得上忠臣，他们"夙兴夜寐，卑身贱体，竦心白意，明刑辟，治官职以事其君，进善言、通道法而不敢矜其善，有成功、立事而不敢伐其劳，不难破家以便国，杀身以安主，以其主为高天泰山之尊，而以其身为壑谷鬴洧之卑"②。有这样的大臣，"主有明名广誉于国，而身不难受壑谷鬴洧之卑"③。总之，韩非称赞的大臣是忠心耿耿，任劳任怨，有功归主上，有错自己担，尽己所能使君主有尊位、得美名，同时还不居功自傲，匍匐于君主脚下的人。也就是既要有卓越的智慧、才能，还要有奴才的嘴脸。对许由、伯夷、务光及叔齐等见利不喜、临难不惧和关龙逢、王子比干、楚申胥及伍子胥等不顾自身生命安危、疾争强谏的大臣，韩非毫不犹豫地予以否定。总之，在君臣关系上，韩非贬低臣旨在树立君的绝对权威，无论君主贤明还是昏庸，聪明还是愚笨，其名分是不容侵犯的。

韩非也清楚地认识到臣在治国中的作用。他讲："凡五霸所以能成功名于天下者，必君臣俱有力焉。"④只有君臣和谐有力，国家才能大治。他说："人主之患在莫之应，故曰：一手独拍，虽疾无声。"⑤国君发布法令，臣下认真贯

---

① 《有度》。
② 《说疑》。
③ 《说疑》。
④ 《难二》。
⑤ 《功名》。

彻实施,这是国家得到良好治理的前提。没有众臣的协助,人主一人不论有怎样的才智,不论怎样勤于政事,都不可能实现大治。尧之所以能够南面而守名,舜之所以能够北面而效功,是"众人助之以力,近者结之以成,远者誉之以名,尊者载之以势"①的结果。然而对臣之于君的重要性认识,没有成为君臣和谐的动因,仅是使韩非出于君主专制的考虑,对君的名分有一些规范行为。他说:

时有满虚,事有利害,物有生死。人主为三者发喜怒之色,则金石之士离心焉。圣贤之扑浅深矣。故明主观人,不使人观己。明于尧不能独成,乌获之不能自举,贲、育之不能自胜,以法术,则观行之道毕矣。②

人主不自刻以尧而责人臣以子胥,是幸殷人之尽如比干,尽如比干则上不失,下不亡。不权其力而有田成,而幸其身尽如比干,故国不得一安。废尧、舜而立桀、纣,则人不得乐所长而忧所短。失所长则国无功,守所短则民不乐生。以无功御不乐生,不可行于齐民。如此,则上无以使下,下无以事上。③

君主不能一味要求臣,自己要履行君主的名分,方能要求臣。另外,韩非还认为君给予臣的官职名分要考虑到臣的能力。如果超出其所能为,臣无法满足君之要求,君又以此督责,不满和怨怒在所难免,长此以往,臣下就会产生叛主之心。所以他讲:"人主立难为而罪不及,则私怨生;人

---

① 《功名》。
② 《观行》。
③ 《安危》。

臣失所长而奉难给,则伏怨结。劳苦不抚循,忧悲不哀怜。喜则誉小人,贤不肖俱赏;怒则毁君子,使伯夷与盗跖俱辱;故臣有叛主。"①这足可以看出,韩非也在要求君主履行其君主之名,但比起对臣的要求,对君的要求实在是少得可怜,这也同韩非的绝对君主专制理论一脉相承。

综上所述,韩非用法律规范君臣关系,一方面,既有奴隶制下君对臣绝对控制;另一方面,又暗含着资本主义市场经济下的君臣交易关系。他运用名实关系的原理,把君臣关系解读得淋漓尽致,从而把君主专制推到极限。这一点在中外也是罕见。这与马基雅维利的君主专制理论同出一辙。马基雅维利在《君主论》中论述君臣关系时讲:

如果你察觉该大臣想着自己甚于想及你,并且在他的一切行动中追求他自己的利益,那么这样一个人就绝对不是一个好大臣,你绝不能信赖他;因为国家操在他的手中,他就不应该想着自己,而应该只想着君主,并且决不想及同君主无关的事情。另一方面,为了使大臣保持忠贞不渝,君主必须常常想着大臣,尊敬他,使他富贵,使他感恩戴德,让他分享荣誉,分担职责;使得他知道如果没有自己,他就站不住,而且他已有许多荣誉使他更无所求,他已有许多财富使他不想更有所得,而且他已负重任使他害怕更迭。因此,当大臣们以及君主和大臣们的关系是处于这样一种情况的时候,他们彼此之间就能够信相孚;如果不

---

① 《用人》。

如此，其结果对此对彼都总是有损的。①

马基雅维里认为，正是出于国君自身的考虑，君要让利于臣，以便君臣之间形成一种诚信、和谐、对等的关系。而韩非主张的君臣之间的名形关系与之恰恰相反，他要建立一种君主极端专制的君臣关系。

四、法规赏罚之名

韩非主张通过赏罚来实现封建统治，因此，其法思想中贯穿着赏罚之名。他认为，"虚静以待，令名自命也，令事自定也。虚则知实之情，静则知动者正。有言者自为名，有事者自为形，形名参同，君乃无事焉，归之其情"②。君主采取的方法是"执一以静"，"虚静以待"，这是由"道"的性质所决定的，即"虚静无为，道之情也"③。对君主来说，应该是处位而观，"不离位曰静"④。这种方法就是根据臣下的主张任用他，"上以名举之"⑤，"君以其言授其事"⑥，"令名自命，令事自定"；臣下则"有言者自为名，有事者自为形"⑦。君主要根据"形名参同"的原则，观察、评价臣下是否"功当其事，事当其言"，当则赏之，不当则罚

———————————

　　① ［意］尼科落·马基雅维里：《君主论》，潘汉典译，商务印书馆，1985 年版，第 111 页。

　　② 《主道》。

　　③ 《扬权》。

　　④ 《喻老》。

　　⑤ 《喻老》。

　　⑥ 《主道》。

　　⑦ 《主道》。

第五章　名学与法思想的互动关系

之,甚至诛之。他秉承了"是非随名实,赏罚随是非"①以及"赏随功,罚随罪"②的两大原则。

韩非是根据名实是否相符来进行考核的。名实相符者为是,不符者为非;是者有赏,非者有罚,赏罚分明;赏重而信,罚重而必。事实上,考核绩效在韩非以前就有了。《尚书·尧典》说:"三载考绩,三考黜陟幽明。"意思是每隔三年考核一次政绩,对有功者给以提拔,对有过错的人予以罢免。汉代人在解释"三载考绩"时说:"所以三岁一考绩何? 三年有成,故于是赏有功,黜不肖。"③韩非也是从考核绩效中想出赏罚法律制度:"听言督其用,课其功,功课而罚生焉。"④

从韩非法思想中足可以看出其赏罚法律制度特点。

首先,赏罚的名实性。赏罚总是同名实紧密结合在一起,即"是非随名实,赏罚随是非"。

其次,赏罚的唯一性。韩非认为,行赏的唯一依据是功,行罚的唯一依据是罪。除此之外,没有任何其他的根据进行赏罚。这就是赏罚根据的唯一性。韩非说:"计功而行赏。"⑤另外,他还讲:"赏不加于无功,罚不加于无罪。"⑥

再次,赏罚的权威性。韩非讲:"夫赏罚之道,利器也。"⑦他把赏罚看作治国的锐利武器。究其原因在于赏

---

① 转引自胡适《中国古代哲学史》,安徽教育出版社,2003 年版,第 91 页。
② 《商君书·禁使》。
③ 《白虎通·考黜篇》。
④ 《八经》。
⑤ 《八说》。
⑥ 《难一》。
⑦ 《内储说上七术》。

罚具有权威性、指向性。赏罚鲜明地体现了执掌国家政权的那个阶级的意志,从正反两个方面指明了什么是对的、什么是错的,应当提倡什么、反对什么。赏罚是社会行为的指向,具有指示器的性质,是引导性规范。韩非在赏罚问题上的高明之处在于,他把赏罚由个人执行和赏罚的社会本质区别开来。他认为,赏罚这种锐利武器“君固握之”①,但是赏罚与君主个人的恩怨无关:“以罪受诛,人不怨上,跀危坐子皋;以功受赏,臣不德君”②。赏罚之所以与个人的恩怨无关,就在于执行赏罚就是服从社会的公共意志。在其合理的范围内,这种公共意志是不可动摇的,是不为个人的恩怨所左右的。这也体现了赏罚的权威性。

最后,赏罚的公正性。赏罚是一种法制度,在本书前面已做阐述。这里稍解释一下。韩非所主张的“操生杀之柄”,就是指掌握赏罚的权柄。由于这种权柄直接关系到生与杀的问题,所以韩非认为必须严肃对待,公正无私。他说:“诚有功,则虽疏贱必赏;诚有过,则虽近爱必诛。近爱必诛,则疏贱者不怠,而近爱者不骄也。”③。这就是说,在生杀赏罚的问题上必须一视同仁,不分亲疏远近。

总之,赏罚的名实性、唯一性、权威性及公正性,这四者是统一的。名实性是验证的标准,权威性是以公正性为基础,权威性和公正性都以客观事实为依据。因此,他讲:

---

① 《内储说上七术》。
② 《外储说左下》。
③ 《主道》。

"赏罚随是非。"①赏与罚都以客观上存在的是非功过为准则。正如张陈卿在阐述韩非的法治主张时写道:"现在各国,大半都是法制的国家,国法的条文当然极为详密,少或几百,多至数千,但抽其精意,不过两条,一即'赏',一即'罚'而已!"②他又讲:"赏罚是法中的精髓。"③在张陈卿看来,能够严格实施赏罚便是法治。所以他论韩非之所以得称上"法治思想家"的理由是:"我以为研究宪法的条文的,那是法律家;研究法理的施行和分配的,那是法理家;发出这种法理的思想,加以系统的组织,能够实用于国家,而且主张甚力的,那就是法治思想家!"韩非就是研究赏罚的法理的法治思想家。他用图表的方式画出韩非法治思想的系统:强国→势→术→法(赏罚)④。

第三节　从刑名思想演化过程来解读韩非名学与法思想的互动关系

　　古代的法,多指为刑,正如宋人杨万里所谓"法不用则为法,法用之则为刑;民不犯则为法,民犯之则为刑"。⑤

---

① 《安危》。
② 张陈卿:《韩非的法治思想》,文化学社印行,1930年版,第71页。
③ 张陈卿:《韩非的法治思想》,文化学社印行,1930年版,第72页。
④ 张陈卿:《韩非的法治思想》,文化学社印行,1930年版,第90页。
⑤ (宋)杨成里:《诚斋集》,上海书店1989年据商务印书馆1926年版重印,《四部丛刊》第198册,第11页。

明人邱浚讲："法者,罚之体;罚者,法之用。其实一而已矣。"①梁治平说："从时间顺序上看,我们今天称之为古代法的,在三代是刑,在春秋战国是法,在秦汉之后主要是律……三者的核心乃是刑"②。本杰明·史华兹认为,我国古代的法是指外在的强制性制度,或者是"刑"③。正因为刑与法有这样的密切关系,所以古人心目中的法就是刑,刑就是法。先秦的法家多主张重刑主义,多将"法"称为"刑",如"刑不上大夫"。实际上在这里将"法"称为刑。再如,"严刑重罚者,民之所恶也"④。显然,我们研究韩非"名"与"法"实际上就是研究"名"与"刑",也就是前面所讲的刑名思想。韩非根据人性论的自利思想,导之以名,用之以刑。名与法结合在一起,就等于名与刑的结合,也被称为刑名学,史称"刑名法术之学"。刑名学是在名与法的互动关系中演化而来的。以战国时期法家思想为主流,包含了李悝、吴起、申不害、慎到、商鞅、韩非、李斯、嬴政等人相承相启的学说、主张,以及后世的研究成果,尤其是韩非将他的刑名思想运用于治国安邦中,多为后续者尊崇。其演化历程如下。

一、由兴盛而独霸时期:战国、秦

战国时期,群雄割据,战争连年,这是社会变革激烈动

---

① 邱浚:《大学衍义补》(上),林冠群、周济夫校点,京华出版社,1999年版,第102页。

② 梁治平等:《新波斯人信札》,中国法制出版社,2000年版,第49页。

③ 本杰明·史华兹:《古代的中国思想世界》,程钢译,江苏人民出版社,2004年版,第56页。

④ 《奸劫弑臣》。

荡的时代。刑名思想适应了这一需求,因而迅速发展起来,自战国初期的李悝、吴起,经中期的商鞅、慎到、申不害,到末期的韩非、李斯,刑名学终以其系统的法、势、术理论而成为一大学术派系,法家亦因此成为与儒、墨、道并称的"显学",并在秦国和统一六国后的秦王朝由学而政,以政霸学,走向极盛。

刑名思想的鼻祖李悝(约前455—前395年),"撰次诸国法,著《法经》"①,由此奠定了法家刑名思想的基础。吴起(?—前381年)对刑名思想最大的贡献在于提出了"明审法令"②的法治原则,这一原则为后世法家所继承。商鞅(约前390—前338年)对刑名思想的贡献很大,在此尤要说明的是,他首先把名与法结合起来。主张法可以确立等级名分,名分确立后,便可以止息争端。他讲:

> 一兔走,百人逐之,非以兔可分以为百也,由名分之未定也。夫卖兔者满市,而盗不敢取,由名分已定也。故名分未定,尧、舜、禹、汤且皆如鹜而逐之。名分已定,贫盗不取。今法令不明,其名不定,天下之人得之义之,其议人异而无定。人主为法于上,下民议之于下,是法令不定,以为上也。此所谓名分之不定也。夫名分不定,尧、舜犹将皆折而奸之,而况众人乎?……名分定,则大诈贞信,民皆愿悫而各自治也。夫名分定,势治之道也;名分不定,势乱之道也。③

---

① 《晋书·刑法志》。
② 《史记·孙子吴起列传》。
③ 《商君书·定分》。

慎到(约公元前 395—前 315 年),赵国人,他在思想领域影响最大的当数其"重势"理论,被公认为先秦法家中的"尚势"派,主张在"尚法"的同时重视"势",运用君主的权力和威势来推动治国实践的运行。也就是说,君主必须有君主之名,才能形成权势,保证法的推行。他认为法是治国之"大道","有法度者,不可巧以诈伪"①,要保证法的准确实施,须以势为依托。

首先,君主必须做到"权重位尊",无君主之势,既无君主之法,"贤而屈于不肖者,权轻也,不肖而服于贤者,位尊也。尧为匹夫,不能使其邻家;至南面而王,则令行禁止。由此观之,贤不足服不肖,而势位足以屈贤矣"②。

其次,权势须以御"众"即驱使臣民为基础。他讲:"身不肖而令行者,得助于众也……得助则成,释助则废矣。"③

再次,须做到"立天子以为天下,非立天下以为天子也"。他将权势的起源看作天下大众的共同授予,具有历史的进步性。慎子在刑名中最大的贡献是将势同法相结合,其后被韩非概括为"抱法处势""背法去势",将其发展为法与势结合起来的刑名思想。

申不害(约公元前 395—前 337 年),郑国人,其思想源于道家而偏好刑名,是以重术著称的"道法家"。他的术思想体现在两点:其一,"循名责实"之术,即君主先按

---

① 《逸文》。
② 《威德》。
③ 《威德》。

臣下的才能授予官职,然后考查臣下所做工作(实)是否符合其职责的要求(名),并据此进行赏罚,用名实思想来任免、监督、考核臣下的方法。其二,"替御群臣"之术,主要用来识别忠奸,具有极大的负面影响。通常来说,刑名思想到申不害时有了大的变化,其刑名思想主要体现在他的"术"治上。其特征主要是:从研究"法令之所谓"的法之名实,扩大到君臣上下之间关系的政治名实。因而这一转变使战国以后中国古代的刑名思想带有极强烈的政治性与实践性色彩。

杨鸿烈讲:"韩非是先秦诸子的最后一个人,泷川政次郎博士所著《中国法制思想》曾说,他是集儒、墨、道、杨、申等先秦政治思想的大成者,所以韩非的思想即是中国法律思想的精华,这话说的很是。"① 韩非生活在秦统一中国的前夕,新兴的统治阶级迫切需要一套为统一的专制主义中央集权国家辩护的理论,韩非的思想就是应这一时代需求而生的产物。他在总结前期法家刑名理论和实践的基础上,对"任法"的理论依据提出了自己独到的见解,提出了"以法为本",法、术、势结合的思想体系,并将名掺杂在法、术、势中,形成自己独特的刑名思想。他讲:

> 功当其事,事当其言则赏;功不当其事,事不当其言则罚。故群臣其言大而功小者则罚,非罚小功也,罚功不当名也。群臣其言小而功大者亦罚,非不说(悦)于大功也,

---

① 杨鸿烈:《中国法律思想史》(上),台北商务印书馆,1981 年版,第 123 页。

以为不当名也害，甚于有大功，故罚。昔者韩昭侯醉而寝，典冠者见君之寒也，故加衣于君之上。觉寝而说，问左右曰："谁加衣者?"左右答曰："典冠。"君因兼罪典衣与典冠。其罪典衣，以为失其事也;其罪典冠，以为越其职也。非不恶寒也，以为侵官之害甚于寒。故明主之畜臣，不得越官而有功，不得陈言而不当。越官则死，不当则罪。①

韩非将"名"与刑法中的"刑罚"结合起来，用来惩罚"实"不符合"名"，"功"不符合"言"的危害行为。在此尤要指出的是，在法、术、势的结合中，他认为"法"是治国的根本，"势"是推行法刑之治的前提，"术"是实现法刑之治国的策略，三者不可偏废，但这三者都是为了维护君主统治地位之名。他批评重法的商鞅"无术以知奸"、重势的慎到不知"抱法"、重术的申不害"不擅其法"，强调君主以抱法、处势、擅术，"以法为本"，法、术、势结合，使法家的刑名思想系统化。

韩非的刑名思想并不是具有现代意义的法治思想，而是君主专制"一人之治"的思想，是为君主个人独裁所设，是古代人治论，其思想迎合了秦始皇的口味。例如，秦始皇在看到韩非所著《孤愤》《五蠹》时曾大呼："嗟夫，寡人得见此人与之游，死不恨矣。"②

秦王朝建立后，刑名成为指导思想，秦始皇"刚毅戾深，事皆决于法"③，强化刑罚手段，以加强专制集权统治，

---

① 《二柄》。
② 《史记·老子韩非列传》。
③ 《史记·秦始皇本纪》。

史称"明法度,定法令,皆以始皇起"①。但秦始皇推行的法治是以重刑为代表的刑罚威吓主义,"法治"的程度逾高,镇压的强度逾大,不但人们的行为受到了酷法的钳制,连思想也不得自由,"以法为教","以吏为师","废王道,立私权,禁文书而酷刑法"②,大搞文化专制主义,人民莫不举手犯禁、出言获罪,这不但禁锢了人民的思想行为,也使刑名思想应有价值丧失殆尽。秦王朝的过早灭亡,更使刑名思想的价值遭到质疑,甚至批判。汉以降,虽然统治者实际上仍运用韩非的刑名思想,却都是潜规则,不便于口头标榜。

二、理论反思与实际暗用时期:汉一清

汉朝建立以后,在理论上对刑名思想进行了深刻的反思,或口诛笔伐,或客观评价,或刻意褒扬,不一而足,而实践领域,不论理论界发出何种声音,统治者总是不同程度地吸收刑名思想,以指导其立法和司法活动,正是如此,我们才说韩非的刑名法术构成历代王朝统治的暗流,并对中华法系重刑轻民、礼法并用的文化模式产生了深远的影响。

(一)思想理论上对刑名法术的抨击反思

两汉的众多政治家、思想家将秦的灭亡同韩非的刑名思想联系起来,对其大加挞伐。陆贾批评秦朝政治"举措暴众而用刑太极"③。路温舒指出:"秦之时,著文学,好武

---

① 《史记·李斯列传》。
② 《史记·秦始皇本纪》。
③ 《新语·无为》。

勇,贱仁义之士,贵治狱之吏,正言者谓之诽谤,遏过者谓之妖言。故盛服先生不用于世,忠良切厚皆郁于胸,誉谀之声日满于耳,虚美熏心,实祸蔽塞。此乃秦之所以亡天下也。"①贾谊斥责秦始皇用申韩之术,重刑名思想,"繁刑严诛,吏治刻深,赏罚不当,赋敛无度"②。

董仲舒说得更为直接,认为秦之亡国在于"师申商之法,行韩非之说,憎帝王之道,以贪狼为俗,非有文德以教训天下也。……又好用憯酷之吏,赋敛亡度,竭民财力,百姓散亡,不得从耕织之业,群盗并起。是以刑者甚众,死者相望,而奸不息,俗化使之然也"③。

扬雄诅咒韩非的刑名思想:"韩非之术,不仁至矣,若何牛羊之用人也。"④王充说:"韩子之术,明法尚功。贤,无益于国不加赏;不肖,无害于治不施罚。责功重赏,任刑用诛","韩子任刑,独以治世,是则治身之人,任伤害也。韩子岂不知任德之为善哉? 以为世衰世变,民心蘑薄,故作法术,专意于刑也"⑤。

正是由于上述人的无情驳斥,刑名思想声名狼藉,为儒家礼法学登入封建统治的殿堂扫清了思想障碍。

但是,对刑名思想进行客观评价的也不乏其人。如司马谈就准确概况了法家刑名思想的基础特征:"法家不别亲疏,不殊贵贱,一断于法,则亲亲尊尊之恩绝矣。可以行

---

① 《尚德缓刑书》。
② 贾谊:《过秦论》。
③ 《汉书·董仲舒传》。
④ 《法言》。
⑤ 《论衡·非韩》。

一时之计,而不可长用也,故曰'严而少恩。若尊主卑臣,明分职不得相逾越,虽百家弗能改也。"①司马谈指出刑名思想的缺点在于法严刑酷,只能是应急一时,难收长治久安之效;但刑名思想将亲疏贵贱关系统统纳入法德统率之下,树立封建君主的统治权威,大家各守其位,不得僭越,这种主张又是任何学派都不能改易的。司马迁继承其父的学术观点,为先秦法家人物立传,首次揭示刑名思想与道家思想的内在联系:"申子之学本于黄老而主刑名,著书二篇,号曰《申子》。"韩非"喜刑名法术之说,而其归本与黄老。""韩子引强墨,切事情,明是非,其极惨礉少恩"。但是,司马迁对主张重刑治民如商鞅、李斯等人却给予了无情的指责:"商君,其天资刻薄人也,迹其欲于孝公以帝王术,非其质矣。……余尝读商君开塞耕战书,与其人行事相类。卒受恶名于秦,有以也夫!"李斯"知六艺之归,不务明政以补主上之缺,持爵禄之重,阿顺苟合,严威酷刑,听高邪说,废适立庶。诸侯已畔,斯乃欲谏争,不亦末乎!"②

班固《汉书·艺文志》中有"诸子略"一文,列举刑名思想的著作十家,二百一十七篇,其中《韩子》五十五篇,并对其刑名思想作了简要的评述:"法家者流,善出于理官,信赏必罚,以辅礼制。《易》曰:'先王以明罚饬法',此其所长也。及刻者为之,则无教化,去仁爱,专任刑法而欲

---

① 《论六家要旨》。
② 《史记·李斯列传》。

以致治,至于残害至亲,伤恩薄厚。"班固还认为,先秦时期出现的名家学说,"其言虽殊,辟犹水火,相灭亦相生也",法家刑名思想即源于儒家礼法学,旨在以法辅礼,但商鞅、韩非等人背弃了仁爱教化。专任刑法,致使刑名思想走向了反面,遭到社会的遗弃,假如"使其人遭明王圣主,历其所折中,皆股肱之材也"。班固公允地评述了刑名思想的历史地位。

对于刑名思想作刻意褒扬的人往往出于特殊的政治目的,但客观上对挖掘刑名思想的应用价值起到了积极作用。唐宋时期,许多思想家出于所处时代的政治需要,对秦朝刑名思想重新进行评价,以达到针砭时弊的目的。如柳宗元指出:

> 秦有天下,裂都会而为之郡邑,废侯卫而为之守宰,据天下之雄图,都六合之上游,摄制四海,运于掌握之内,此其所以为得也。不数载而天下大坏,其有由矣。亟役万人,暴其威刑,竭其货贿,负锄梃谪戍之徒,圜视而合从,大呼而成群,时则有叛人而无叛吏,人怨于下而吏畏于上,天下相合,杀守劫令而并起。咎在人怨,非郡邑之制失也。①

为表明加强中央集权、削平藩镇割据的政治见解,柳宗元肯定了韩非的中央集权理论和秦朝推行的郡县制,希望唐王朝"摄制四海,运于掌握之中",维护国家的统一。秦朝的灭亡,"咎在人怨,非郡邑之制失也"。简言之,柳宗元认为申韩所设计的中央集权的郡县制并没有错,错在官吏

---

① 《封建论》。

贪暴,激怒了人民。

宋代的政治改革家王安石也对刑名思想表现了极大的兴趣,他写有《商鞅》一诗,认为"今人未可非商鞅,商鞅能令政必行",指出了刑名思想的价值核心在于能做到有法必依,执法必严,这是其他学派理论所不及的。

此外,苏轼的《韩非论》、门无子的《刻韩子迁评序》,都是研究刑名思想的专文。由于礼法学长期居传统法学的主导地位,社会上过分强调德礼的作用,甚或以儒家仁义观念否定刑名思想,加之自汉以来,古代学术领域始终被经学笼罩,因而对刑名思想从正面进行反思、研究的学术成果不多。

通过上面论述,我们认为对韩非的刑名思想要客观的、历史的评价,背离韩非所处的历史背景、屈从评价者目的的评判,都是对其刑名思想不公允的。

(二)法制实务中对刑名之术的暗用

自汉朝以后的历代王朝,虽然都标榜以儒家礼法学为治国不刊之典,但在法治实践中无不暗暗袭用刑名思想的成果和营养。汉武帝口头上宣传"罢黜百家,独尊儒术",在现实生活中仍然任用酷吏,实行严刑峻法。此后到昭帝、宣帝时期,这种阳儒阴法的做法大体不变,实行"霸,王道杂之"的治国方针,并未达到真正的"独尊儒术"。直到"柔仁好儒"的汉元帝上台,儒学才有了实质性的转机,取得了思想主流的地位。梁启超认为,法家刑名思想,"秦人用之以成统一之业,汉承秦规,得有四百年秩序的发展。盖汉代政治家萧何、曹参,政论家贾谊、晁错等,皆以其道规划天下。及其末流,诸葛亮以偏安艰难之局,犹能使'吏不容奸,人怀自厉'其得力亦多出法家。信哉卓然一家之言"①。

这里要特别说明的是,刑名思想对从汉到清朝立法实践的影响。汉唐之世,各朝立法确有一个儒家化、礼法化的趋势,但法家刑名思想起着内在作用。汉朝《九章律》是在秦律所承李悝之《法经》的基础上制定的。它全面继承了《法经》中的既有篇目,在盗律、贼律、囚律、捕律、杂律、具律的规模上再加上户律、兴律、厩律三篇而成九章。到曹魏制定《新律》时,又是在汉九章的基础上重新拟定,整合编纂,增加劫略、诈伪、毁亡、告劾,系讯、断狱、请赇、惊事、偿赃九篇而为十八篇。《新律》将原有的《具律》篇直接更名为《刑名》篇,将其置于律首,作为法典的总则,反映了刑名思想的潜在价值。西晋制定《泰始律》时,又将《新律》中的《刑名》篇分为《刑名》和《法例》两篇,为以后封建法典的进一步改进奠定了基础。北齐制定《北齐律》时,将晋律的刑名、法例合为《名例》篇,冠于律首,封建法典的总则篇名至此确立。以后历朝编撰法典,莫不以此为范式,直到清朝立法,皆无改变。

从历代的法制指导思想来看,虽然儒家的礼法学从汉朝开始取得了正统地位,但刑名思想的精华并未彻底退出法制建设的舞台,各朝统治者的意识形态始终围绕着德、

---

① 梁启超:《先秦政治思想史》,载《饮冰室合集》(卷九),中华书局,1936年版,第148页。

礼、刑、法几个方面展开,只是表现方式各不相同而已。故自西汉中开始提倡"礼法并用""德主刑辅",经魏晋六朝"礼入于律""礼法结合",到盛唐形成"德礼为政教之本,刑罚为政教之用"礼法合一的格局,再到明清时期"明刑弼教",统治者看重的始终是儒家的德、礼和法家的刑、法。可以这样讲,儒家的礼法思想和法家韩非的刑名思想是封建统治所凭借的两只手,哪一只手都不能丢,只不过是阳儒阴法,即一个是台面上的,一个是台面下的。鉴于儒学的正统地位,以及韩非刑名思想自秦亡后形成的不良印象,统治者和那些理论设计家们总是非常巧妙地进行合理的安排,总是将温良恭俭让的礼法思想放在台面上,将残暴少恩的刑名思想放在台面下,遂有了"礼法并用""德主刑辅"的不变指针。因此,法家的刑名学与儒家的礼法学共同构成了中国传统法学学术史的两大支柱。

三、转入理性研究时期:近代以来

时至清末,中国封建专制主义走入穷途末路,无力维系庞大帝国的命运,面对内忧外患、民族危亡,从统治阶级内部分化出一批有识之士,他们在接受西方民主法治思想影响的同时,也倡导用韩非刑名思想的合理因素来抨击时弊,以期挽救面临灭亡的清王朝。严复大声疾呼:"居今日而言救亡学,惟申韩庶几可用。"①似乎新的时代赋予了

① 严复:《上光绪皇帝万言书》,载《严复集》(第四册),中华书局,1986 年版,第 89 页。

申韩学新的活力,可以取代礼法学,与西方政治学、法学相并驱,使中国面貌焕然一新。

王先慎《韩非集解》的问世标志着刑名思想重新受到重视。他在该书序言中指出:"仁义者,临民之要道,然非以待奸暴也,非论固然有所偏激。然其云明法严刑,救群生之乱,去天下之祸,使强不凌弱,众不暴寡,耆老得遂,幼孤得长,此则重典之用,而张弛之宜,与孟子所称,'及闲暇,明政刑训',用意岂异哉也。"充分肯定了刑名思想以法治世的积极作用。梁启超在《先秦政治思想史》一书中,则将先秦法家称为与儒家"礼治主义""旧学"相对立的"新学",并将它归纳为"法治主义""国家主义""物治主义",认为"法家根本精神在认法律为绝对的神圣,不许政府动辄法律之外。……就此点论,可谓与近代所谓君主立宪政体者精神一致。"像梁启超这样拿刑名学的旧瓶装西方法治主义新酒的不乏其人。他们力图用西方民主、平等的法治主义学说改造刑名思想主张的君主专制之法的路线,让刑名思想脱胎换骨,成为适应时代需要的法治学说,但这种张冠李戴的方法并不可能彻底改变刑名思想的性质。

1902 年 2 月,清政府发布上谕,将法律改革正式列入议事日程,由沈家本等人主持修律事宜,展开大规模的修律立法活动。从此,清朝法律在形式、内容和性质上发生了巨大的变化,也引发了激烈的"礼法之争"。以劳乃宣、张之洞为代表的"礼教派"和以沈家本为代表的"法理派"的争论尽管只在清王朝的上层展开,所及远不深广,却意义巨大。通过争论，人们清楚地认识到法家刑名思想既有别于礼法思想，又与西方法治思想有明显的差异。沈家本指出："泰西之学以保护治安为宗旨，人人有自由之便利，仍人人不得超越法律之范围。"守旧派"以申韩议泰西"，其实"申韩之学"与西方法学有着本质上的区别，申韩刑名法术是为"专制"服务的，而西方之法是为人之"自由"服务的。

在法文化也要"取法泰西"的时代，以君主专制为政治属性、以刑罚威慑为运用特征的刑名思想失去了用武之地。韩非的刑名思想实属折断的双刃剑、无柄剑，不仅理论创造者韩非子自己折断了，而且短命的秦王朝韩子理论的实践者秦始皇也折断了。秦始皇原本就是韩非的崇拜者，他用法家的耕战思想、权诈理论扫六合而并天下，又用法家的苛刻少恩法术理论御宇而治天下。最后，在这一柄无情剑下受伤的，不仅是广大的血泪斑斑的黎民百姓，王朝自身也崩溃了。而这一切都证明韩非子子思想的致命缺陷。是的，不受约束的权力，或曰自上而下的权力，对于民是致命的，对于统治者和政权本身也是致命的。这是一把无柄的双剑，而且是注定要折断的。正如杜牧所言："折戟沉沙铁未销，自将磨洗认前朝。"此后，韩非的刑名思想主要成为学术领域研究的内容。

第六章　韩非刑名思想的现代价值

　　古人虽逝,但其所留下的思想能穿过历史的时空给当代人以无限遐思。我们探讨韩非的刑名思想,并非凭吊怀古,偶发思古之幽情,而是意在搭建一道沟通古今的彩虹,将先哲的不朽睿智融入现代法治文化建设中。如果对传统法律文化和现代法律文化两种文化作一个概要的区分,那么传统法律文化是产生和建立在以农业社会为主的自然经济的经济结构之上的一种文化形态,这种文化形态是适应于这种经济结构和政治结构的;而现代法律文化,是在现代工业化社会的大背景下,以市场经济为基础,为适应市场经济的需要而产生的一种现代形态的法律文化。这种现代形态的法律文化是以现代法制和现代法律价值观为核心内容。社会形态的不同造成了法律文化形态的不同。现代法律文化并不一定就是现代西方法律文化,它并不以西方法律文化为坐标。但是现代西方法律文化中有许多文化内容和形式为现代社会所需要,因而,它是现代法律文化的重要组成部分。此外,现代法律文化也从传统法律文化中吸取了大量有价值的成分。

笔者认为,中国现代法治建设,不应简单地抛弃本民族的历史文化传统,而应在传统与现代之间寻求最佳的结合点,使千年前的法家韩非思想中的精华,能够为中国的现代法治建设提供文化上的滋养。

韩非刑名思想的根基是人性论、价值论和历史论。其中,韩非对人性的揭露最为酣畅淋漓。他对人持一种不信任的态度,认为人性是绝对自私自利的。其观点虽属极端,却是设置法律的前提。笔者认为,这是韩非最坦率的地方。人性到底是怎样的呢? 古来思想家说法皆不尽相同,但是也不尽完全正确。人性绝对自利说固然是最凶恶的,但是从法家的立场来说,它是建立法律的底线。说满街都是圣人,法律就以此为底线,未免太美化了这个世界。说人性有善有恶,不尽全恶,也不尽全善。那么法律将从何处"建立起来"呢? 从中间吗? 未免太善待部分人类了。其实,人类何尝不是动物的一种,一种比其他动物更充满兽性的动物,脱开他们的衣服,他们就暴露出赤裸裸的动物身。人固然有善人、有圣人,那是他们穿上文明的衣服之后的表现。当黑夜降临时,人类一般就不穿衣服了。法律必须以"赤裸裸的身体"为起点,才管得了白天和夜晚。所以,法律的底线是兽性实在是不得已的一种形势。韩非应该看出此中的道理,韩非也应该知道,法律讲的是事情的真相,善恶的道德判断应该撇在一边。所以,他能够赤裸裸地拈出人性最低的"地狱线",将其作为建立法律的基线。因此,国家必须建立外在的制度(即法律)对其予以规范,给人类的行为设置最低的底线。韩非认识到了这一点,实在有他过人的勇气,这是非常可贵的。说韩非刻薄冷峻,也许忽视了法律的真谛及"专业勇气"。当今是市场经济时代,作为市场经济主体的每一个人都是理性的经济人,是利益的驱动者。立法者不得不基于人性之恶来立法,维护社会秩序,这不能不说同韩非的思想有异曲同工之妙。

韩非的历史观是"世异则事异""事异则备变"的变化观,他批驳了祖宗之法不能更改的流言蜚语,力举变法图强,呐喊出"国无常强,无常弱,奉法者强则国强,奉法者弱则国弱"。正如王安石"天变不足畏,祖宗不足法,人言不足恤"的变法观点,如果转接现代的法治观念,立法机关在制定法律时要与时俱进,并且要有前瞻性。

韩非将刑名思想独立于道德领域之外,由主体之德的作用表现,转为客体之法的架构表现,与"认法律为绝对的神圣,不许政府动轶法律范围以外"①的法标准性与权威性的树立,也是我国当今推行法治建设必要的起步。且其法、势、术三者分立的思想,亦类似于近代三权分立的思想,法近于立法,势近于司法,术近于行政。若拿"82年宪法"来说(立法权属于全国人民代表大会及常务委员会,

---

① 梁启超:《先秦政治思想史》,载《饮冰室合集》(卷九),中华书局,1988年版,第147页。

司法权属于法院、检察院、公安机关,行政权属于行政机关),虽由孟德斯鸠的三权分立思想而来,然此中亦有萌生于韩非的思想,法为立法,势为司法,术为行政,且"因任而授官"的用人术已显露出当今公开选拔人才、任用人才的精神,"循名而责实"的督责术已含蕴了依法考核官吏责效求功的监察意味。可惜的是两千多年来未有学者将此蕴藏之义解读,更不要说将其含义演绎出"三权分立"思想,韩非的卓越才能不被彰显。笔者细致研讨二者,就其形似而言,至其实质,韩非的法术势分立,除了依法治民的权委托于官吏以外,其立法、司法、行政,或包括用人、监察之大权,均集中于君王的名下,是由一而分为三,非孟德斯鸠的由三而汇为一。这也是以韩非为代表的法家思想的困结所在,也是以君王为法治主体的主观治道的不足,要想解决韩非思想的症结,就必须建立以人民为法治主体的客观治道,即当今的人民代表大会制度。

正如梁启超所言:"法家最大缺点:在立法权不能正本清源,彼宗固力言君王当'置法以自治,立仪以自正',力言人君'弃法而好行私谓之乱',然问法何自出,谁实制之,则仍曰君主而已。夫法之立与废不过一事实中之两面,立法权在何人,则废法权即在其人。此理论上当然之结果也。"①他还说:"夫人主而可以自由废法立法,则彼宗所谓'抱法以待,则千世治而一乱'者,其说固根本不能成

① 梁启超:《先秦政治思想史》,载《饮冰室合集》(卷九),中华书局,1988年版,第148页。

立矣,就此结论,欲法治主义言之成理,最少亦须有如现代所谓立宪政体者以盾其后,而惜彼宗之未计及此也。"①

韩非主张壹法之名即立法权操于君王的名下,可以只为其一人的私法而非一国的公法,君主有权制定法律,亦有权废除法律,如是法律的标准性、权威性是否成立,仅系于君王自身之能否自制,而又言不必贤智之中主可治,足见其说根本不能成立。倘若我们能由此转以当代民主体制,立法权由代表民意的人民代表大会负责,而政治领导者由人民投票公决,如是法非出于执政者片面的意志,执政者自不得废法自为,且在全民选举下产生贤智兼备的上上之材成为执政者,那么韩非刑名思想的症结足以解决,其法治思想才能与现代意义的法治相嫁接,否则其法治思想永远代表君主意志的主观之法、治道之法,而非代表民主意志的客观之法、政道之法。

韩非刑名思想中也暗含着"罪刑法定"概念,尽管他没有明确提出"罪刑法定"这一术语,然其法思想中已经有了"罪刑法定"的基本精神。如韩非在《诡使》篇中讲:"名刑相当,循绳墨。"即按照法律的明文规定,罪名与刑必须一致。事实上,韩非是世界上最早的"罪刑法定主义"的倡导者,只不过他没有像近代刑法学家鼻祖费尔巴哈(Feuerbach,1775—1833 年)在《刑法教科书》中明确提

---

① 梁启超:《先秦政治思想史》,载《饮冰室合集》(卷九),中华书局,1988年版,第149页。

出"罪刑法定"这一术语,并加以阐述。①

　　韩非刑名思想下的名利治国思想具有一定的局限性。从理论上说,韩非把人性等同于名利,把人视为追名逐利的动物,从而否认了人性中善的内蕴以及人的道德行为的高尚性,使道德教化失去了人性论的根基。就现实而言,他的名利治国思想主要是为巩固封建国家,加强封建专制服务的,具有时代的局限性。然而当我们剔除了这种局限性之后,韩非的名利治国思想也蕴含着一定的借鉴价值,对丰富现代的治国理论具有重要的启示。具体来说,主要有两个方面:其一,利益原则是治国的驱动力。韩非主张发展国家经济,壮大军事力量,在列国争霸的年代里无疑是奏出了时代的最强音。国家经济实力雄厚、军事力量强大,无疑是掌握了克敌制胜的强大盾牌。即使在现代,发展经济、加强军事力量也是一个国家、一个民族生存发展和壮大的永恒主题。因此,我们在社会主义初级阶段必须坚持以经济建设为中心,大力发展社会主义生产力,以便更好地满足人民对美好生活的需要。我们党和国家制定政策,允许一部分人通过诚实劳动、合法经营先富起来。然后通过先富的示范作用,带动全体人民走向共同富裕。这一政策就是将利益原则引入国民经济的轨道,极大地调动了国民生产的积极性和创造性,在实践中显示了强大的生命力。但是,我们在坚持利益原则、提倡个人利益的同

　　① 转引自山口邦夫《19 世纪德国刑法学研究》,八千代出版股份公司,1979 年版,第 38 页。

时,不能忘记国家和民族的整体利益,更不能为了个人利益而损害国家和民族的大利,应该个人利益服从国家利益,局部利益服从整体利益。其二,利用美名促进社会主义精神文明建设。一方面,榜样的力量是巨大的,因而我们要依法给予那些战斗在各行各业的先进人物以美名,要大张旗鼓的表彰和宣传,使他们的先进事迹家喻户晓,不仅要对他们的功业给予褒奖,更为重要的是要激励后来者为国家做出更大的贡献,这样必然有助于促进社会主义精神文明建设,提高全社会的道德水平。另一方面,要反对无实而徒有虚名,沽名钓誉。获得美名固然重要,但更重要的是实干精神,要以实为名,名实相符。如果人生于世只是追求美名,只做表面文章,那么这种"美名"不仅缺乏客观基础,也是毫无价值的。这种以实为名、名实相符的思想,对我们深刻理解党的一切从实际出发、实事求是的思想路线,对党的各级领导干部树立正确的政绩观具有十分重要的借鉴意义。

今天我们所处的是市场经济时代,面对多元思想的挑战,与韩非所处的时代具有某些相似性。然韩非选择的是极其狭窄的"出其小害,计其大利"的方法,为了富国强兵,对于儒墨道既存的学术传统与所形成的社会价值观,不惜加以全面否定,并意图以法的威力将其打消击碎。事实上儒、墨、道、法这四大家的政治原理、观点、态度存在差异。就基本立场言之,儒家为家族主义,道家为个人主义,墨家为世界主义,法家为国家主义。就人生态度言之,儒家持中庸主义,道家持消极主义,墨家持苦行主义,法家持积极主义。就政治主张言之,儒家倡人治主义,道家倡无治主义,墨家倡天治主义,法家倡法治主义。就实行方法言之,儒家重感化主义,道家重放任主义,墨家重救世主义,法家重干涉主义。故儒家论政,有如今之所谓教育家,对于一切社会问题之讨论,多含有教育之意味;道家论政,有如今之所谓哲学家,对于一切社会问题之讨论,多含有个人之意味;墨家论政,有如今之所谓宗教家,对于一切社会问题之讨论,多含有宗教之意味;而法家论政则有如今之所谓政治家,对于一切社会问题之讨论,多含有政治之意味也。① 由于韩非所处的是多元化思想倡行的时代,而儒墨道法思想是治国多元文化的体现,韩非唯法是尊,否定其他三家,结果打不开文化历史的大格局,直至今天还有人认为韩非应当为秦王朝的短祚承担历史责任。笔者反思:倘若韩非能将儒、墨、道三家思想与法家思想兼容,秦始皇、李斯的焚书坑儒,迫害学术的历史大悲剧不可能发生;法家刑名思想就不可能被世人诟病,韩非也不会被后人指责为"惨礉少恩"②,也不可能在汉代出现"罢黜百家,独尊儒术"的局面,法家思想也不可能半道夭折,文化历史的大格局可能就此打开,西方民主法治体制在近代不可能以一枝独秀的风骚姿态出现在近代的世界舞台上,也断然不可能引起现代学人在"五四"阶段对传统文化的鄙薄与否定,这也是近代史上的一大不幸。

---

① 姚蒸民:《法家哲学》,台北东大图书公司,1986 年版,第 7 页。

② 司马迁:《史记·老子韩非列传》,台北中华书局,1959 年版,第 2156 页。他认为:"引绳墨、切事情、明是非,其极惨礉少恩,皆源于道德之意。"

直至今天还有人存在着对国学的鄙视、对传统法律文化轻视。事实上,中国传统法律文化是中华民族数千年法律实践活动的结晶。它以其独有的伦理主义精神标新立异于世界法律文化之林。这种伦理主义精神的历史"合理性",不仅表现在它曾经为中华民族的生存与发展做出过巨大的贡献,还表现在它是中国古代社会的必然结果。因此,在研究中国法律文化现代化与中国传统法律文化的关系时,一个重要的问题是如何实现中国传统法律文化的现代化转换。近几年学术界在这方面进行了一些有益的探讨。一种思路是在浩瀚丰富的中国传统法律文化中挖掘那些对现代社会生活有用的文化价值体系,认为在中国传统法律文化中蕴藏着大量对中国现代社会生活及现代化实践有益的宝贵文化财富。另一种思路则是把中国传统法律文化视为一个不可分割的文化整体,探讨如何使这一文化整体向现代社会转轨,使其原有的作为一个整体的文化形态得以改造,使其顺应社会潮流和社会生活。这实际上反映了对待传统法律文化的两种不同的价值观。

因此刘作翔认为,"要实现中国传统法律文化的现代化转换,其转换机制必须从中国传统法律文化的结构入手,即通过两种途径和手段:其法律制度的不断更新;其二,法律观念的不断变革。只有这样,能使中国传统法律文化向现代法律文化形态转变"①。

鸦片战争后,清王朝为了西化图强,在法治方面取择

---

① 刘作翔:《法律文化理论》,商务印书馆,1999 年版,第 305 页。

的也是急功近利的路子,把几千年的文化传统与法律的价值观予以抛离摒弃,并意图以西方法律移植来取代,长此以往,中国法治文化的慧命必如韩非之于先秦,终必归于断灭。虽助一时的富强,却断送了民族的法律文化、传统的千古志业。正如唐太宗所言:"以铜为鉴,可以正衣冠,以人为鉴,可以知得失,以史为鉴,可以知兴替。"研究法律文化现代化历史动力的意义在于从根本上为法律文化的现代化寻找一个坚实可靠的立足点和社会基础,探求法律文化进步和发展的规律性,以便从巩固、完善和发展这种社会基础出发,推动法律文化现代化的历史进程。如果说社会主义市场经济和社会主义民主政治是中国法律文化现代化的历史动力,是一个科学的理论命题和实践结论,那么,我们便可以得出这样一个结论:社会主义市场经济和社会主义民主政治越发达、越健全,中国法律文化现代化的历史进程便越快,中国法律文化现代化的价值目标便越早实现。今天我们建设社会主义法治,同样要吸收中华民族优秀的文化传统,把先哲们的智慧与当前的国情结合起来,倡行国学并能与时俱进,建设社会主义法治。

参考文献

一、参考著作

[1]陈鼓应:《老子今注今译》,商务印书馆,2003年版。

[2]陈鼓应:《老子注译及评介》,中华书局,1984年版。

[3]陈启天:《韩非子校释》,中华书局,1940年版。

[4]陈启天:《韩非子参考书缉要》,中华书局,1945年版。

[5]陈启天:《增订韩非子校释》,上海古籍出版社,2000年版。

[6]赵尔巽:《清史稿》,中华书局,1977年版。

[7](清)王先谦:《荀子集解》,中华书局,1988年版。

[8](宋)杨成里:《诚斋集》,上海书店,1989年,据商

务印书馆 1926 年版重印,《四部丛刊》第 198 册。

[9](明)邱浚:《大学衍义补》(上),林冠群、周济夫校点,京华出版社,1999 年版。

[10]梁启雄:《韩子浅解》,中华书局,1960 年版。

[11]章学诚:《文史通义校注》,叶瑛校注,中华书局,1985 年版。

[12]陈奇猷:《韩非集释》,上海人民出版社,1974 年版。

[13]陈奇猷:《韩非子新校注》,上海古籍出版社,2000 年版。

[14]陈奇猷、张觉:《韩非子导读》,巴蜀书社,1990 年版。

[15]陈长琦:《中国古代国家与政治》,高等教育出版社,2001 年版。

[16]杜预注、孔颖达:《春秋左传正义》,中华书局,1980 年影印《十三经注疏》本。

[17](魏)何晏等注,(宋)邢昺疏:《论语注疏》,中华书局,1980 年影印版。

[18](汉)赵岐注,(宋)孙奭疏:《孟子注疏》,中华书局,1980 年影印《十三经注疏》本。

[19]蒋礼鸿:《商君子锥指》,中华书局,1986 年版。

[20]黎翔凤:《管子校注》,中华书局,2004 年版。

[21]周钟灵等:《韩非子索引》,中华书局,1982 年版。

[22]周钟灵:《韩非子的逻辑》,人民出版社,1958 年版。

［23］张觉:《韩非子校注》,岳麓书社,2006 年版。

［24］马积高:《荀学源流》,上海古籍出版社,2000 年版。

［25］张斌峰:《近代〈墨辩〉复兴之路》,山西教育出版社,1999 年版。

［26］张岱年:《国学通览》,群众出版社,1996 年版。

［27］张岱年、程宜山:《中国文化与文化论争》,中国人民大学出版社,1990 年版。

［28］张立文:《中国哲学逻辑结构论》,中国社会科学出版社,1989 年版。

［29］上海师范大学古籍整理组校点:《国语》,上海古籍出版社,1978 年版。

［30］司马迁:《史记》,中华书局,1959 年版。

［31］班固:《汉书》,中华书局,1962 年版。

［32］刘向辑录:《战国策》,上海古籍出版社,1986 年版。

［33］张富祥:《韩非子解读》,泰山出版社,2004 年版。

［34］严复:《穆勒名学》,商务印书馆,1981 年版。

［35］严复:《严复集》(第四册),中华书局,1986 年版。

［36］黑格尔:《小逻辑》,商务印书馆,1980 年版。

［37］刘泽华:《中国的王权主义》,上海人民出版社,2000 年版。

［38］刘泽华、葛荃主编:《中国古代政治思想史》,南开大学出版社,2001 年版。

［39］范忠信：《中西法文化的暗合与差异》，中国政法大学出版社，2001 年版。

［40］武树臣、李力：《法家思想与法家精神》，中国广播电视出版社，2007 年版。

［41］武树臣：《中国传统法律文化》，北京大学出版社，1994 年版。

［42］武经熊：《法律哲学研究》，清华大学出版社，2005 年版。

［43］王邦雄：《韩非子的哲学》，东大图书公司，1983 年版。

［44］王协：《老学八篇》，台北鸣宇出版社，1980 年版。

［45］郑良树：《韩非之著述及思想》，台北学生书局，1993 年版。

［46］郑良树：《韩非子知见书目》，香港商务印书馆，1993 年版。

［47］萧公权：《中国政治思想史》，辽宁出版社，1998 年版。

［48］赵敦华：《现代西方哲学新编》，北京大学出版社，2001 年版。

［49］刘作翔：《法律文化理论》，商务印书馆，1999 年版。

［50］张晴：《20 世纪的中国逻辑史研究》，中国社会科学出版社，2007 年版。

［51］朱前鸿：《名家四子研究》，中央编译出版社，2005 年版。

[52]俞荣根:《儒家法思想通论》,广西出版社,1986年版。

[53]俞荣根、龙大轩、吕志兴编著:《中国传统法学论述——基于国学视角》,北京大学出版社,2005年版。

[54]崔清田:《墨家逻辑与亚里士多德逻辑比较研究》,人民出版社,2004年版。

[55]翟锦程:《先秦名学研究》,天津古籍出版社,2004年版。

[56]张吉良:《中国古典道学与名学》,齐鲁出版社,2004年版。

[57]黄朝阳:《中国古代的类比》,社会科学文献出版社,2006年版。

[58]崔清田主编:《名学与辩学》,山西教育出版社,1997年版。

[59]曹谦:《韩非法治论》,中华书局,1948年版。

[60]杨芾荪主编:《中国逻辑思想史教程》,甘肃人民出版社,1988年版。

[61]杨鸿烈:《中国法制思想史》,中国政法大学出版社,2004年版。

[62]林纬毅:《法儒兼容:韩非子的历史考察》,文津出版社,2004年版。

[63]刘新主编:《中国法哲学史纲》,中国人民大学出版社,2005年版。

[64]温公颐、崔清田:《中国逻辑史教程》,南开大学出版社,2001年版。

[65]温公颐:《先秦逻辑史》上海人民出版社,1983年版。

[66]温公颐主编:《中国逻辑史教程》,上海人民出版社,1988年版。

[67]孙实明:《韩非思想新探》,湖北人民大学出版社,1990年版。

[68]郭桥:《逻辑与文化——中国近代时期西方逻辑传播研究》,人民出版社,2006年版。

[69][美]E.博登海默:《法理学法律哲学与法律方法》,邓正来译,中国政法大学出版社,2004年版。

[70]谷方:《韩非与中国文化》,贵州人民出版社,1996年版。

[71]黄公伟:《法家哲学体系指归》,商务印书馆,1983年版。

[72]郭成伟:《中华法系》,中国政法大学出版社,1986年版。

[73]许抗生:《先秦名家研究》,湖南人民出版社,1986年版。

[74]赵海金:《韩非子研究》,台北正中书局,1982年版。

[75]姚蒸民:《韩非子通论》,台北三民书局,1978年版。

[76]姚蒸民:《法家哲学》,台北东大图书公司,1986年版。

[77]蒋重跃:《韩非子的政治思想》,北京师范大学出

版社,2000 年版。

[78]何勤华:《法律文化史论》,法律出版社,1998年版。

[79]卢瑞钟:《韩非子政治思想新探》,台北三民书局,1989 年版。

[80]张纯、王晓波:《韩非思想的历史研究》,中华书局,1986 年版。

[81]冯友兰:《中国哲学史新编》(第二册),人民出版社,1984 年版。

[82]冯友兰:《中国哲学史》,北京大学出版社,1996年版。

[83]冯友兰:《中国哲简史》,北京大学出版社,2001年版。

[84]张陈卿:《韩非的法治思想》,文化学社,1930年版。

[85]张斌峰:《人文思维的逻辑——语言学与语用逻辑的维度》,天津人民出版社,2001 年版。

[86]张晓芒:《先秦辩学法则史论》,中国人民大学出版社,1996 年版。

[87]马玉珂主编:《西方逻辑史》,中国人民大学出版社,1985 年版。

[88]欧阳哲生编:《胡适文集》(第六册),北京大学出版社,1998 年版。

[89]张心澂:《伪书通考》,台北宏业书局,1975 年版。

[90]朱谦之:《中国哲学对欧洲的影响》,上海世纪出

版集团,2006 年版。

[91]麻天祥:《中国近代学术史》,武汉大学出版社, 2007 年版。

[92]赵敦华:《西方哲学简史》,北京大学出版社, 2000 年版。

[93]章太炎:《章太炎政论选集》(上),中华书局, 1977 年版。

[94]章太炎:《中国现代学术经典·章太炎卷》,刘梦溪主编,河北教育出版社,1996 年版。

[95]胡适:《中国古代哲学史》,安徽教育出版社, 1999 年版。

[96]胡适:《先秦名学史》,《胡适文集》(6),北京人民出版社,1998 年版。

[97]胡适:《胡适选集》,天津人民出版社,1991 年版。

[98]胡适:《胡适全集》,安徽教育出版社,2003 年版。

[99]朱伯崑:《先秦伦理学概论》,北京大学出版社, 1984 年版。

[100]伍非百:《中国古名家言》,中国社会科学出版社,1983 年版。

[101]谭戒甫:《墨辩发微》,中华书局,1964 年版。

[102]谭戒甫:《公孙龙子形名发微》,中华书局,1963 年版。

[103]詹剑锋:《墨家的形式逻辑》,湖北人民出版社, 1956 年版。

[104]汪奠基:《中国逻辑思想史》,上海人民出版社,

1979 年版。

［105］沈有鼎：《墨经逻辑学》，中国社会科学出版社，1980 年版。

［106］周山：《中国逻辑史论》，辽宁教育出版社，1988 年版。

［107］周云之：《名辩学论》，辽宁教育出版社，1996 年版。

［108］周云之、刘培育：《先秦逻辑史》，中国社会科学出版社，1984 年版。

［109］李匡武：《中国逻辑史》（先秦卷），甘肃人民出版社，1989 年版。

［110］刘培育主编：《中国古代哲学精华》，甘肃人民出版社，1992 年版。

［111］童书业：《先秦七子思想研究》，中华书局，2006 年版。

［112］梁治平等：《新波斯人信札》，中国法制出版社，2000 年版。

［113］吴克峰：《易学逻辑研究》，人民出版社，2005 年版。

［114］孙中原：《中国逻辑研究》，商务印书馆，2006 年版。

［115］孙中原：《中国逻辑史》（先秦），中国人民大学出版社，1987 年版。

［116］孙中原：《墨子及其后学》，新华出版社，1991 年版。

[117]王春满主编:《中华法律文化探源》,人民法院出版社,2007年版。

[118]崔永东:《中西法律文化比较》,北京大学出版社,2004年版。

[119]李龙主编:《人本法律观研究》,中国社会科学出版社,2006年版。

[120]李玉洁:《先秦史稿》,新华出版社,2002年版。

[121]任继愈:《中国哲学史·先秦》,人民出版社,1983年版。

[122]梁启超:《饮冰室合集》(卷九),中华书局,1988年版。

[123]梁启超:《先秦政治思想史》,天津古籍出版社,2003年版。

[124]梁启超:《墨经校释》,中华书局,1941年版。

[125]侯外庐等:《中国思想通史》(第一卷),人民出版社,1957年版。

[126]嵇文甫:《嵇文甫文集》(上),河南人民出版社,1985年版。

[127]钱穆:《中国文化史导论》,商务印书馆,1994年版。

[128]钱穆:《国学概论》,商务印书馆,1997年版。

[129]钱穆:《中国历代政治得失》,生活·读书·新知三联书店,2001年。

[130]钱穆:《先秦诸子系年》,河北教育出版社,2002年版。

［131］郭沫若:《十批判书》,东方出版社,1996年版。

［132］陈少峰:《中国伦理学史》(上),北京大学出版社,1996年版。

［133］杨幼炯:《中国政治思想史》,商务印书馆,1998年影印版。

［134］陈黻宸:《陈黻宸集》,中华书局,1995年版。

［135］熊十力:《韩非子评论》,台北学生书局,1984年版。

［136］虞愚:《中国名学》,上海书店,1992年版。

［137］斯大林:《斯大林全集》(第二卷),人民出版社,1953年版。

［138］《马克思恩格斯选集》(第四卷),人民出版社,1972版。

［139］从凤云:《西方政治文化传统》,黑龙江人民出版社,2002年版。

［140］傅斯年:《中国现代学术经典·傅斯年卷》,河北教育出版社,1996年版。

［141］[美]本杰明·史华兹:《古代中国的思想世界》,程钢译,江苏人民出版社,2004年版。

［142］吕思勉:《先秦学术概论》,东方出版中心,1985年版。

［143］封思毅:《韩非子思想散论》,台北商务印书馆,1980年版。

［144］谢幼伟:《现代哲学名著评述》,台北新天地书局,1963年版。

参考文献

[145]唐君毅:《中国哲学原论》,原道篇第一卷,新亚研究所。

[146]高柏园:《韩非哲学研究》,台北文津出版社,1994年版。

[147]高亨:《诸子新笺》,齐鲁书社,1980年版。

[148]马小红主编:《中国法律发展简史》,中国政法大学出版社,1995年版。

[149]许倬云:《秦汉知识分子》,《求古编》,新星出版社,2006年版。

[150]金耀基:《金耀基自选集》,上海教育出版社,2002年版。

[151]韩东育:《日本近世新法学家研究》,中华书局,2003年版。

[152]翦伯赞:《先秦史》,北京大学出版社,1988年版。

[153]蒋伯潜、蒋祖怡:《诸子与理学》,上海书店,1997年版。

[154]徐复观:《两汉思想史》(卷一),华东师范大学出版社,2001年版。

[155]柳诒徵:《柳诒徵说文化》,上海古籍出版社,1999年版。

[156]林铭钧、曾祥云:《名辩学新探》,中山大学出版社,2000年版。

[157]徐忠良译注,黄俊郎校阅:《新译尹文子·导读》,台北三民书局印行,1996年。

[158][德]海德格尔:《在通向语言的途中》,商务印书馆,孙周兴译,1997年版。

[159]高道蕴等编:《美国学者论中国法律传统》,中国政法大学出版社,1994年版。

[160]鲍鹏山:《风流去》,中国青年出版社,2017年版。

[161]郭成伟主编:《中华法系精神》,中国政法大学出版社,2001年版。

[162]范忠信:《中国法律传统的基本精神》,山东人民出版社,2001年版。

[163]田默迪:《东西方之间的法律哲学》,中国政法大学出版社,2004年版。

二、参考论文

[164]顾正磊:《韩非子"法"的历史内涵及其现代意义》(硕士论文),2008。

[165]张晓光:《中国古代推类思想研究》(博士论文),2001年。

[166]宋洪兵:《韩非子政治思想再研究》(博士论文),2009年。

[167]宋洪兵:《韩非子道论及其政治构想》,《政法论坛》2018年第3期。

[168]宋洪兵:《法家正义论初探》,《管子学刊》2022年第1期。

[169]杨蕾:《中国逻辑与中国古代政治思想》(博士

论文),2005 年。

[170]杨玲:《先秦法家思想比较研究——以〈管子〉、〈商君书〉、〈韩非子〉为中心》(博士论文),2005 年。

[171]徐祥民:《法家的法律思想研究》(博士论文),2000 年。

[172]刘学:《先秦诸子思维研究》(博士论文),2006 年。

[173]王克喜:《古代汉语与中国古代的逻辑理论和思想》(博士论文),1998 年。

[174]张汝伦:《实践哲学:中国古代哲学的基本特质》,《新华文摘》2004 年第 21 期。

[175]张长明、曾祥云:《论名学逻辑化研究范式的形成及影响》,《湖南社会科学》2003 年第 3 期。

[176]黄开国、唐赤荣:《春秋时斯思想文化的转型》,《哲学研究》2004 年第 5 期。

[177]杨日然:《韩非法思想的特色及其历史意义》,《台湾大学法学论丛》第 1 卷第 2 期。

[178]杨阳:《非道德主义与一元化社会控制体制的抟铸》,《中西政治文化比较论丛》第 3 辑,天津人民出版社 2004 年版。

[179]陈千钧:《韩非新传》,《学术世界》第 1 卷第 2 期,1935 年。

[180]陈千钧:《韩非的时代背景及其学说渊源》,《学术世界》第 1 卷第 4 期,1935 年。

[181]翟锦程:《先秦名家论名及其谬误》,《中州学

刊》2001 年第 2 期。

［182］翟锦程:《用逻辑的观念审视中国逻辑研究——兼论逻辑史研究中的几个问题》,《南开学报(哲学社会科学版)》2007 年第 4 期。

［183］翟锦程:《先秦名学研究》,《自然辩证法研究》第 12 卷增刊。

［184］翟锦程:《从文化发展角度研究和认识名辩学》,《哲学动态》1994 年增刊。

［185］翟锦程:《近代先秦名学研究的文化意义与价值》,《南开学报(哲学社会科学版)》2004 年第 5 期。

［186］翟锦程:《从〈逻辑史手册〉看逻辑史研究与逻辑学发展的新趋势》,《东南大学学报(哲学社会科学版)》2007 年第 4 期。

［187］翟锦程:《比较逻辑研究述介》,《哲学动态》1994 年第 7 期。

［188］翟锦程:《比较逻辑研究的几个问题》,《内蒙古大学学报(哲学社会科学版)》1995 年第 4 期。

［189］翟锦程、张栋豪:《明清时期西方逻辑学的传入与发展》,《前沿》2010 年第 2 期。

［190］翟锦程、张栋豪:《逻辑哲学的新动态及其对中国逻辑研究的启发》,《南开学报(哲学社会科学版)》2009 年第 5 期。

［191］翟锦程、邱娅:《近十年中国逻辑史研究的主要特点与趋势》,《哲学动态》2010 年第 10 期。

［192］乔旭、翟锦程:《惠施"历物"名学思想的自然哲

参考文献

学基础》,《郑州大学学报(哲学社会科学版)》2006 年第
3 期。

[193]诸葛殷同:《关于中国逻辑史研究的几点看
法》,《哲学研究》1991 年第 11 期。

[194]龚维英:《试析韩非之死》,《中国史研究》1983
年第 2 期。

[195]崔清田:《逻辑与文化》,《云南社会科学》2001
年第 5 期。

[196]崔清田:《名学、辩学与逻辑》,《广东社会科学》
1997 年第 3 期。

[197]崔清田:《中国逻辑与中国传统伦理思想——
儒学诚信思想解读》,《山东师范大学学报(人文社会科学
版)》2003 年第 3 期。

[198]崔清田:《"中国逻辑"名称困难的辨析——"唯
一的逻辑"引发的困惑与质疑》,《逻辑学研究》2009 年第
2 期。

[199]崔清田、郭桥、曾昭式:《20 世纪逻辑学在中国
的影响》,《云南社会科学》2000 年第 4 期。

[200]陈声柏:《先秦名学与亚里士多德的范畴》,《兰
州大学学报(社会科学版)》2003 年第 2 期。

[201]杜辛可:《韩非逻辑思想初探》,《西北政法学院
学报》1984 年第 2 期。

[202]李建国:《荀子名学管窥》,《信阳师范学院学报
(哲学社会科学版)》2008 年第 5 期。

[203]刘培育:《韩非的形名逻辑思想》,《宁夏大学学

报(社会科学版)》1984 年第 1 期。

[204]刘培育:《名辩学与中国古代逻辑》,《哲学研究》1998 年增刊。

[205]徐进:《韩子亡秦论:商鞅、韩非法律思想之比较》,《法学研究》1994 年第 4 期。

[206]曹峰:《回到思想史:先秦名学研究的新路向》,《山东大学学报(哲学社会科学版)》2007 年第 2 期。

[207]刘元根:《论先秦名学之起始及其引发的思考》,《中州学刊》2004 年第 1 期。

[208]蔡伯铭:《把中国逻辑史的研究提高一步》,《湖北师范学院学报》1992 年第 2 期。

[209]张京华:《从理想到现实——论孔孟荀韩"仁""义""礼""法"思想之承接》,《孔子研究》2001 年第 3 期。

[210]王仲修:《齐晋秦法家思想之差异》,《齐鲁学刊》2001 年第 6 期。

[211]陈晓翔:《老子"无为而治"的当代启示》,《兰州大学学报(社会科学版)》2006 年第 1 期。

[212]刘忠良、邓双全:《〈老子〉政治哲学论证方式新探》,《西南民族大学学报(人文社科版)》2005 年第 5 期。

[213]熊凯、段方乐:《老子哲学的文化境域解读》,《内蒙古社会科学(汉文版)》2006 年第 2 期。

[214]李满、罗小奎:《论老子、庄子、禅宗的哲学思辨逻辑》,《南昌大学学报(人文社会科学报)》2006 年第 4 期。

[215]于民雄:《"道法自然"新解》,《贵州社会科学》

2005 年第 5 期。

[216]邓红蕾：《论老庄法哲学的中庸态度与虚无主义倾向》，《湖北大学学报(哲学社会科学版)》2005 年第 2 期。

[217]萧伯符、汤建华：《法家思想体系论略》，《法学评论(月刊)》2003 年第 4 期。

[218]陈劲阳：《法家重刑思想的现代省察》，《理论学刊》2006 年第 9 期。

[219]霍存福：《法家重刑思想的逻辑分析》，《法制与社会发展》2005 年第 6 期。

[220]王小丹：《韩非的重刑论——从法律文化学的视角分析》，《台声·新视角》2006 年第 1 期。

[221]周炽成：《法家的道理之论：从管子到韩非子》，《华南师范大学学报(社会科学版)》2007 年第 6 期。

[222]孙慧明：《韩非的名利治国思想及实践价值》，《学习论坛》2005 第 9 期。

[223]武少民、郑瑞侠：《论韩非的历史观》，《社会科学辑刊》2001 年第 1 期。

[224]靳平川：《论韩非政治思想的逻辑线索》，《求实》2001 年增刊。

[225]孙季萍、徐承凤：《韩非子的权力制约思想》，《烟台大学学报(哲学社会科学版)》2004 年第 3 期。

[226]唐忠民：《韩非的法律思想》，《现代法学》1988 年第 6 期。

[227]孙实明：《韩非的法治三论》，《求实学刊》1984

年第 4 期。

[228]李甦平：《论韩非的"法势术"的哲学逻辑结构》，《齐鲁学刊》2000 年第 1 期。

[229]许建良：《韩非"以法为教"的德化思想论》，《现代法学》2006 年第 3 期。

[230]张道勤：《试论韩非"生而好利"人性观在其法术理论形成的中的作用》，《浙江大学学报（人文社会科学版）》2002 年第 4 期。

[231]朱贻庭、赵修义：《评韩非的非道德主义思想》，《中国社会科学》1984 年第 4 期。

[232]王立仁：《韩非奉献给君主的根本治国方略》，《政治学研究》2007 年第 3 期。

[233]陈哲夫：《评韩非的君主独裁思想》，《北大学报》1984 年第 3 期。

[234]邱永明：《韩非的吏治思想》，《历史教学问题》1989 年第 5 期。

[235]王元化：《韩非论稿》，《中华文史论坛》1980 年第 4 辑。

[236]王保国：《法家利民学说的政治学评析——以商鞅、韩非思想为中心》，《郑州大学学报（哲学社会科学版）》2004 年第 6 期。

[237]王爱平：《从韩非子看道法合流及其对传统政治文化的影响》，《南开学报（哲学社会科学版）》2004 年第 6 期。

[238]冯国超：《人性论、君子小人与治国之道——论

〈韩非子〉的内在逻辑》,《哲学研究》2000 年第 5 期。

[239]乌云娜:《〈韩非子〉吏治思想的现代启示》,《领导科学》2003 年第 8 期。

[240]张申:《韩非是性恶论者吗?》,《吉林师大学报》1979 年第 3 期。

[241]张申:《再论韩非的伦理思想不是非道德主义》,《中国哲学史》1989 年第 2 期。

[242]刘志华:《论韩非的矛盾律思想》,《山东师范大学学报(人文社会科学版)》2004 年第 6 期。

[243]乔健:《韩非对君主专制绝对确定性的追求》,《兰州大学学报(社会科学版)》2001 年第 1 期。

[244]宋洪兵:《韩非子政治思想再研究纲要——共识视域中政治价值与政治措施的有机融合》,《东北师大学报(哲学社会科学版)》,2007 年第 2 期。

[245]宋洪兵:《一种新解读:论法家学说的政治视角与法治视角》,《中国人民大学学报》2022 年第 1 期。

[246]奚椿年:《秦始皇实行法治疑论》,《江海学刊》1994 年第 3 期。

[247]张茂译:《先秦"名"学派别及发展阶段》,《人文杂志》2006 年第 4 期。

[248]林存光:《韩非的政治学说述评》,《政治学研究》2004 年第 1 期。

[249]林耀曾:《论法家思想之派别与慎到之重势》,《国文学报》第 3 期。

[250]崔磊:《〈易经〉的刑法哲学解读》,《天中学刊》

2011 年第 1 期。

[251]崔磊:《论和谐是孔子法哲学的范式》,《平顶山学院学报》2010 年第 6 期。

[252]崔磊:《儒家性本思想注释下的刑罚价值解读》,《南开大学学报(哲学社会科学版)》2017 年第 3 期。

[253]崔磊:《刑事司法精神病鉴定听证制度构建》,《海南大学学报》2016 年第 2 期。

[254]崔磊:《中介机构执业的刑事风险与防范》,《河南大学学报》2017 年第 5 期。

[255]许建良:《韩非"以法为教"的德化思想论》,《现代法学》2006 年第 3 期。

[256]陈纪然:《韩非子人性论及其法律思想体系建构》,《北方论丛》2021 年第 6 期。

[257]喻中:《读〈韩非子〉》,《政治法学研究》2016 年第 1 期。

[258]喻中:《韩非学的历史世界》,《甘肃政法学院学报》2017 年第 6 期。

[259]喻中:《论韩非学术思想的演进历程》,《政法论丛》2017 年第 6 期。

[260]喻中:《以术行法:熊十力建构的"韩非学"》,《法律科学》2017 年第 6 期。

[261]喻中:《讲法治的法理学家:胡适对先秦法家的理解》,《比较法研究》2016 年第 5 期。

[262]周炽成:《论韩非子对孔子及其思想的认识和态度》,《哲学研究》2014 年第 11 期。

［263］孔庆平:《试论韩非子法的基础与正当性》,《政法论坛》2018 年第 3 期。

［264］张异梦:《再论韩非子的法治思想》,《中华文化论坛》2019 年第 1 期。

［265］程政举:《先秦法家的司法公正观》,《河南财经政法大学学报》,2019 年第 2 期。

［266］BrymanA. *Quantity and Quality in Social Research*, London:Routledge, 1988, vii, 1.

［267］Mertens, DM. *Research Methods in Education and Pschology*. Thousand Oaks:SagePublications, 1998:18

［268］BrymanA. "The Debate about Quantitative and Qualitative Research:A Question of Method or Epistemology?". *The British Journal of Sociology*, vol 35, 1984(1):75 – 92.

［269］Bertil Lundahl, HAN FE Ⅱ, The Man and the Work, stockholm East Asian Monographs No. 4. Institute of Oriental languages. Stockholm University, Stockholm, 1992.

［270］*Longman Dictionary of English language and Culture*, Longman House, 1992, Essex, p. 66.

［271］Donald J. Munro, *The Concept of Man in Early China*, Stanford University Press, Stanford, California 1969, p. 81.

［272］Arther S. Reber, *The Penguin Dictionary of Psychology*, Penguin Books Ltd. , Harmondsworth, Middlesex, England, 1985.

致 谢

光阴荏苒,转瞬已是六载。怀着忐忑不安的心情,我终于将博士论文"杀青",也即将告别南开大学,往事并非如烟,情景历历在目。许多帮助我的人使我难以忘怀。

首先,衷心感谢我的导师翟锦程先生,是他在五年前领我走进了研究韩非名学与法思想的殿堂。我的博士论文无论是材料的收集,还是论文的框架、遣词造句甚至标点符号都凝结着恩师的心血。论文六易其稿。每稿都留下恩师修改的痕迹。这种严谨的治学态度令我终身受益,也是我今后做学问的圭臬。另外,在生活上尤其在我个人的成长上,恩师也给予我很多帮助,感激之情实难以言表。

其次,感谢张斌峰老师,是他引我走进逻辑领域,并帮助我把法与逻辑结合起来,这对我的学术生涯有着重要作用。还要感谢关兴丽老师,她在学业上曾给予我帮助。

再次,在南开学习期间,我还非常有幸结识了刘培育

367

先生、孙中原先生、董志铁先生等逻辑学老前辈,他们的人品、学识及对晚辈的关爱,愈发加深了我对他们的敬仰,前辈的谆谆教诲和鼓励也是我克服种种困难、完成论文写作的动力所在。

另外,感谢南开哲学院的崔清田、任晓明、李娜、田立刚、张晓芒、王左立、白雪等老师,他们在学业和生活上给予的指导与帮助,令我受益匪浅。在我论文的写作过程中,曾昭式老同学也提供了不少诚恳意见。另外,我的同门师弟师妹杨岗营、张栋豪、张晓翔、邱娅、黄海等为我提供资料,在此次修改出版博士论文中毛艳东女士帮我校稿,在此也一并表示衷心感谢。

最后,感谢我的同事傅林教授在论文的写作过程中给予的精神鼓励。我的妻子吴凤枝操持所有家务,这为我的论文写作提供了宝贵时间,在此衷心感谢。

整个博士论文写作,本人虽已殚心竭力,但由于才学疏浅,文中有不尽人意的地方,还恳切专家、师长及同仁批评、指正。

就读南开,是我一生之荣;拜师于翟锦程先生,是我一生之幸。岁月作证,我永铭于心并将之化作前行的动力。